轨道交通实训课新理念新形态活页式教材

铁道机车运用与维护实训指导

（二）控制技术

主　编 / 王　慧　蒲华强

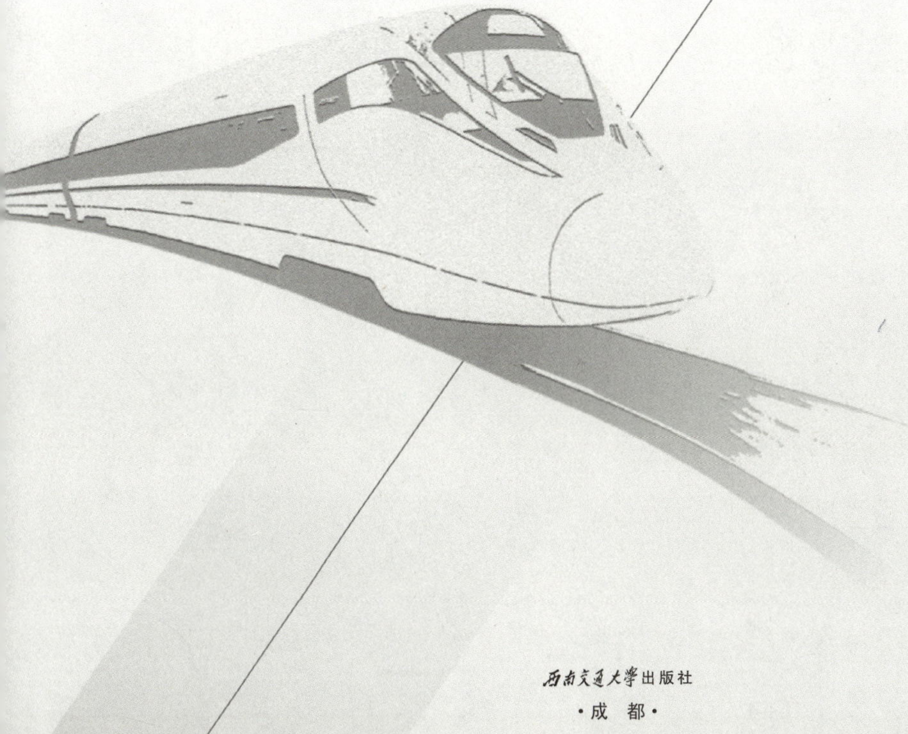

西南交通大学出版社
·成　都·

图书在版编目（C I P）数据

铁道机车运用与维护实训指导. 二，控制技术 / 王慧，蒲华强主编. —成都：西南交通大学出版社，2023.6
ISBN 978-7-5643-9266-6

Ⅰ. ①铁… Ⅱ. ①王… ②蒲… Ⅲ. ①机车车辆－控制－高等职业教育－教材 Ⅳ. ①U26

中国国家版本馆 CIP 数据核字（2023）第 074122 号

目录
CONTENTS

项目六 HXD_1 模拟驾驶

任务一 出 勤

一、实训目的

（1）能按照标准化流程执行出勤任务。
（2）能遵守出勤前的各项规章制度。
（3）能将操作规程内的相关业务知识应用到工作中。

二、专业知识

1. 出勤前

机车乘务员出勤前必须充分休息，保持良好的精神状态。

2. 调度室出勤

① 核对运行揭示。

② 按规定着装，准时到调度室出勤。

③ 机班人员到齐，共同向出勤调度员敬礼，司机报告："××次机班（司机）出勤"，出勤调度员起立并回答："请出示证件"。

④ 出示携带的"四证、四规"：工作证、岗位培训合格证、铁路机车驾驶证、上岗证（胸牌）、《技规》《行规》《操规》《事规》及《××铁路局 LKJ2000 操作手册》《××铁路局集团有限公司机务系统非正常情况下行车办法及应急措施》《汛期安全行车手册》《区间救援作业提示卡》《制动机试验充排风试验表》《列车贯通试验操作提示卡》等有关技术资料。

⑤ 调度员检查出示内容，符合要求规定。

3. 酒精含量检测

进行指纹识别，接受酒精检测，照片摄录清晰，留存资料。

4. 出勤写卡、领取相关资料

① 将 IC 卡交出勤调度员写卡，录入 IC 卡数据文件。

② 领取手账、报单、运行揭示、《添乘指导簿》《车机联控信息反馈单》等

相关报表。

5. 核对运行揭示

机班共同将交付揭示与公布栏（触摸屏）内的运行揭示进行核对。

6. 听取出勤传达

机班听取机车调度员或坐岗干部传达的上级重要指示、安全信息、事故通报及记名式传达项目（记名式传达项目必须由本人签字），阅读有关文电要求。

7. 召开小组会、制订小组计划

① 司机主持，全员召开小组会（有重联、附挂、补机时，由本务司机主持，共同召开），根据天、地、人、车、时等情况，做好班前预想，班中联防，共同制定行车安全注意事项及措施。

② 对“信、联、闭”停用及改变列车运行径路的重要施工，必须明确行车办法和注意事项，所有成员必须对本次出乘任务采取的安全措施达成共识，并明确本次出乘卡控的重点。

③ 制定行车安全注意事项及措施，填写司机手册。

8. 领回 IC 卡

① 机班共同将 IC 卡数据文件在验卡设备上与交付揭示核对。

② 机班核对 IC 数据文件正确后，双方在《机务派班室 IC 卡数据记录登记簿》上签字。

9. 审核签章出勤

① 机班向出勤调度员报告小组计划，复诵运行揭示、施工行车办法和安全措施。

② 将手账交出勤调度员审核、签认。

③ 出勤调度员审核符合出勤条件后，在司机手账上签字并盖章准予出勤。

④ 向出勤调度员询问了解机车号及停放股道情况。

三、实训要求

1. 实训时间

教学课时为 2 课时。

2. 实训形式

上机实训。

3. 实训注意事项

计算机只允许打开实训系统，不得进行其他操作。

4. 工器具材料准备

IC 卡、系统使用说明书等。

四、实训作业步骤

1. 整体实训过程（见图 6-1-1）

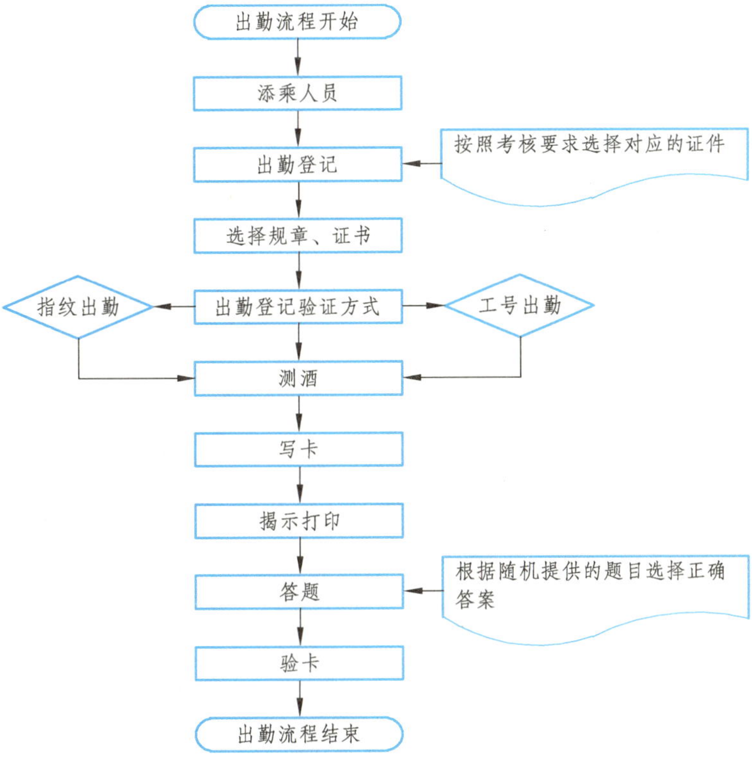

图 6-1-1　整体实训过程

2. 实训作业步骤（见表 6-1-1）

表 6-1-1　实训作业步骤

序号	作业内容	图示
1	双击桌面“出退勤”图标，打开出退勤管理软件（如右图），软件显示当前对应操作台的基本情况，包括序号（即操作台编号）、计划线路、机车号、计划出退勤、司机、副司机、司机出勤时间、副司机出勤时间、出勤方式、出勤情况、课程状态、连接状态等信息	
2	等待教员管理系统发布课程以后，对应出勤管理软件界面显示对应操作台的基本信息	
3	选中当前需要操作的操作台，此时以高亮蓝色整行显示则为选中	

续表

序号	作业内容	图示
4	点击“添乘人员”按钮，弹出添乘人员信息对话框（如右图），显示主副司机对应信息，在编辑栏中输入当前考核的主司机号/副司机号，点击主/副编辑栏自动显示当前人员姓名。注：此处的人员编号和人员名都需通过人员管理软件事先添加录入，详情见人员管理说明。点击“确定”按钮添加人员完成	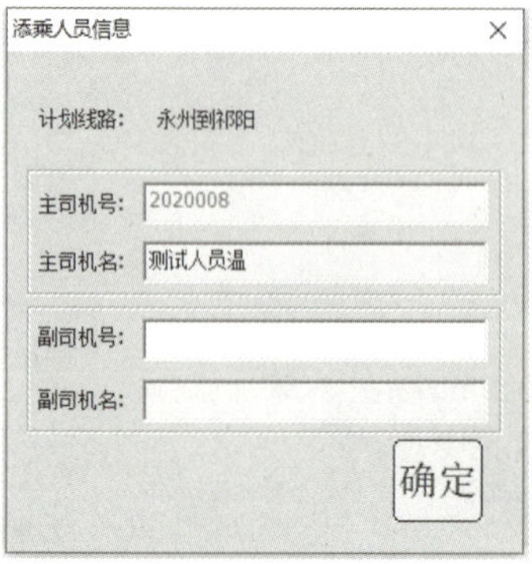
5	完成添乘人员以后，点击“出勤登记”按钮，弹出选择规章和证件对话框（如右图），按照考核要求选择对应的证件，点击“确定”按钮完成证书选择	
6	然后弹出出勤登记验证方式，有两种方式选择，分别为指纹和工号	
7	选择指纹出勤则需要进行指纹验证，在验证设备上验证指纹，通过验证后，进入酒测。点击“开始检测”按钮，酒测设备提示开始酒测，检测完成以后，点击“完成”按钮，之后进入写卡环节。在写卡设备中插入卡，界面显示待写入的数据信息，写卡完成后，弹出当前课程揭示信息。学员按照考核要求打印揭示，点击左上角文件，弹出下拉菜单“打印”/“退出”，如不需打印，则选择退出	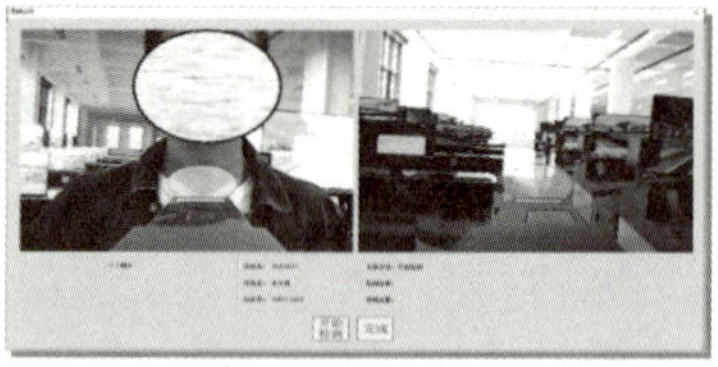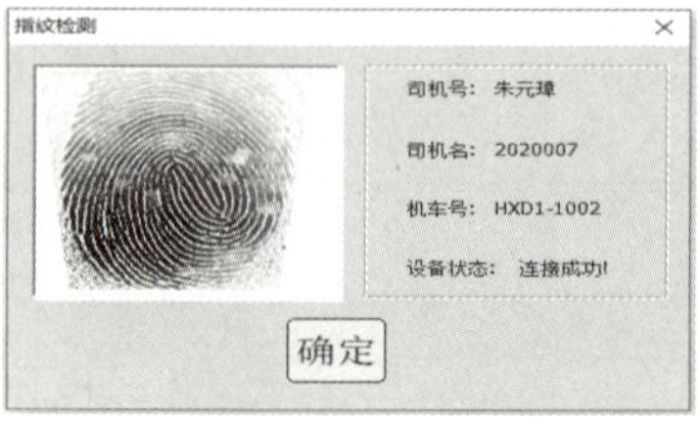

续表

序号	作业内容	图示
7		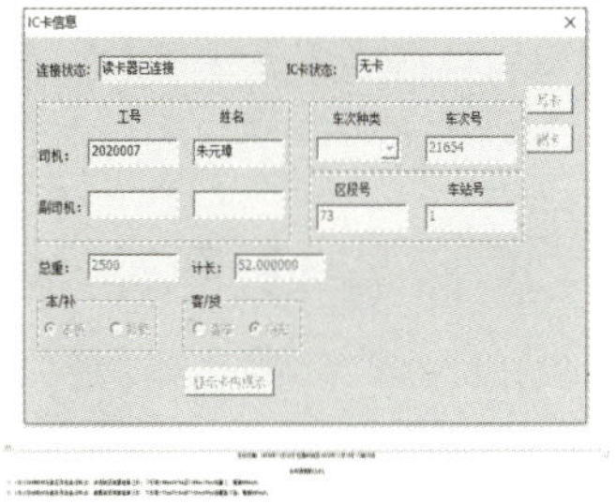
8	若选择工号出勤，执行步骤同 7	
9	揭示打印以后，进入揭示比对答题环节，按照实际提供揭示比对是否一致，最后点击右下角“完成”按钮	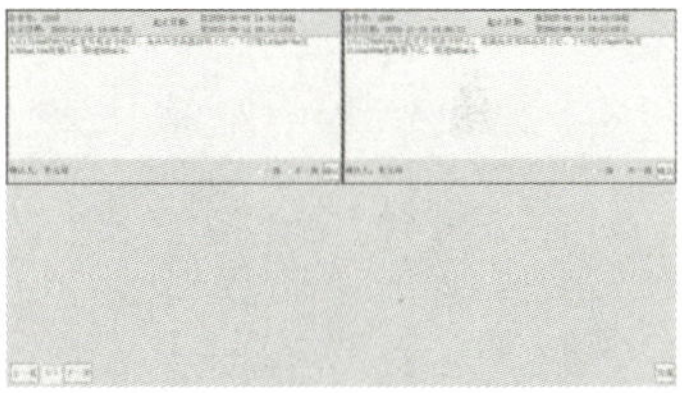
10	答题，根据当前提供的题目选择正确答案，共两页 10 题，随机从题库中选择，答题完毕后点击“完成”按钮完成出勤登记	
11	进行验卡操作，在验卡机上插入卡片，自动弹出监控设置界面，比对相对的信息，按监控“确认”按键，显示揭示发送成功，如还需查看，可点击“查询”，选择“1 当前揭示”，即可看到当前揭示内容	

五、实训考核标准（见表6-1-2）

表 6-1-2　实训考核标准

序号	考核项目	扣分值	说明
1	计划线路、机车号、计划出退勤、司机、副司机、司机出勤时间、副司机出勤时间	20 分	每错误一项扣一次
2	选择规章和证件	20 分	错选或漏项，每项扣一次
3	酒精测试	20 分	不通过扣分
4	随机试题	20 分	不通过扣分
5	验卡操作	20 分	不通过扣分

六、思考题

（1）司机出勤时所带的“四规”指的是什么？
（2）司机出勤时所带的“四证”指的是什么？

任务二　途中运行作业流程及标准

一、实训目的

（1）能按标准进行 HXD_1 机车的启车前检查。
（2）通过学习能熟练使用 LKJ2000 IC 卡进行参数设定。
（3）通过学习可以进行 HXD_1 机车过分相操作。

二、专业知识

（1）司机运行中严格执行“彻底瞭望、确认信号、准确呼唤、手比眼看”的“十六字令”，杜绝“假瞭望、假呼唤、假手比、假确认”的行为，防止“错输、错操、错误确认、错误处置”，严格执行“八必停”“九不开”的安全措施，客运司机“平稳操纵、安全正点”、货运司机“精心操纵、按图行车”、调车司机“精准操纵、落实标准”。

（2）操纵机车时，司机要认真落实“五色图”节能操纵的要求，根据不同区段线路状况和牵引定数优化操纵，合理利用列车动能，减少区间停车，减少速度损失和能耗浪费。

（3）列车在 CTC 区段运行时，司机在 CIR 注册车次并选择规定运行区段，运行至通信模式转换地点时切换 CIR 运行区段，确保 CIR 注册信息及运行区段正确。

（4）列车运行中首次试闸应尽量固定减压地点、固定初始速度、固定减压量、固定缓解地点，密切观察列车降速情况，判断本次列车制动力强弱，作为操纵列车的参照。

（5）货物列车在起动困难站机外停车时，要选择便于起动的平缓地点停车，起车一次不成功应立即请求救援；牵引定吨及以上的货物列车在集团公司公布的不得机外停车的车站，遇机外被迫停车时，司机立即请求救援。

（6）“两进两出”（进出站、出入库），进出隧道口 200 m、曲线、桥梁、电分相、平交道口等关键处加强瞭望，禁止处理机车故障，禁止做其他影响瞭望的事。双线会车、关键地段前 50 m，标准班副司机立岗瞭望。遇暴风、雨雪、大雾等不良天气，非正常行车及临时慢行时，必须恢复二人值乘。

（7）列车进站前认真执行车机联控，正确输入侧线股道号（或支线号）。发生 LKJ 错、漏输入时，果断采取补救措施，禁止盲目维持运行。

列车运行中，除必需的 LKJ 输入、解锁、缓解等操作，只允许在临时慢行处所按压（定标）键，不得进行其他 LKJ 按键操作。遇检字牌时鸣笛记录，鸣笛记录功能故障或限鸣区段呼唤手比确认。防溜报警时不得盲目解除，遇解除运行揭示、使用路票、绿色许可证、担当救援、特殊前行、股道五码开车、绿（黄）灯确认、引导等情况，必须二人共同确认行车凭证正确后，方可按规定操作 LKJ。

三、实训要求

1. 实训时间

教学课时为 2 课时。

2. 实训形式

上机实训。

3. 实训注意事项

（1）注意模型损耗，不得损坏。
（2）计算机只允许打开实训系统，不得进行其他操作。

4. 工器具材料准备

电钥匙、IC 卡、系统使用说明书等。

四、实训作业步骤

1. 整体实训过程（见图 6-2-1）

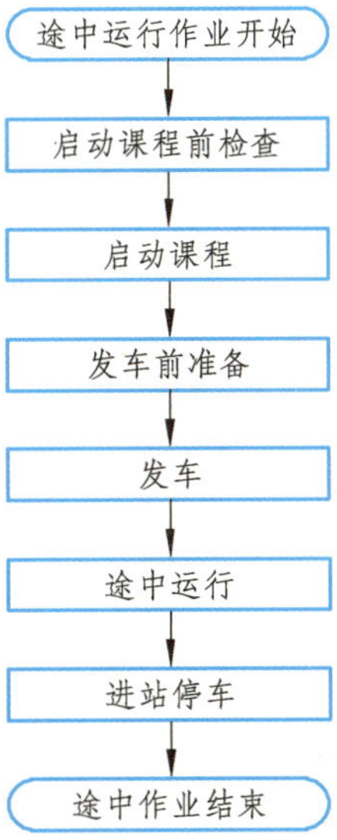

图 6-2-1　整体实训过程

2. 实训作业步骤

1）启动课程前检查

为了不影响课程正常起车，每次启动课程前需做以下检查（见表 6-2-1）。

表 6-2-1　启动课程前检查

序号	检查项目	图示
1	确认自阀手柄置于重联位，单阀手柄置于最大常用制动位	
2	确认紧急制动按钮未按下	
3	确认主控手柄在“0”位，方向开关在“0”位	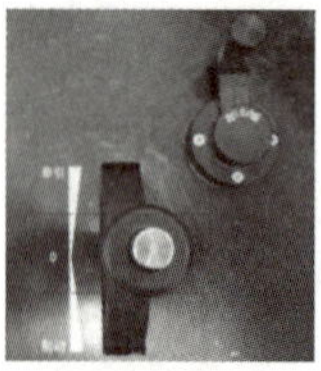
4	确认各扳键开关在“0”位，钥匙开关在“分”位	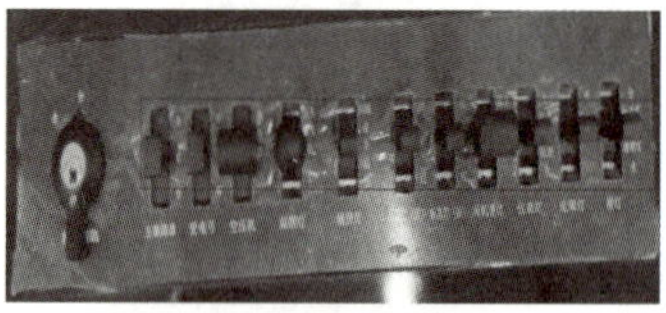
5	确认司机操作台前侧面板“=43-S06 警惕故障隔离”开关在“正常”位	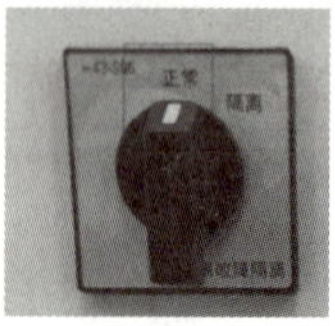
6	确认司机操作台前侧面板“=43-S11 监控隔离”开关在“正常”位	
7	确认司机操作台前侧面板“=32-S01 控制电源开关/微机系统大复位”开关在“0”位	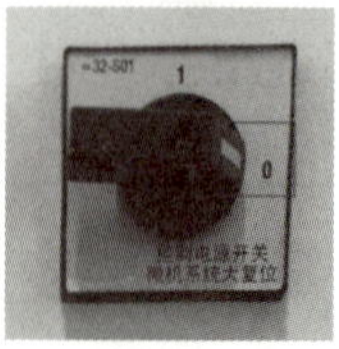

2）启动课程

（1）教员台发布课程后，主场景出现本次考核课程的简要提示，并提示司机按压“鸣笛”键开始课程，如图 6-2-2 所示。

图 6-2-2　课程发布后主界面

（2）司机按下操作台上任一个鸣笛（高音风笛、低音风笛、电笛）按钮，启动课程。启动课程后，主场景语音文字提示“请开始开车前准备”，并启动两分钟倒计时，如图 6-2-3 所示。

图 6-2-3　开车准备倒计时

3）发车前准备

两分钟倒计时开始后，司机需完成 LKJ2000 的输入、升弓合闸、缓解 CCB 制动等操作，具体操作流程如下所示。

（1）上电（见表 6-2-2）。

进行机车上电并激活司机室电钥匙开关。

表 6-2-2　上电

步骤	说明	图示
1	操作司机操作台前侧面板“=32-S01 控制电源开关/微机系统大复位”开关置“1”位，机车上电	
2	插入并打开机车钥匙，并操作置于“合”位	

（2）IC 卡载入（见表 6-2-3）。

需插入 IC 卡，进行 LKJ 设置和揭示载入。

表 6-2-3　IC 卡载入

步骤	说明	图示
1	当 LKJ2000 启动完成后，插入 IC 卡	
2	插入 IC 卡后，在“参数设定”中输入司机号、副司机号，因其他参数已经自动写入，不需要更改	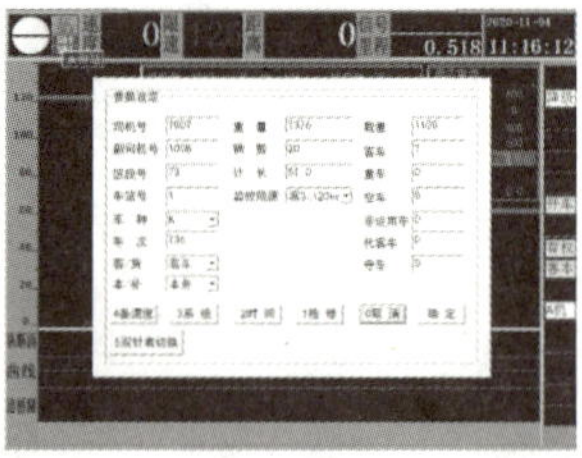
3	按压“确定”后，IC 卡发送揭示数据到 LKJ。按压“查询”键，查询 LKJ 写入的揭示是否和本次课程相符	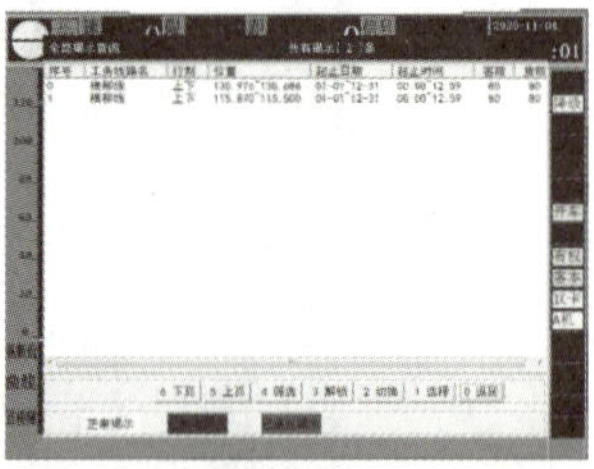
4	查询完监控后，返回到 LKJ 正常页面，拔出 IC 卡，LKJ 进入降级工作模式	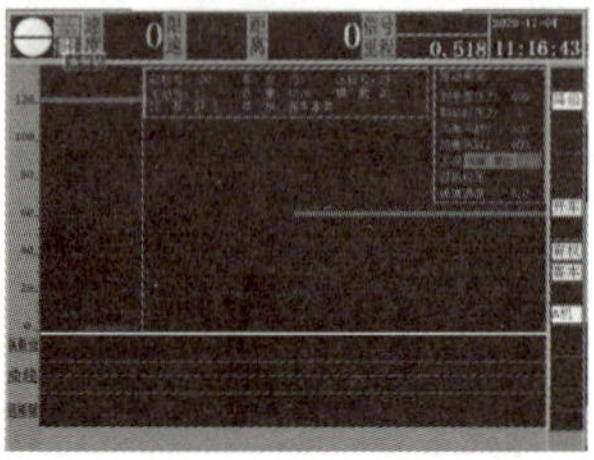

（3）升弓（见表 6-2-4）。

按压鸣笛键，操作受电弓扳键开关置“升”位，升起受电弓。

表 6-2-4　升弓

步骤	说明	图示
1	升弓前呼唤：升弓，按下鸣笛按钮	

续表

步骤	说明	图示
2	操作自复式受电弓扳键开关 21- S03 置“升”位 1 ~ 2 s 后松手	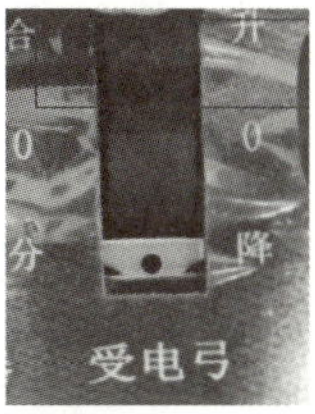
3	升弓到位后，检查司机室网压表显示的网压值（约 25 kV）; 检查微机显示屏显示的网压值与网压表显示的网压值相一致	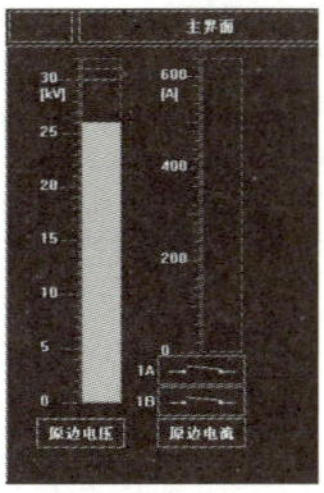 

（4）合主断路器（见表 6-2-5）。

操作“主断路器”扳键开关置“合”位，闭合主断路器。主断路器闭合 3 s 内听辅助变流器 ACU1、ACU2 自动启动，然后各风机、油泵、水泵自动启动。

表 6-2-5　合主断路器

步骤	说明	图示
1	操作自复式主断路器扳键开关 21-S02 置“合”位 1 ~ 2 s	
2	检查微机显示屏显示的主断路器图标由灰色“主断断开且已经缓解”变为黄色“主断闭合”	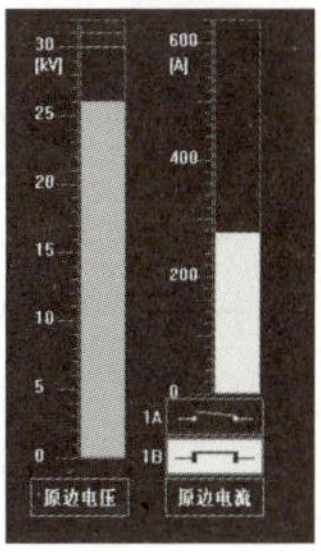

（5）闭合空压机（见表 6-2-6）。

操作“空压机”扳键开关置“合”位，当总风压力低于 750 kPa 时，空压机自动工作后，总风压力上升到 900 kPa 时停止。

表 6-2-6　闭合空压机

步骤	说明	图示
1	操作“空压机”扳键开关置“合”位，闭合空压机	
2	当总风压力低于 750 kPa 时，空压机自动工作后，总风压力上升到 900 kPa 时停止	

（6）缓解制动机制动（见表 6-2-7）。

提示产生惩罚制动时，先缓解惩罚制动源，自阀手柄置“抑制位”1 s 以上，再回运转位，缓解惩罚制动。

表 6-2-7　缓解制动机制动

步骤	说明	图示
1	LCDM（制动显示屏）提示有惩罚制动，需置“抑制”位消除	
2	检查 LKJ2000 无“常用制动”“紧急制动”等制动输入。如果有，按压监控“缓解”键缓解	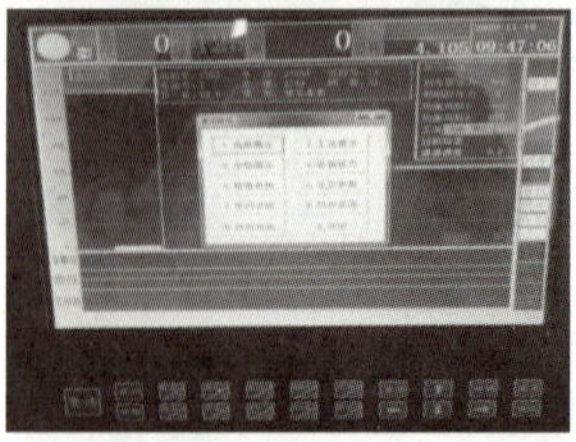
3	自阀手柄置“抑制”位 1 s 以上，缓解惩罚制动	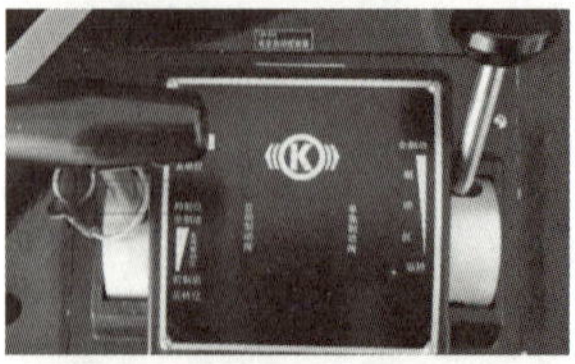
4	缓解后，红色“惩罚制动”“动力切除”图标消失	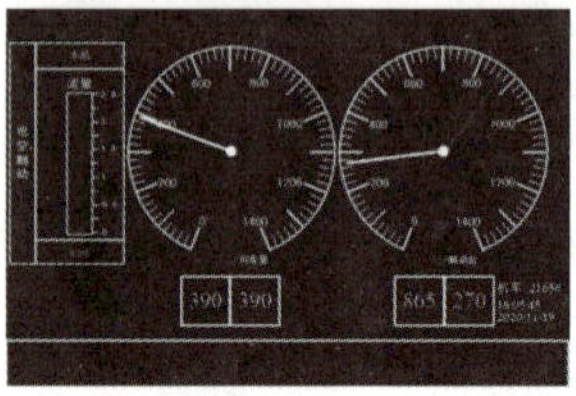
5	自阀手柄回运转位，列车管充风至定压	

4）发车（见表 6-2-8）

表 6-2-8　发车

步骤	说明	图示
1	简略制动试验倒计时完成后，当 CIR 有振铃提示（有调度呼入）时，拿起 CIR 话筒，主场景提示发车信号好	
2	当再次呼入时，主场景提示发车，并显示发车手信号	
3	司机确认各信号显示正确，操作自阀手柄置“运转”位，缓解列车制动	
4	按压 CIR“列尾查询”按钮，查询列尾压力是否达到规定压力。 按压“CIR 列尾查询”按钮，CIR 播放语音：“XXX 机车，风压 XXX 千帕”	
5	操作司机台“停放缓解”按钮，缓解机车停放制动。 停放缓解后，“停放施加”按钮红色灯熄灭	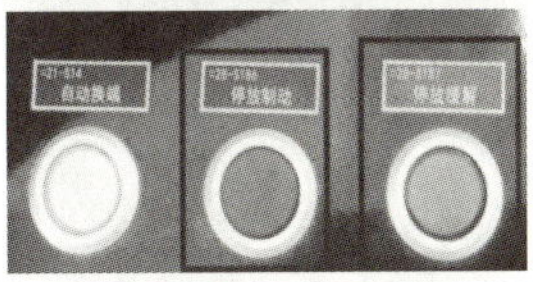
6	单阀手柄置“运转”位，机车制动开始缓解	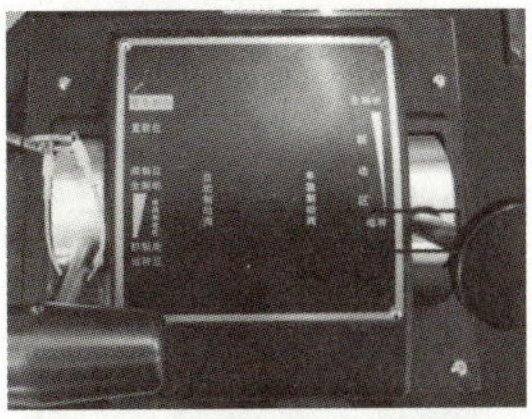
7	起动列车前，操作司机台鸣笛键鸣笛	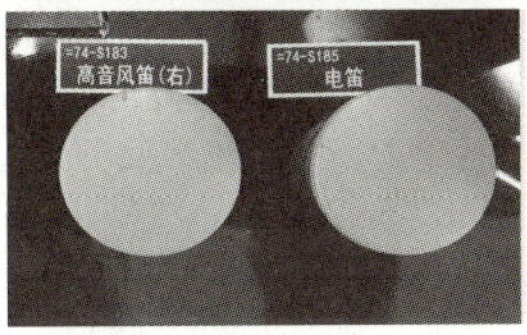

续表

步骤	说明	图示
8	方向开关置“向前”位，操作制动手柄置“牵引”位，给出不大于4级的牵引，起动列车	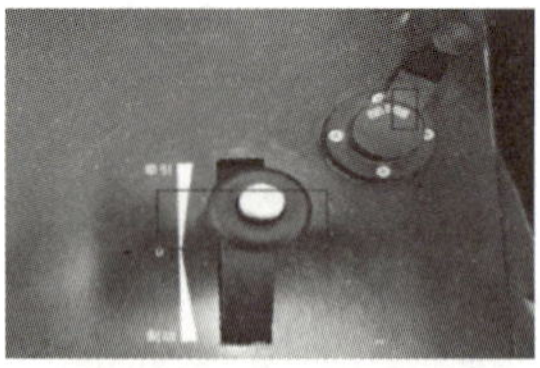
9	降级状态下，当监控提示“警惕”倒计时，需按压“LKJ2000警惕”键	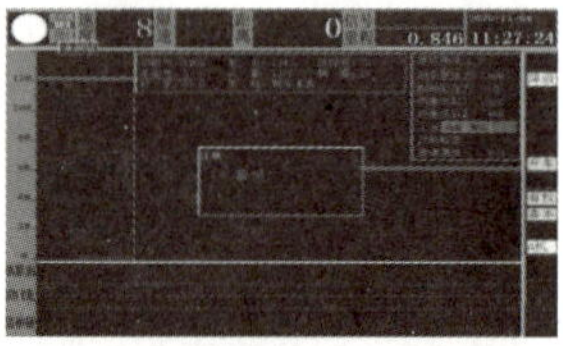 
10	对标开车：当运行至线路正线高柱出站信号机时，按压监控“开车”键，完成对标开车，监控由降级模式进入正常监控模式。 显示屏上方窗口开始显示实际速度、限制速度、前方信号机种类、距离等数据	 行至此信号机位置  按下监控“开车”键 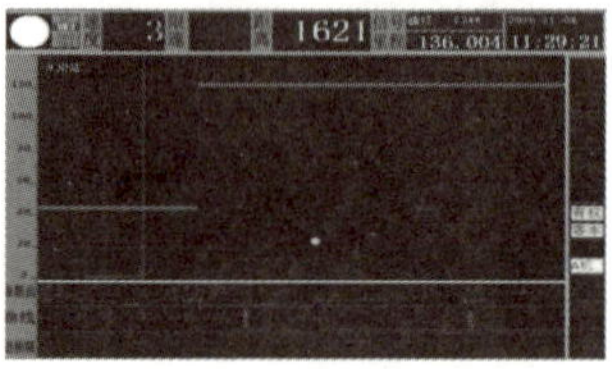 监控装置正常监控状态

5）途中运行

（1）试闸（见表6-2-9）。

表 6-2-9　试闸

步骤	说明	图示
1	主界面提示：“请开始试闸，并倒计时”	

续表

步骤	说明	图示
2	操作调速手柄退回至“0”位。在退回至“0”位前，需稍作停留	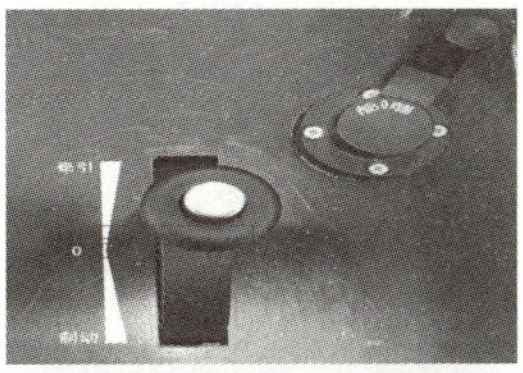
3	操作自阀由运转位至常用制动区减压 50 kPa，降速 3 km/h 以上。完成后自阀回运转位缓解列车	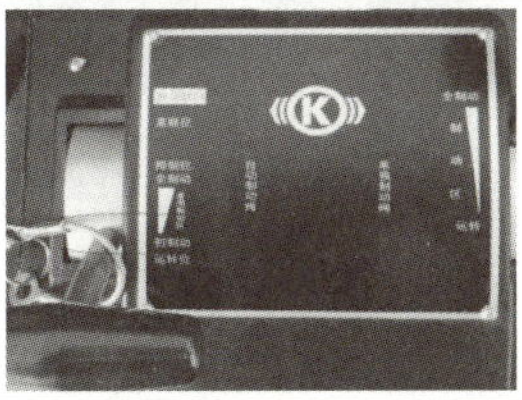

（2）始发校正（见表 6-2-10）。

始发站第一架通过信号机处，司机需按压监控“自动校正”，校正监控距离。

表 6-2-10　始发校正

步骤	说明	图示
1	运行至 1330 信号机位置	
2	按压监控“自动校正”键，监控自动对齐到本架信号机	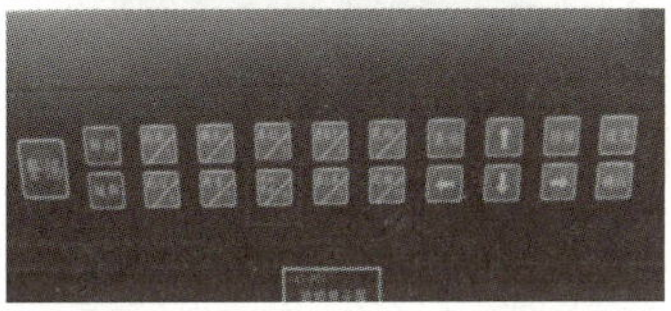

（3）过分相（见表 6-2-11）。

考核课程屏蔽了自动/半自动过分相，需操作“主断路器”扳键开关分合，手动完成过分相操作。分相区最低限速 25 km/h。

表 6-2-11　过分相

步骤	说明	图示
1	运行至“禁止双弓”标前，操作主控手柄退回至“0”位。在退回至“0”位前，需稍作停留	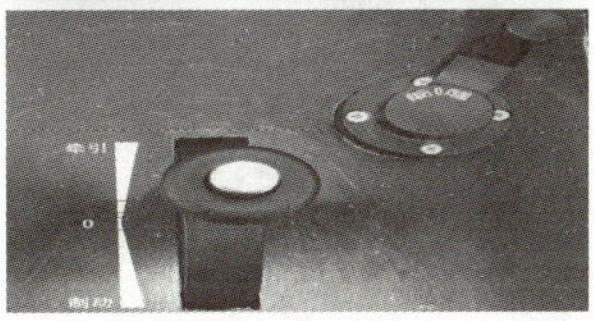

续表

步骤	说明	图示
2	运行至“T 断”标前，操作主断路器扳键开关置“分”位 1～2 s，断开主断路器。 断开后，检查微机屏显示主断断开	 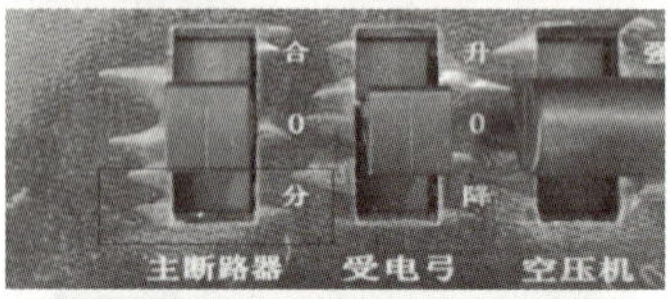 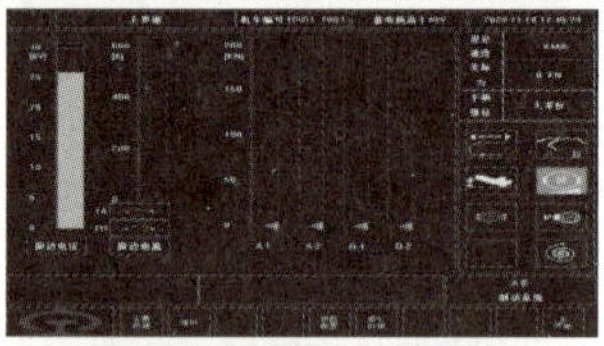
3	运行至“合”电标后，操作主断路器扳键开关置“合”位 1～2 s，闭合主断路器。 检查微机显示屏显示的主断路器图标由灰色“主断断开且已经缓解”变为黄色“主断闭合”。 主断路器闭合 3 s 内听辅助变流器 ACU1、ACU2 自动启动，然后各风机、油泵、水泵自动启动	 合电标 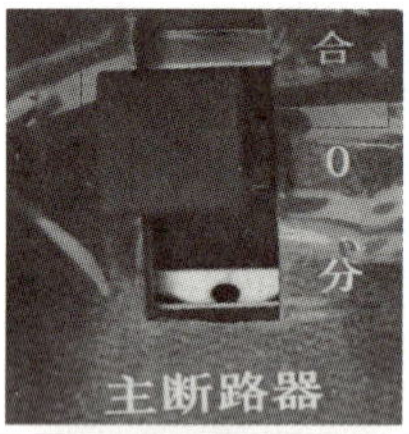 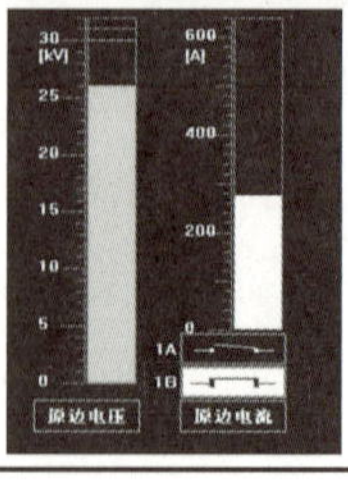

（4）降弓区段（见表 6-2-12）。

表 6-2-12　降弓区段操作步骤

步骤	说明	图示
1	接近降弓运行区段前，CIR 振铃提示调度呼入。司机拿起 CIR 电话后，主界面提示接触网故障，注意降弓运行信息	

续表

步骤	说明	图示
2	运行至“准备降弓”标前，操作调速手柄退回至“0”位	 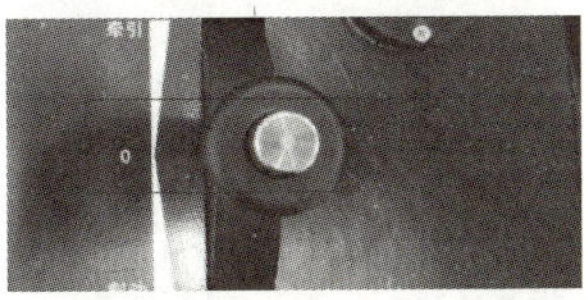
3	运行至“T 降”标前，操作“受电弓”扳键开关置“降”位，降下受电弓。 司机室网压表或微机显示屏显示的感应网压为 0～3 kV	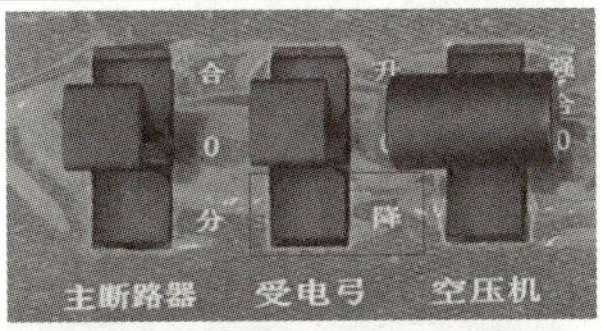 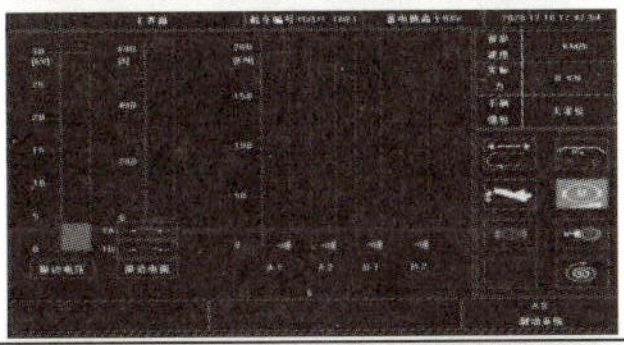
4	运行至升弓标后，立即操作受电弓扳键开关置“升”位 1～2 s 后松手，升起受电弓。 升弓到位后，检查司机室网压表显示的网压值（约 25 kV）；检查微机显示屏显示的网压值与网压表显示的网压值相一致	 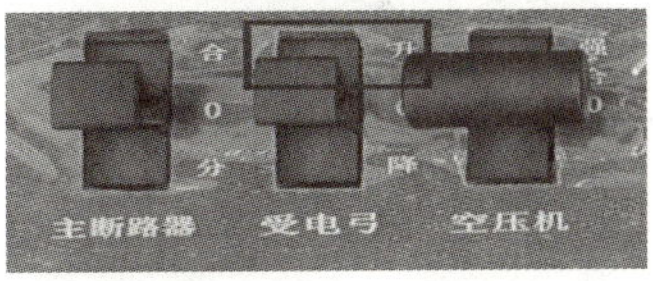 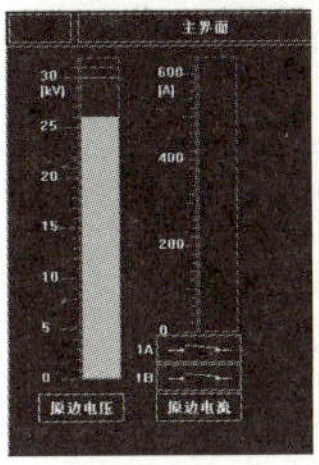 
5	操作主断路器扳键开关置“合”位 1～2 s，闭合主断路器。 检查微机显示屏显示的主断路器图标由灰色“主断断开且已经缓解”变为黄色“主断闭合”。 主断路器闭合 3 s 内听辅助变流器 ACU1、ACU2 自动启动，然后各风机、油泵、水泵自动启动	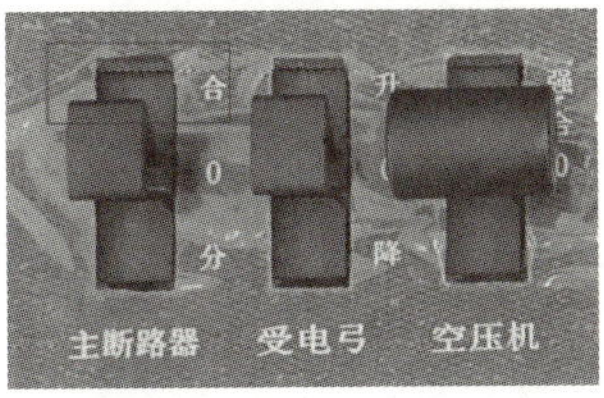

6）进站停车（见表 6-2-13）。

表 6-2-13　进站停车

步骤	说明	图示
1	运行至进站信号机前两个闭塞分区内，拿起CIR 话筒，按下侧面按键呼叫前方车站	
2	主界面提示“××站 4 道停车”	
3	当进入减速区时，操作制动手柄到制动区减速	
4	当监控要求输入侧线股道号时，输入侧线 4 道并确认	
5	进站信号机前，按压鸣笛	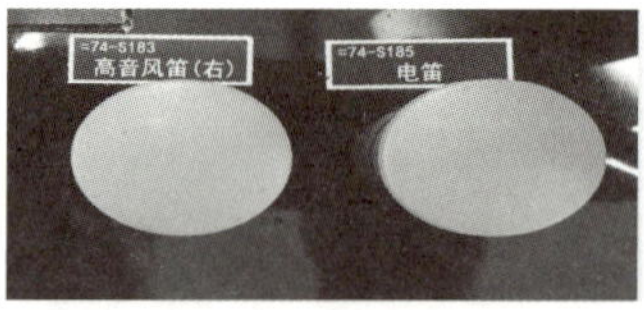
6	进入站内，对标停车，自阀至制动区，操作列车管减压 100 kPa 以上，单阀手柄置全制动位	

7）结束考核

当运行至第三站停车对标点 50 m 内停车 15 s 后，或者考核失格后，本次课程自动结束。考核结束后，自动给出本次考核的分数，如图 6-2-4 和图 6-2-5 所示。

图 6-2-4　考核完成

图 6-2-5　考核失格

五、实训考核标准（见表6-2-14）

表 6-2-14　实训考核标准

序号	考核项目	扣分值	说明
1	未进行简略试验	4 分	提示简略制动试验后，要求：制动主管达到规定压力后，自阀减压 100 kPa 并保压 1 min，检查制动主管贯通状态，检车员、车站值班员或车站有关人员检查确认列车最后一辆车发生制动作用；司机检查制动主管泄漏量，每分钟不得超过 20 kPa
2	未确认尾部风压达规定值（600±20）kPa	每次 2 分	列车管尾部压力和列车管定压（600 kPa）相差 20 kPa，则扣分
3	发车前未接到车站准备开车的通知，缓解列车制动	1 分	车站无发车信号前，自阀缓解，则扣分

续表

序号	考核项目	扣分值	说明
4	按压开车键后，LKJ 监控装置（车次、区段号、车站号、车速等级）主要参数设置不正确	失格	
5	按压开车键后，LKJ 参数（总重、计长、辆数）错输、漏输	2 分	
6	未进行 IC 卡临时数据载入、确认	失格	
7	未进行列尾风压查询	每次 2 分	开车前未检测到 CIR 进行列尾查询
8	信号机上下行开关位置错误	4 分	开车后检测到线路上下行与信号机上下行开关位置不匹配，则扣分
9	牵引前未缓解停放制动	每次 2 分	司控器在牵引位时，停放制动未缓解
10	列车起动时，制动机手柄位置不正确	每次扣 2 分	起动列车时，自阀手柄和单阀手柄不在运转位，则扣分
11	动车前未按规定鸣笛（限鸣区除外）	每次 1 分	
12	始发出站第一架通过信号 LKJ 显示距离未校正（未及时按压自动校正）	每次 1 分	
13	分相区未及时断开主断	每次 2 分	断电标后，未检测到主断断开，则扣分
14	“合”电标后未及时闭合主断	每次 2 分	越过合电标 10 s 后，未检测到主断闭合，则扣分
15	分相未达速（<25 km/h）	每次 5 分	分相区速度低于 25 km/h，则扣分
16	手柄非零位过分相	每次 5 分	分相区内司控器调速手柄不在“0”位，则扣分
17	列车运行中操作不当，造成带电过分相	每次 5 分	触发零压分主断，则扣分
18	在牵引电动机带负荷状态下断开主断路器	每次 3 分	调速手柄未在“0”位时，检测到主断断开，则扣分
19	列车运行中超过各种规定限制速度	失格	
20	未按“升降弓标”提示进行升降弓操作	每次 2 分	越过升弓标后 13 s 内，未检测到有升弓按键操作
21	“升降弓标”前降弓过早	每次 2 分	降弓标前 50 ~ 300 m 内，检测到所有受电弓均降下，则扣分
22	“升降弓标”处未及时降弓	每次 6 分	位于降弓标后升弓标前，检测到有任一个受电弓升起，则扣分

续表

序号	考核项目	扣分值	说明
23	“升降弓标”处未及时升弓	每次 2 分	越过升弓标后，未检测到有任一个受电弓升起，则扣分
24	列车运行中超过各种规定限制速度，造成 LKJ 实施紧急或常用制动	失格	
25	列车运行中操作不当，造成 LKJ 实施卸载动作	扣 20 分	
26	鸣笛标前未鸣笛	每次 1 分	鸣笛标前 50 m 内未检测到鸣笛
27	进站信号机前未鸣笛	每次 1 分	进站前 300 m 未检测到鸣笛
28	出站信号机前未鸣笛	每次 1 分	出站前 500 m 内未检测到鸣笛
29	操纵机车时，未缓解机车制动（特殊情况除外）	每次 1 分	
30	少量减压停车后，未追加减压 100 kPa 以上使列车制动保压	每次 5 分	
31	列车停车后，单阀未置全制动位	每次 2 分	
32	未按规定进行列车运行监控装置开车对标操作（误差大于 100 m）	每项 2 分	
33	未及时按压 LKJ 监控装置的司机警惕功能键，导致紧急制动	失格	
34	进站停车错输、漏输入股道号	每次 3 分	
35	未按规定进行车机联控	每次 2 分	进站信号机前 2 个分区内未进行 CIR 呼叫调度操作，则扣分
36	正常进站调速选择时机不当，造成二次调速	每次 5 分	
37	区间通过、进站信号机显示红灯时，停车距离信号机大于 200 m	每次 2 分	
38	紧急制动后未停妥，自阀、单阀有任何移动	失格	自阀手柄紧急位后，再离开紧急位；或者自阀紧急后，单阀手柄由制动位往运转位移动，均失格
39	正常停车使用非常制动	失格	行车时紧急按钮按下，则失格
40	自阀缓解后随即机车加载	每次 2 分	自阀手柄缓解一定时间后才允许加载
41	进站停车对标时，采用两段制动	每次 5 分	检测到进站信号机内方缓解空气制动，再施加空气制动，则扣分（客车允许）

续表

序号	考核项目	扣分值	说明
42	非常情况施行紧急制动后未迅速解除牵引力	每次 2 分	紧急制动触发 3 s 后，检测到调速手柄在牵引位
43	列车制动时，初次减压量小于规定减压量（50 kPa）	每次 2 分	
44	一次追加减压量超过初次减压量	每次 2 分	
45	累计减压量超过最大有效减压量	每次 2 分	
46	追加减压超过两次（不包括两次）	每次 2 分	
47	列车制动时，自阀排风未止追加减压或缓解机车	每次 2 分	检测到自阀手柄制动位时，列车管压力还未减压稳定到该压力，自阀手柄就离开该位置，则扣分
48	列车制动时，制动管未充满风施行制动	每次 2 分	
49	列车一次制动实施最大减压量（170 kPa）（客车）	每次 2 分	
50	列车制动停车时，采用单阀追加制动力	每次 3 分	
51	使用单阀制动使列车停车	每次 3 分	列车速度由 3 km/h 及以上降为 0 km/h 时，列车管压力为定压，闸缸压力为 50 kPa 及以上（单机不判）
52	抱闸运行	每次 3 分	速度大于 5 km/h，管压等于定压，闸缸压力大于等于 20 kPa，且持续时间大于 120 s
53	紧急制动后小闸违规缓解	每次 3 分	紧急制动 10 s 后，机车闸缸压力小于 250 kPa
54	通过过分相绝缘器时升起前后两个受电弓	每次扣 5 分	
55	机车未停稳换向操纵	失格	
56	无人警惕被切除	扣 10 分	
57	擅自关闭机车信号、列车无线调度电话、监控装置等行车安全装备	失格	行车中，如果机车信号、列车无线调度电话或监控装置任一个电源断电，则失格
58	长大上坡起车操纵不当造成列车向后溜逸时	失格	

续表

序号	考核项目	扣分值	说明
59	贯通试验违标	扣 4 分	当提示贯通试验（20 s 内），检测到自阀在制动位并减压 50 kPa，同时降速 3 km/h，则不扣分，否则扣分
60	空气制动未缓解而缓解动力制动	扣 2 分	缓解列车制动时，应在缓解空气制动后，再逐步解除动力制动
61	运行途中擅自关闭压缩机	扣 5 分	从始发站发车后，检测到压缩机断路器断开或压缩机开关在断开位，则扣分
62	列车站内停车违规（客车站内停车后，再次动车停车）	扣 2 分	客车站内停车后，再次动车停车（单机不判）
63	解除机车牵引力时，牵引手柄要在未接近“0”位前稍作停留再退回“0”位	每次扣 2 分	牵引手柄回退 0 位时，需在 0 位附近停留 1 s 左右，否则扣分
64	升弓未按鸣笛	每次扣 1 分	
65	停车后制动缸压力小于 50 kPa	每次扣 2 分	
66	单阀制动	每次扣 2 分	列车管未减压情况下，检测到制动缸有压力，则扣分
67	货物列车运行中，自阀减压排风未止，不得缓解机车制动	每次扣 2 分	
68	货物列车速度在 15 km/h 以下时，不应缓解列车制动	每次扣 2 分	

六、思考题

（1）开车前自阀手柄置什么位置？单阀手柄置什么位置？

（2）制动简略试验中司机检查制动主管泄漏量，每分钟不得超过多少？

（3）合主断前牵引手柄应放在哪个位置？为什么？

任务三　库内检查作业流程及标准

一、实训目的

（1）能将机车的整备检查知识应用到整备检查工作中。

（2）能熟练描述机车各设备部件的整体布局。

（3）能达到多学习、多观察、多分析、多总结，积累丰富的故障处理经验和判断手段。

二、专业知识

（1）机车乘务员整备线接车后，首先将 LKJ 开机并输入 IC 卡数据，核对条数正确，LKJ【降级】模式下进行整备作业，出库时操作 LKJ 进入【出入库】模式。

（2）机车乘务员接班后检查“电务车载设备检测合格证”，机车配属段接车没有“电务车载设备检测合格证”或合格证签发超过 15 天禁止出库，立即向段应急指导台、机务信号楼反馈信息，联系电务部门补发；非配属段接车不确认检测日期，遇合格证丢失按规定汇报信息，正常接车。

（3）机车乘务员出勤后及时到整备线接车，时间不超过 10 min。接车后机班二人密切配合，在规定出库时间前进行机车检查和两端司机室各项机能试验。本段机车 6A 系统状态不良或没有“6A 系统检测合格证”不得出库；外段机车无“6A 系统检测合格证”不得出库；外段机车无“6A 系统检测合格证”时向段应急指导台汇报信息，按指示办理。

（4）出库前，机车乘务员按规定办理撤除防溜手续，并确认防溜铁鞋撤除后方可动车。

（5）机车乘务员接车后，及时打开无线对讲设备监听机务信号楼联控，接到外勤值班员向前移车的通知，及时移动机车至整备线最前端。

（6）机车乘务员检查试验发现故障时，第一时间使用无线对讲设备通知机务信号楼，积极配合整备专修人员处理，可能造成出库晚点时提示外勤值班员组织更换机车，并按规定汇报信息。

（7）本段管辖范围内临时更换机车造成的出库晚点时，机车乘务员换车后可只在机车操纵端司机室进行牵引、制动基本功能试验，尽快出库。

（8）本段管辖范围内发生配属机车出库前临时故障，经确认不影响安全运行及轮乘交接，由整备车间质检员在《机车运转日志》内签字确认后，机车乘务员可正常出库（相关文件规定禁止出库的项目除外）。

三、实训要求

1. 实训时间

教学课时为 2 课时。

2. 实训形式

上机实训。

1）课程启动及发布

（1）教员台上点击发布课程“库内作业-静态检查”。

（2）发布成功后，对应的基础型操作台主界面和副司机屏显示如图 6-3-1 和图 6-3-2 所示的界面。

（3）发布课程成功后，按下任意一个“鸣笛”（高音风笛、脚踏鸣笛、电笛）按钮启动课程，进入操作界面，提示 10 s 后开始考核。显示界面如图 6-3-3 所示。

图 6-3-1　发布课程-主界面显示

图 6-3-2　发布课程-副司机屏显示

图 6-3-3　启动课程界面

2）操作说明

（1）人物控制说明。

通过键盘 W、S、A、D 或者键盘方向键分别控制人物（第一人称）向前、向后、向左、向右移动，如图 6-3-4 所示。

按下 C 键，控制人物下蹲；松开 C 键，控制人物站起。

按下鼠标右键不松开，左右移动鼠标控制视线左右移动，上下移动鼠标控制视线上下移动。

按键	动作控制
W 键或方向向上键	向前
S 键或方向向后键	向后
A 键或方向向左键	向左
D 键或方向向右键	向右
C 键	下蹲

图 6-3-4　人物控制说明

（2）灵敏度调节说明。

点击图标设置进入灵敏度设置页面，用于调整水平旋转灵敏度、垂直旋转灵敏度和角色行走灵敏度，如图 6-3-5 所示。点击增加灵敏度，点击减少灵敏度，点击恢复默认可恢复到默认灵敏度。

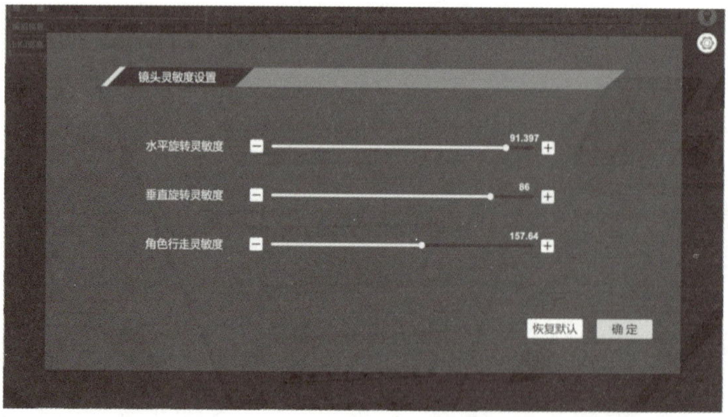

图 6-3-5　灵敏度设置界面

（3）快速定位说明。

点击图标进入快速引导页面，如图 6-3-6 所示。进入引导页面后，点击相应区域的图标，人物可快速定位到相应的位置。其中 17、13 区域位于车下，当需要下车时，可点击 17 或 13 区域。当需要上车时，可点击除 17 和 13 外的其他区域。

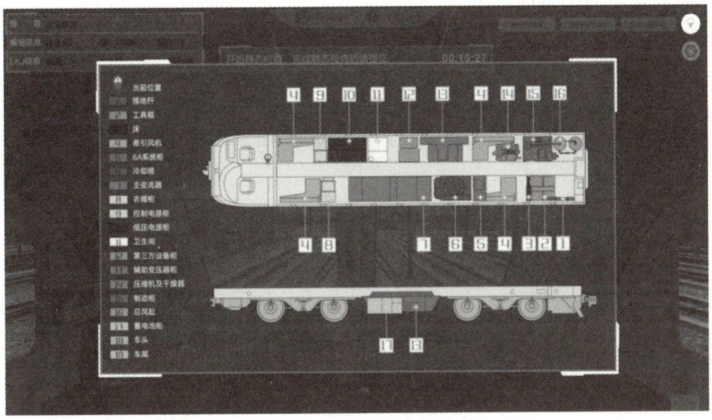

图 6-3-6　快速引导页面

3. 实训注意事项

计算机只允许打开实训系统，不得进行其他操作。

4. 工器具材料准备

系统使用说明书。

四、实训作业步骤

1. 整体实训过程（见图 6-3-7）

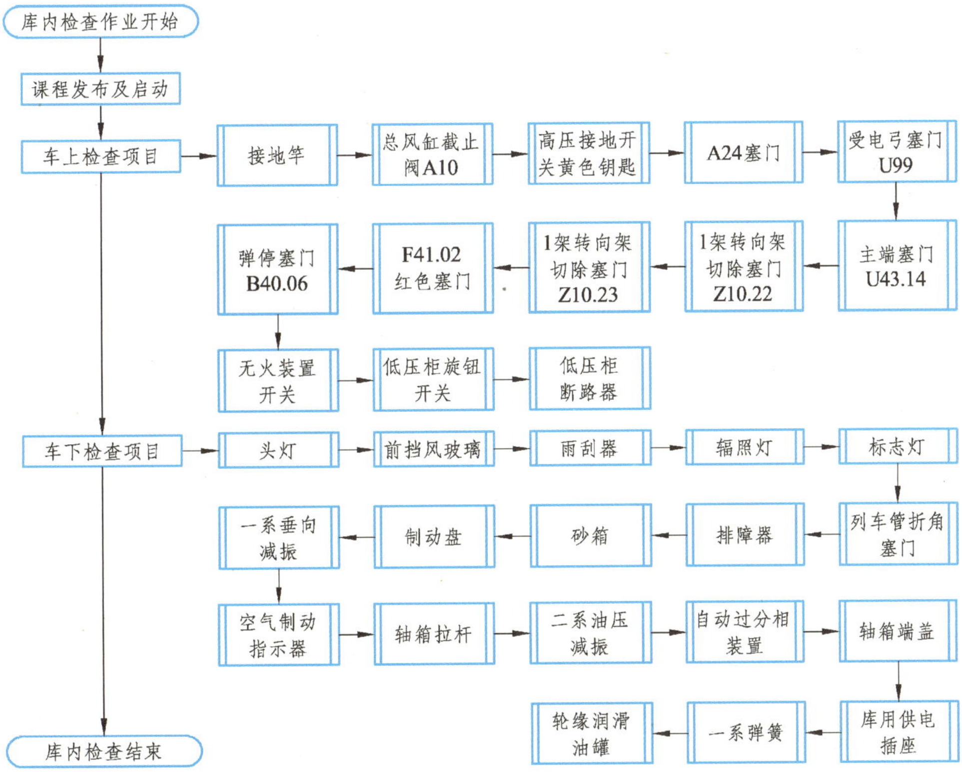

图 6-3-7　整体实训过程

2. 实训作业步骤（见表 6-3-1）

表 6-3-1　实训作业步骤

步骤	操作说明	图示
1	检查操作说明，车上以制动柜 A24 的检查为例说明。 在快速定位页面点击 15 号区域快速定位到制动柜	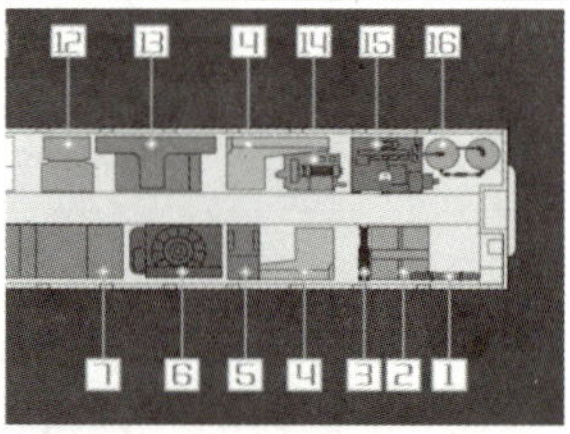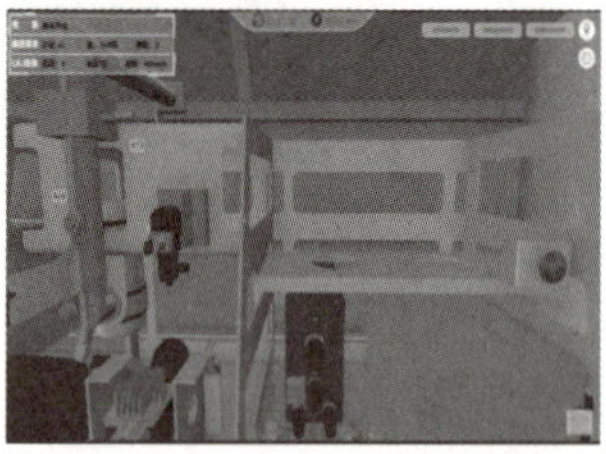
2	在制动柜上点击 A24 塞门，呈边缘闪烁状态	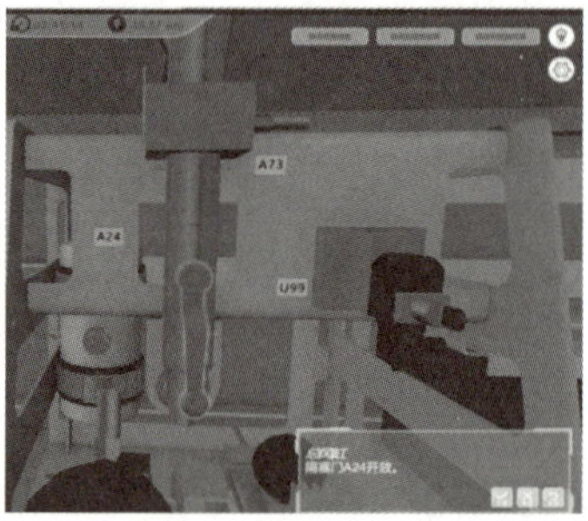
3	选择“正确”选项，则认为文本中的描述和 A24 设备状态一致。 选择“错误”选项，则认为文本中的描述和 A24 设备状态不一致。 选择“取消”，则取消本次检查。 当提交的答案不对时，系统会自动扣分。 如本次 A24 塞门是处于开放状态，当提交的为“错误”选项，系统会认为判断错误并扣分	

（1）车上检查项目（见表 6-3-2）

表 6-3-2　车上检查项目

序号	项目	检查内容	正常	图示
1	接地杆	完好，无丢失	正常情况下接地棒为 3 节	

续表

序号	项目	检查内容	正常	图示
2	总风缸截止阀 A10	A10 塞门开放	塞门与管路平行：开放状态； 塞门与管路垂直：关闭状态	
3	高压接地开关黄色钥匙	数量、位置正确	正常为黄色钥匙 3 把，钥匙为竖直位	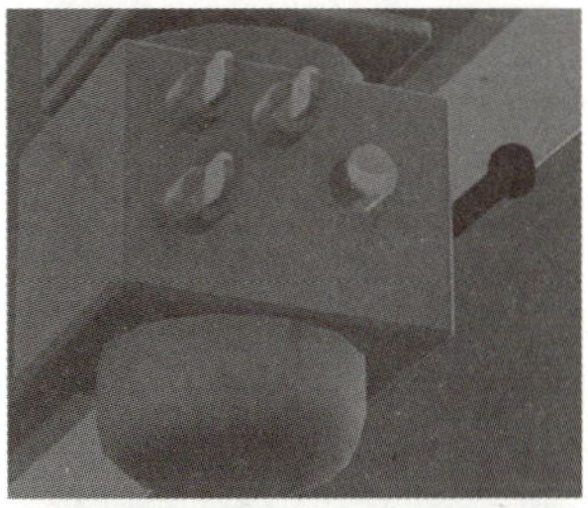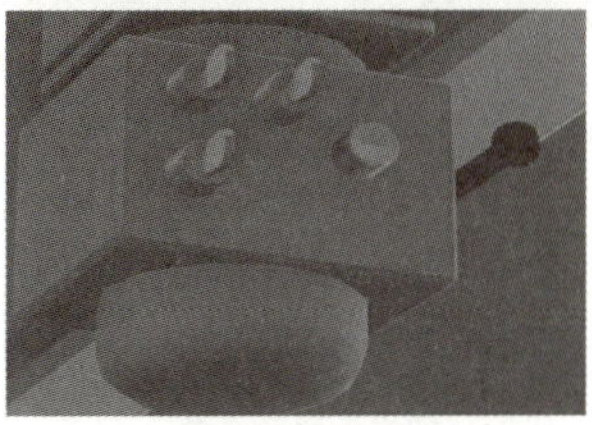
4	A24	A24 开放	竖直位：开放； 水平位：关闭	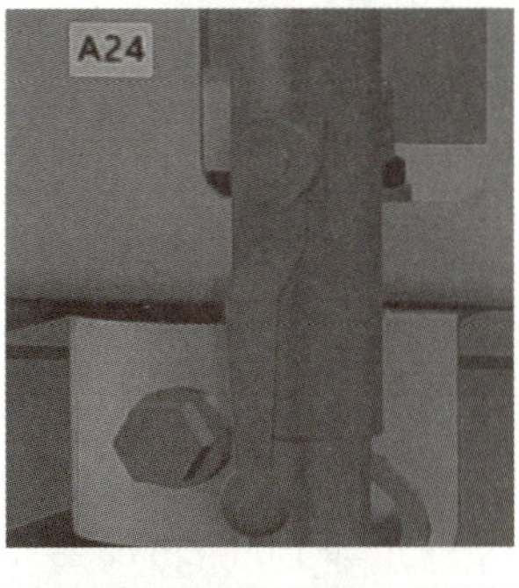
5	受电弓隔离塞门 U99	U99 开放	竖直位：开放； 水平位：关闭	

续表

序号	项目	检查内容	正常	图示
6	U43.14	主断塞门 U43.14 开放位	竖直位：开放； 水平位：关闭	
7	Z10.22	Ⅰ架转向架切除塞门 Z10.22 开放	水平位：开放； 竖直位：关闭	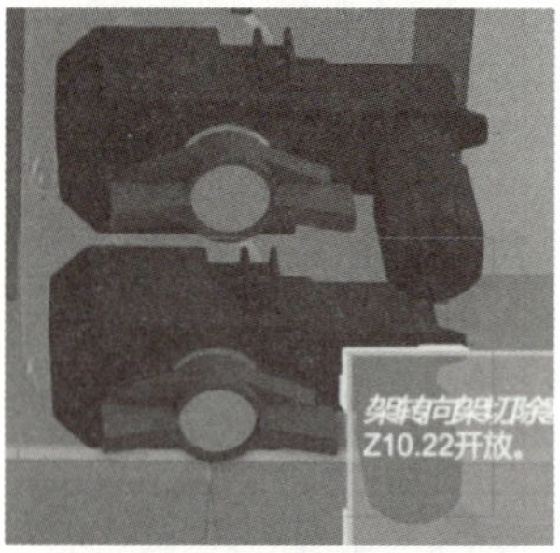
8	Z10.23	Ⅱ转向架切除塞门 Z10.23 开放	水平位：开放； 竖直位：关闭	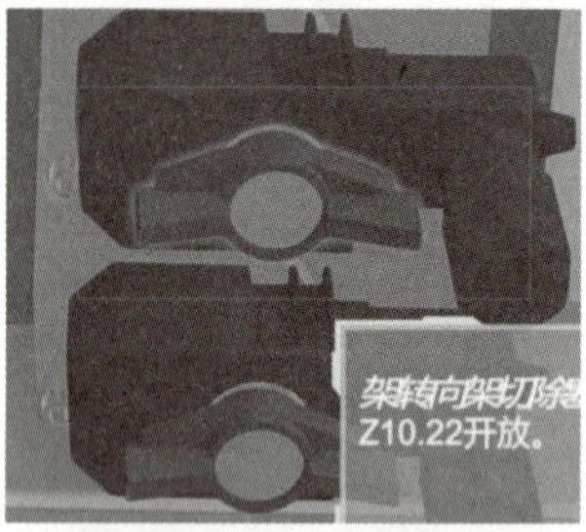
9	F41.02	F41.02 红色塞门开放	水平位：开放； 竖直位：关闭	
10	弹停塞门 B40.06	B40.06 弹停塞门开放位	水平位：开放； 竖直位：关闭	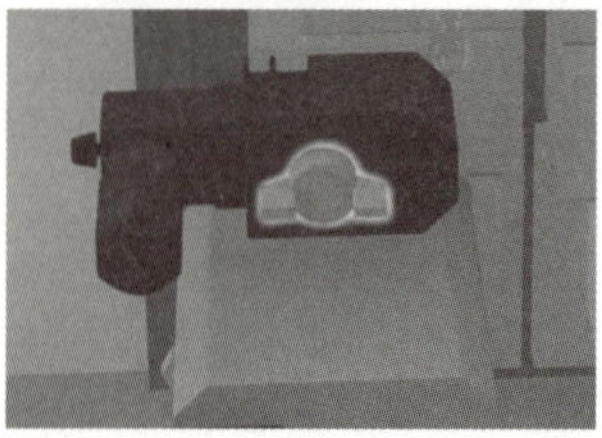
11	无火装置开关	无火装置开关正常位	无火回送 IN：处于无火回送位； 无火回送 OUT：处于正常位	

续表

序号	项目	检查内容	正常	图示
12	低压柜旋钮开关	各电器旋钮位置正确	正确位置：22_S11为正常位置、22_S12为正常位置、21_S54为正常位置、21_S02为自动位、72_S01为吹砂位、28_S31为投入位。其他开关可以不考虑位置正确与否	
13	低压柜：第一排断路器	各断路器位置正确	正确位置：所有断路器为向上闭合位	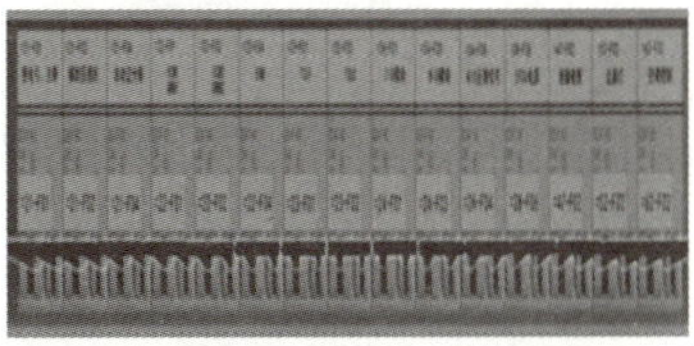
14	低压柜：第二排断路器	各断路器位置正确	正确位置：所有断路器为向上闭合位	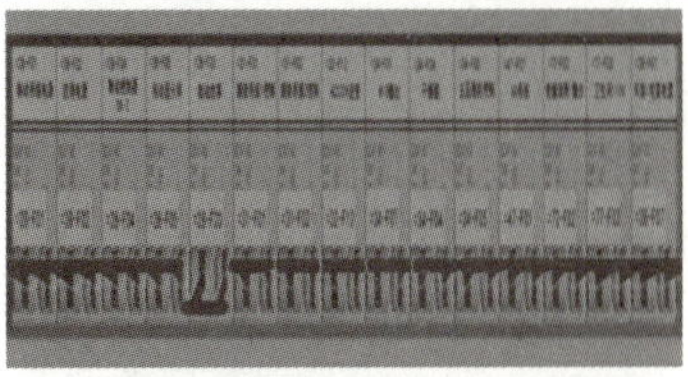
15	低压柜：第三排断路器	各断路器位置正确	正确位置：所有断路器为向上闭合位	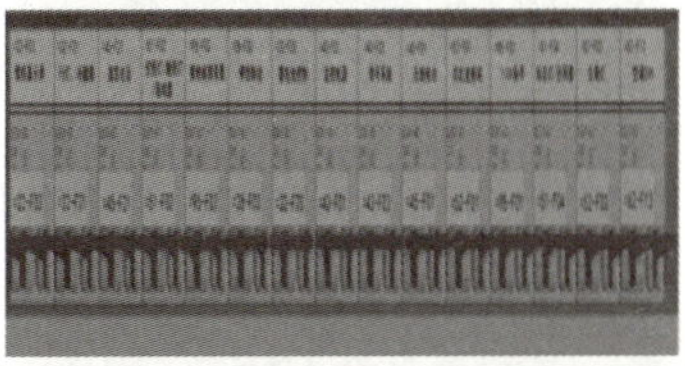
16	低压柜：第四排断路器	各断路器位置正确	正确位置：所有断路器为向上闭合位	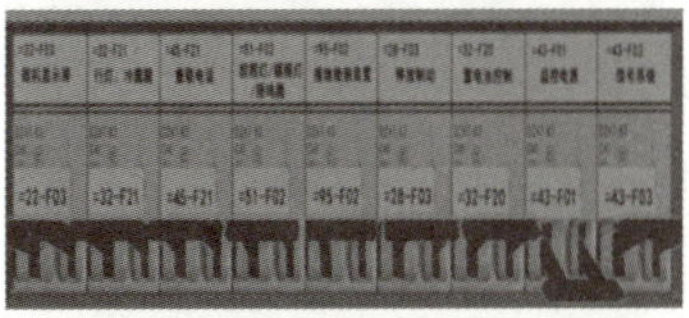
17	低压柜：第五排开关	各开关位置正确	正确位置：所有开关为竖直位	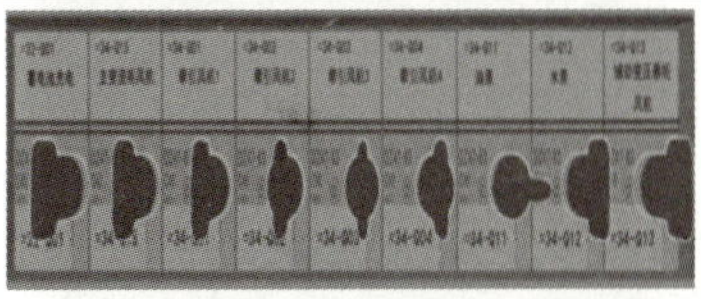
18	低压柜：第六排开关	各开关位置正确	正确位置：所有开关为竖直位	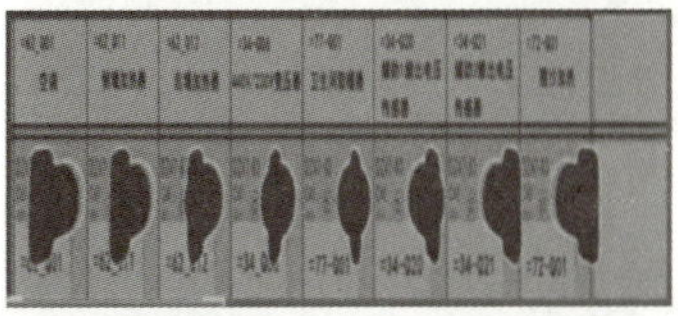
19	低压柜：第七排开关	各开关位置正确		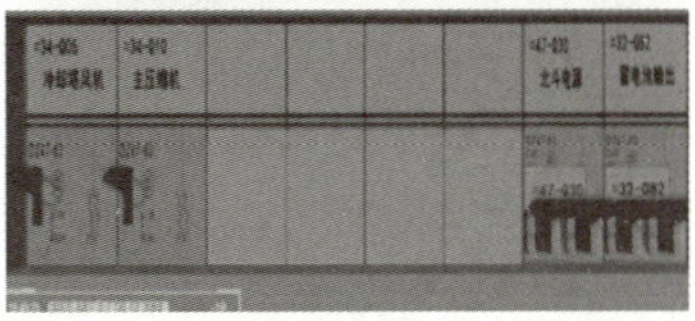

（2）车下检查项目（见表 6-3-3）

表 6-3-3　车下检查项目

序号	项目	检查内容	正常	图示
1	头灯	无裂纹，密封严密，无松动		
2	前挡风玻璃与刮雨器	无裂纹，密封严密，无松动； 刮雨器刷片完整，刷架无变形		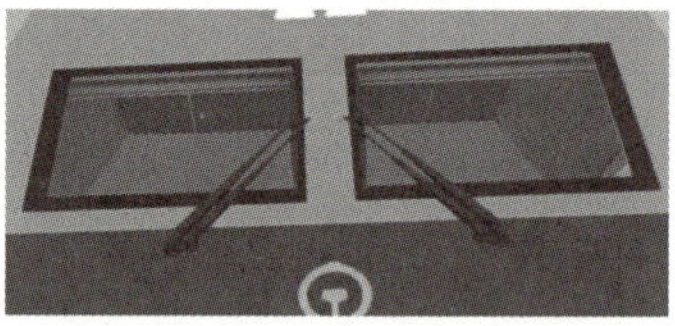
3	辅照灯、标志灯	无裂纹，密封严密		
4	列车、总风、平均管折角塞门	所有塞门在关闭位	关闭位：折角塞门与管路垂直； 打开位：折角塞门与管路平行	
5	排障器	完好，无裂纹		
6	砂箱	砂箱盖完好、砂箱无变形		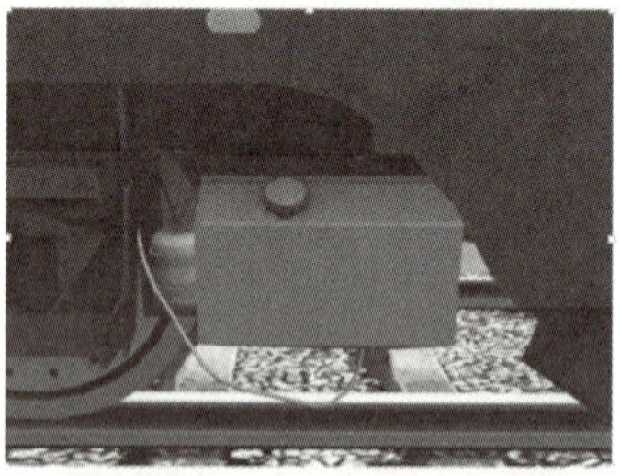
7	制动盘	无破损，无灼烧痕迹		

续表

序号	项目	检查内容	正常	图示
8	一系垂向减振	无漏油，无变形		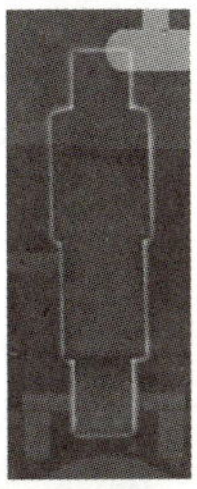
9	空气制动指示器	指示器安装牢固		
10	轴向拉杆	无变形，无裂纹		
11	二系油压减振	无漏油，无变形		
12	自动过分相装置	安装良好，线路无断裂		
13	轴箱端盖	接地线完好		

续表

序号	项目	检查内容	正常	图示
14	库用供电插座	安装牢固		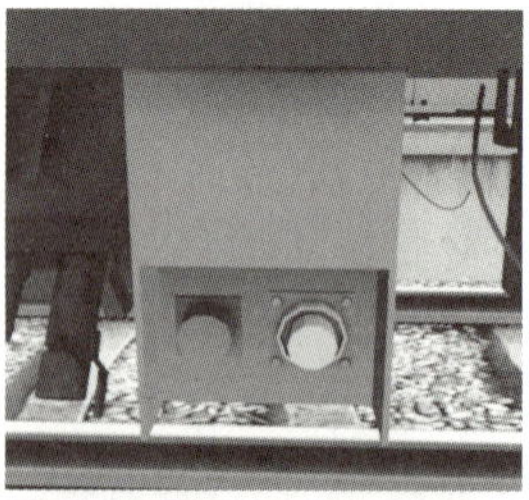
15	一系圆簧	弹簧状态良好		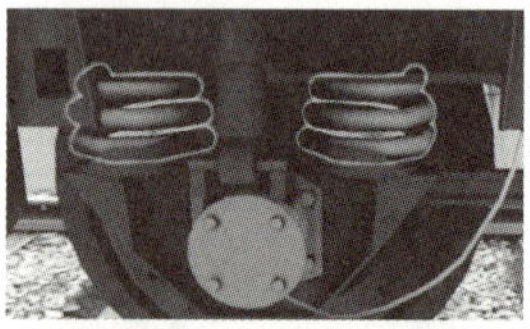
16	轮缘润滑油罐	无变形、破损、漏油		

五、实训考核标准（见表6-3-4）

表 6-3-4　实训考核标准

序号	考核项目	扣分值	说明
1	项点漏检查	2 分	每漏一项扣分一次
2	项点故障未发现	2 分	错误一项扣分一次
3	未按时完成检查	失格	
4	未按照规定的检查流程检查	失格	

六、思考题

（1）开车前受电弓隔离塞门 U99 应该在什么位置？

（2）制动柜上的无火装置开关应该在什么位置？

任务四　出库挂车作业流程及标准

一、实训目的

（1）能熟练使用 LKJ 调车模式操作。

（2）能按照机车连挂的标准操作流程进行作业。

二、专业知识

（1）机车在【出入段】模式下走行至站段分界点停车，调车信号开放后，司机操作 LKJ 进入【调车】模式。

（2）调车作业首架调车信号、脱轨器必须执行开门手比调车信号不少于 3 s 的制度，距离调车信号机不足 10 m 时下车确认。严格执行“零联控、双凭证”制度，运行中必须由近及远逐架确认调车信号显示。

进入尽头线、机待线严格控速，距离车挡、接触网终端及站界标 30 m 时控速 5 km/h，车挡、接触网终端及站界标前一度停车，必须近于 10 m 安全距离时控速 3 km/h 以下。

换端前，机班二人共同确认自阀实施最大有效减压量，单阀制动 300 kPa 及以上，装有停放制动装置机车的施加停放制动，关闭各电器开关，锁闭司机室门窗。

（3）换端时，司机携带单阀、换向手柄及电钥匙首先换端，副司机（值乘司机）留在司机室进行防溜防护，密切关注机车动态；司机到达另一端将单阀置于全制位后鸣笛一声，副司机（随乘司机）再携带自阀换端。

（4）具备停放制动功能的机车，停放制动装置作用良好时，司机实施空气制动并施加停放制动后，二人可同时换端，提高作业效率。

（5）换端完成后，司机先进行静态试闸再解除停放制动，确认调车信号开放后动态试闸一次。

（6）牵引直供电旅客列车的机车连挂，禁止副司机下车显示连挂信号时随身携带供电钥匙，待连挂妥后由司机在站台侧向客列检人员或车辆乘务员交递，防止不慎掉入两线间缝隙。

（7）连挂过程中发现车钩位置不正需要调整时，副司机必须显示停车信号并高声呼唤，待机车停稳后方可调整（严禁机车移动中调整钩位）。一次连挂不妥时，副司机必须与操纵司机彻底联系，方可调整钩位再次连挂。连挂时副司机确认车钩落锁到位，试拉时做到两车钩完全拉伸，锁闭机车车钩防止跳开。

三、实训要求

1. 实训时间

教学课时为 2 课时。

2. 实训形式

上机实训。

（1）教员台上点击发布课程“出库作业”。发布成功后，对应的基础型操作台主界面和副司机屏显示如图 6-4-1 所示的界面。

图 6-4-1　发布课程-主界面显示

（2）发布课程成功后，按下任意一个“鸣笛”（高音风笛、脚踏鸣笛、电笛）按钮启动课程，进入操作界面，提示 30 s 后开始考核。显示界面如图 6-4-2 所示。

图 6-4-2　启动课程界面

3. 实训注意事项

计算机只允许打开实训系统，不得进行其他操作。

4. 工器具材料准备

系统使用说明书。

四、实训作业步骤

1. 整体实训过程（见图 6-4-3）

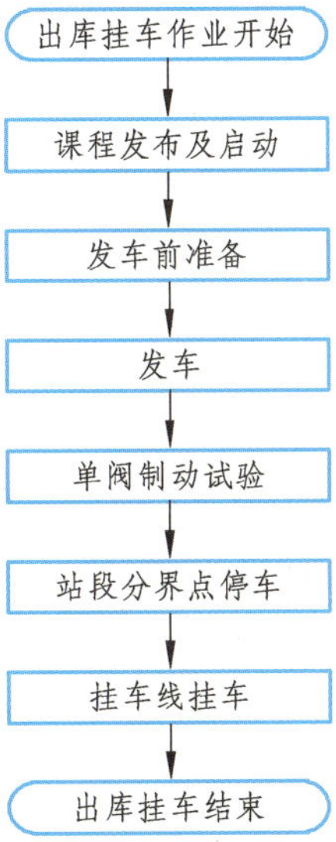

图 6-4-3　整体实训过程

2. 实训作业步骤

1）发车前准备（见表 6-4-1）

表 6-4-1　发车前准备

步骤	说明	图示
1	操作司机操作台前侧面板“=32-S01 控制电源开关/微机系统大复位”开关置“1”位，机车上电	
2	插入并打开机车钥匙，操作置于“合”位	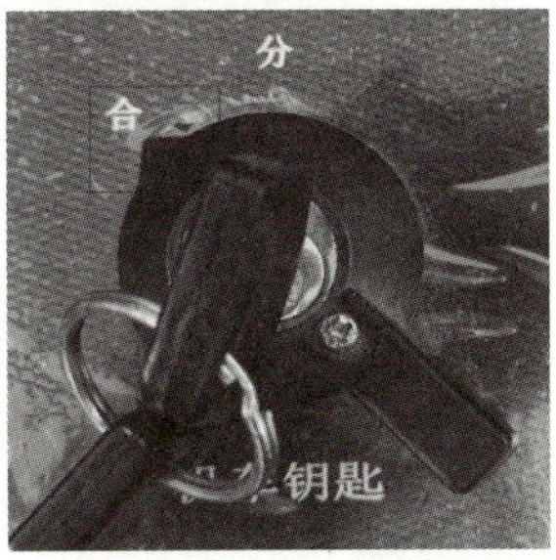

（1）监控进入出入库模式（见表 6-4-2）。

监控起车后，需操作监控进入出入库模式。

表 6-4-2　监控进入出入库模式

步骤	说明	图示
1	当 LKJ2000 启动完成后，进入降级模式	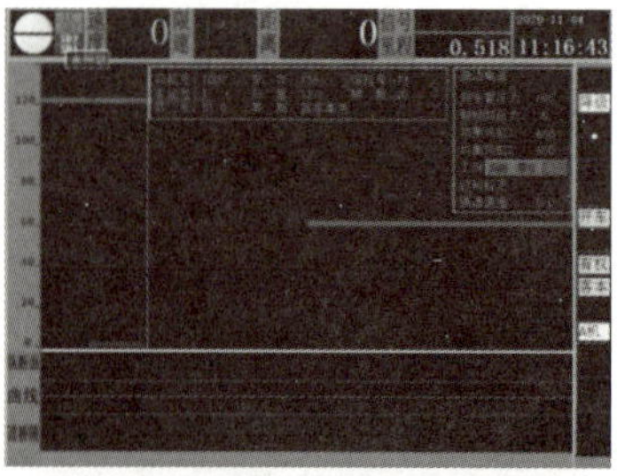
2	按压监控键盘“出入库/9”	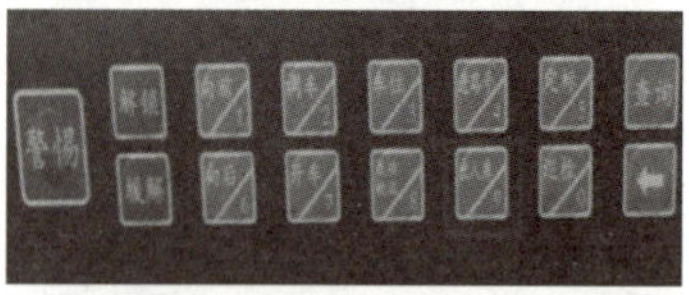
3	监控进入“出入库”模式	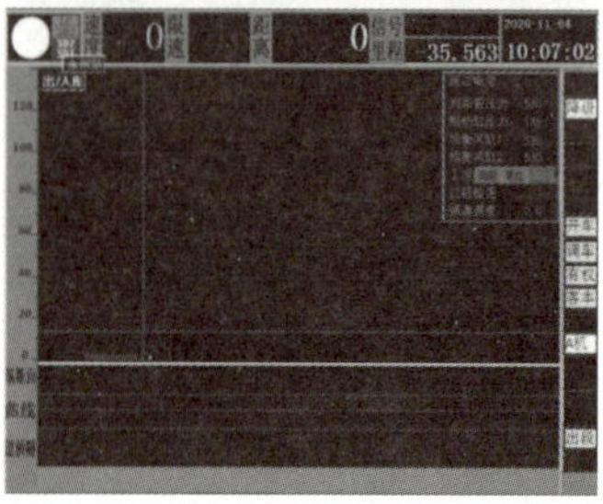

（2）升弓（见表 6-4-3）。

按压鸣笛键，操作受电弓扳键开关置“升”位，升起受电弓。

表 6-4-3　升弓

步骤	说明	图示
1	升弓前呼唤：升弓，按下鸣笛按钮	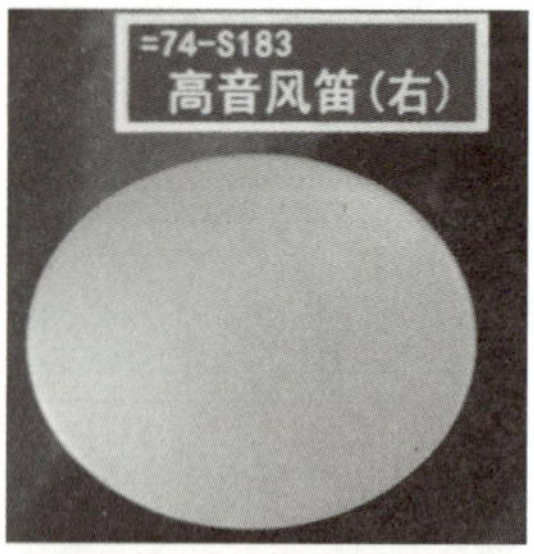
2	操作自复式受电弓扳键开关 21-S03 置“升”位 1～2 s 后松手	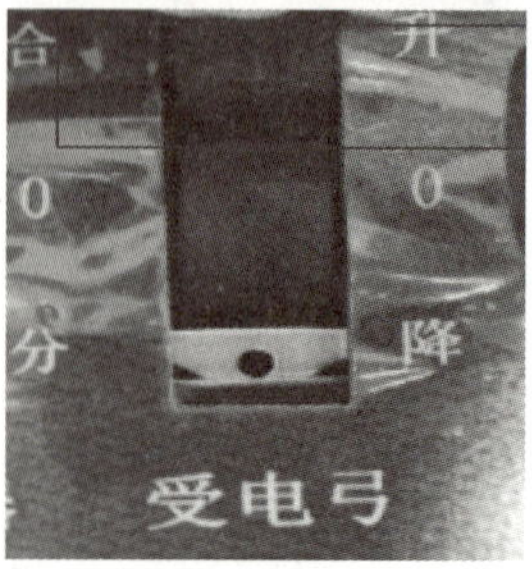

续表

步骤	说明	图示
3	升弓到位后，检查司机室网压表显示的网压值（约 25 kV）；检查微机显示屏显示的网压值与网压表显示的网压值相一致	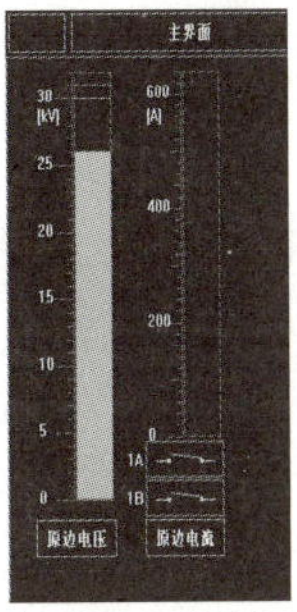 

（3）合主断路器（见表 6-4-4）。

操作“主断路器”扳键开关置“合”位，闭合主断路器。主断路器闭合 3 s 内听辅助变流器 ACU1、ACU2 自动启动，然后各风机、油泵、水泵自动启动。

表 6-4-4　合主断路器

步骤	说明	图示
1	操作自复式主断路器扳键开关 21-S02 置“合”位 1～2 s	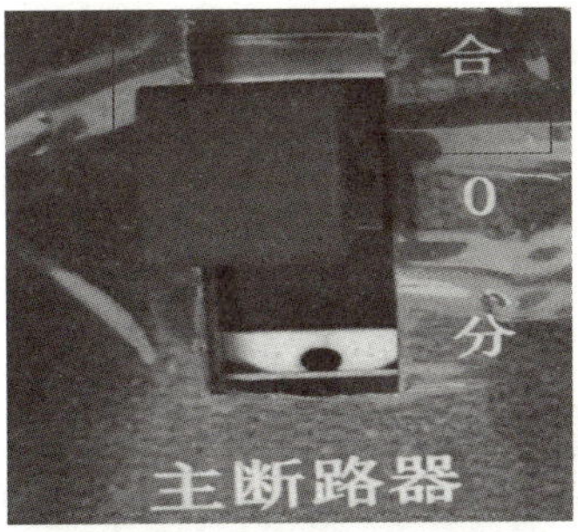
2	检查微机显示屏显示的主断路器图标由灰色“主断断开且已经缓解”变为黄色“主断闭合”	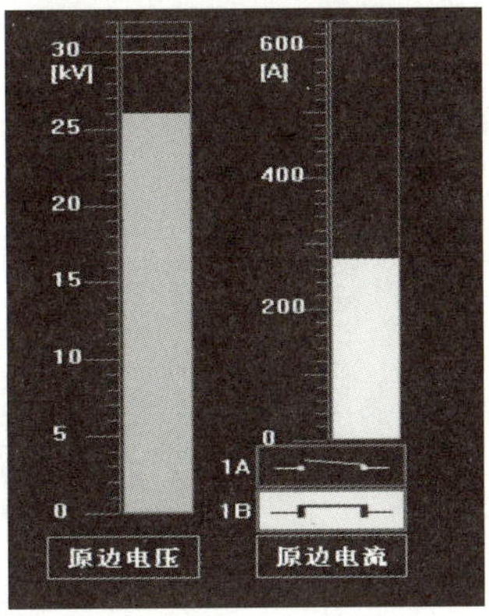

（4）闭合空压机（见表 6-4-5）。

操作“空压机”扳键开关置“合”位，当总风压力低于 750 kPa 时，空压机自动工作后，总风压力上升到 900 kPa 时停止。

表 6-4-5　闭合空压机

步骤	说明	图示
1	操作“空压机”扳键开关置“合”位，闭合空压机	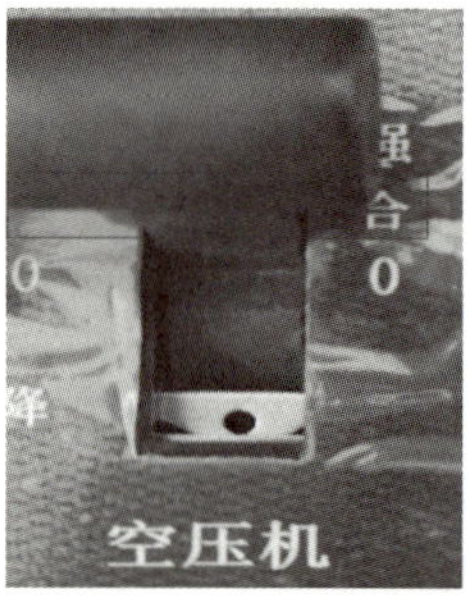
2	当总风压力低于 750 kPa 时，空压机自动工作后，总风压力上升到 900 kPa 时停止	

（5）缓解制动机制动（见表 6-4-6）。

提示产生惩罚制动时，先缓解惩罚制动源，自阀手柄置“抑制”位 1 s 以上，再回运转位，缓解惩罚制动。

表 6-4-6　缓解制动机制动

步骤	说明	图示
1	LCDM（制动显示屏）提示有惩罚制动，需置“抑制”位消除	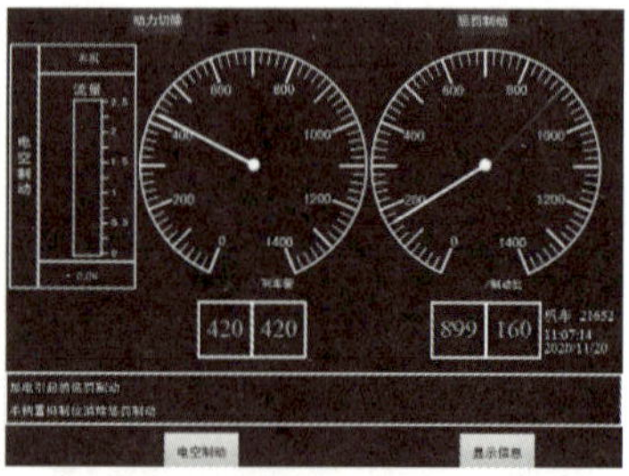
2	检查 LKJ2000 无“常用制动”“紧急制动”等制动输入。如果有，按压监控“缓解”键缓解	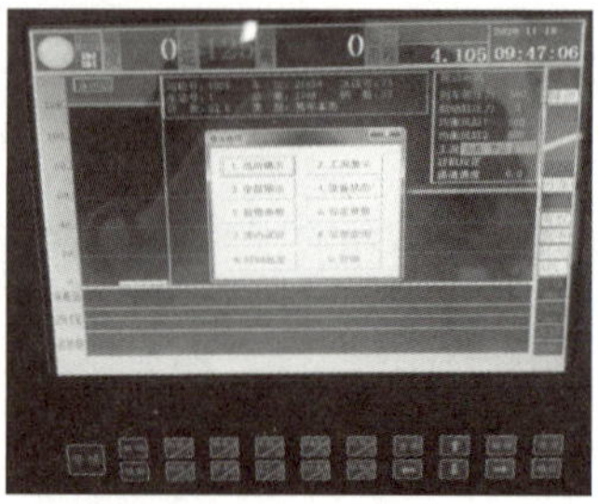

续表

步骤	说明	图示
3	自阀手柄置“抑制”位 1 s 以上，缓解惩罚制动	
4	缓解后，红色“惩罚制动”“动力切除”图标消失	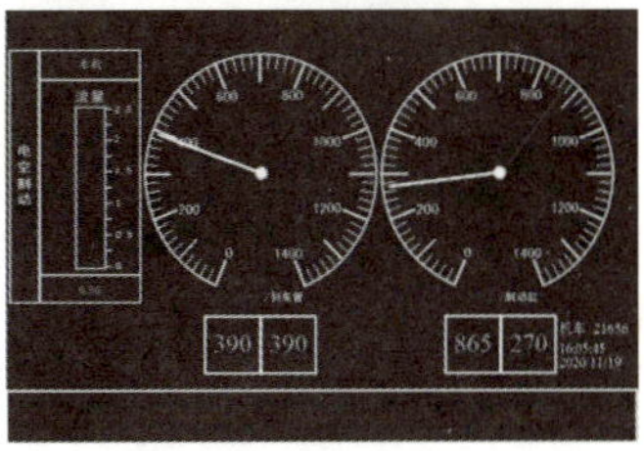
5	自阀手柄置“运转”位，列车管充风至定压	

2）发车（见表 6-4-7）

表 6-4-7　发车

步骤	说明	图示
1	倒计时完成后，副司机语音文字提示：“调车联控”	
2	司机拿起 CIR 话筒，按压侧面 I 或 II 键呼叫调度	
3	主界面语音文字提示：“1001 号机车 4 道出库调车信号好”。 本车道调车信号由蓝灯变为白灯	

续表

步骤	说明	图示
3		
4	操作司机台“停放缓解”按钮，缓解机车停放制动。 停放缓解后，“停放施加”按钮红色灯熄灭	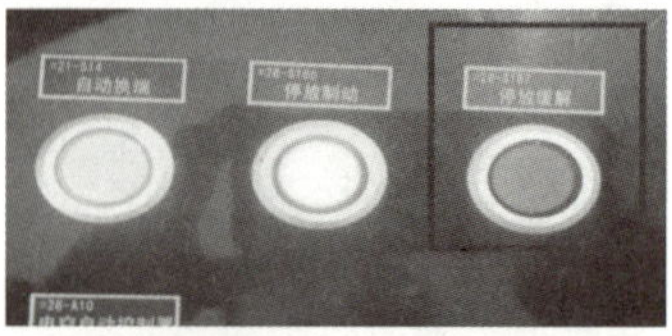 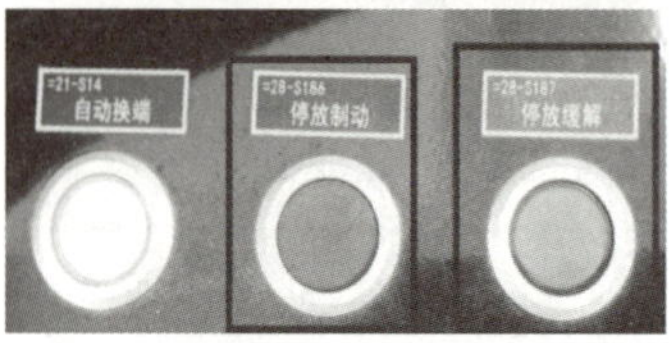
5	单阀手柄置“运转”位，机车制动开始缓解	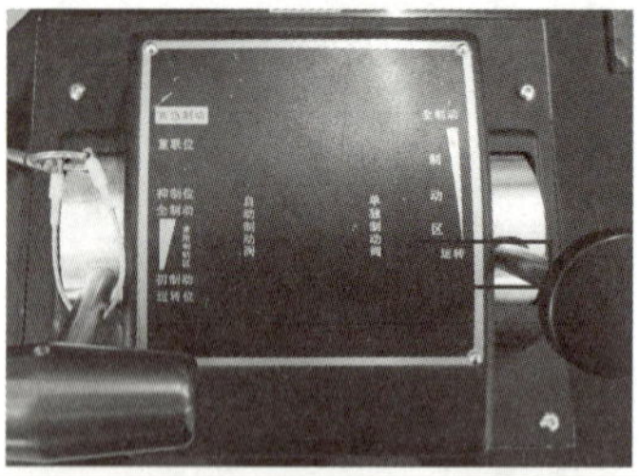
6	起动列车前，操作司机台鸣笛键鸣笛	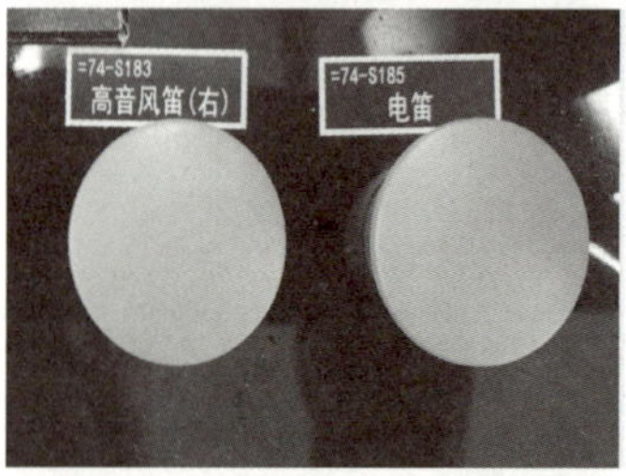
7	方向开关置“向前”位，操作制动手柄置“牵引”位，给出不大于 1 级的牵引，起动列车	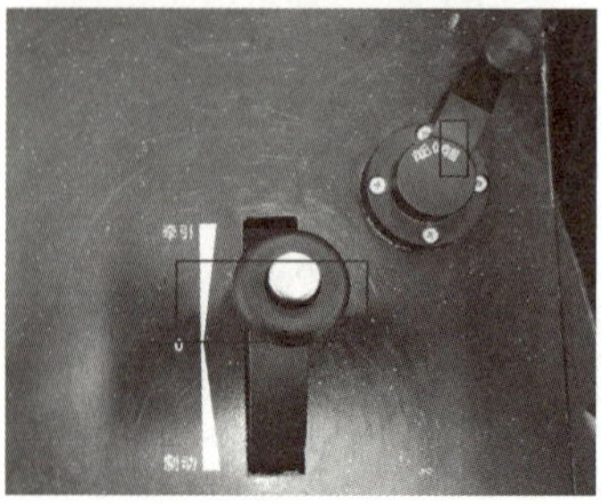

3）单阀制动试验（见表 6-4-8）

首次动车后速度 5 km/h 以下试验单阀制动，距离不超过 20 m。

表 6-4-8　单阀制动试验

步骤	说明	图示
1	首次动车后速度 5 km/h 以下试验单阀制动，距离不超过 20 m	
2	操作单阀置“制动”位，制动缸压力上升，机车降速（可以不停车）	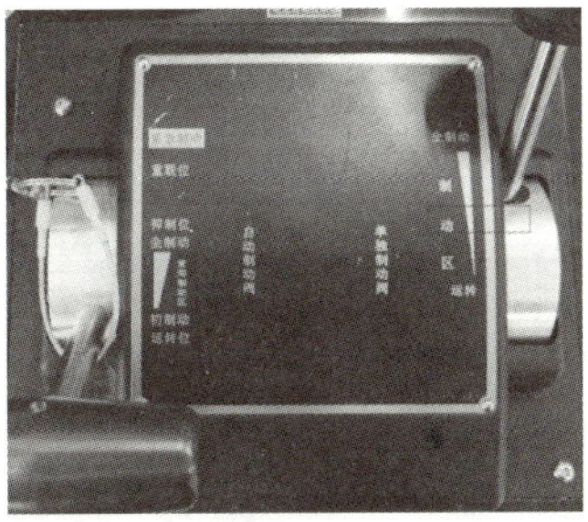

4）站段分界点停车（见表 6-4-9）

表 6-4-9　站段分界点停车

步骤	说明	图示
1	站段分界点蓝灯信号前，操作自阀制动使机车停车	
2	停车等待调车信号由蓝灯转为白灯	
3	主场景提示：“机车 4 道挂车”	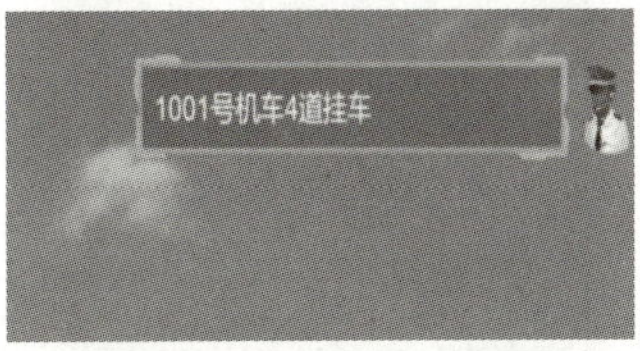
4	出入库模式下，再次按压“出入库”键，使 LKJ 进入调车模式	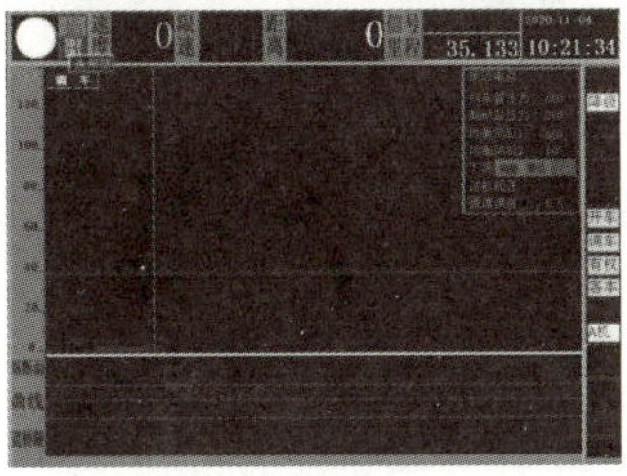

续表

步骤	说明	图示
5	单阀手柄置“运转”位，机车制动开始缓解	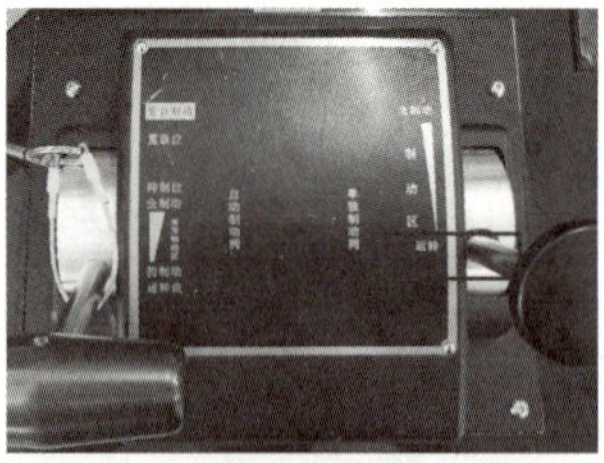
6	起动列车前，操作司机台鸣笛键鸣笛	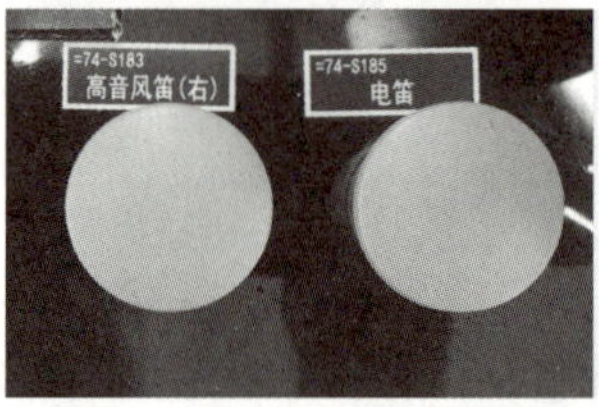
7	方向开关置“向前”位，操作制动手柄置牵引位，起动列车	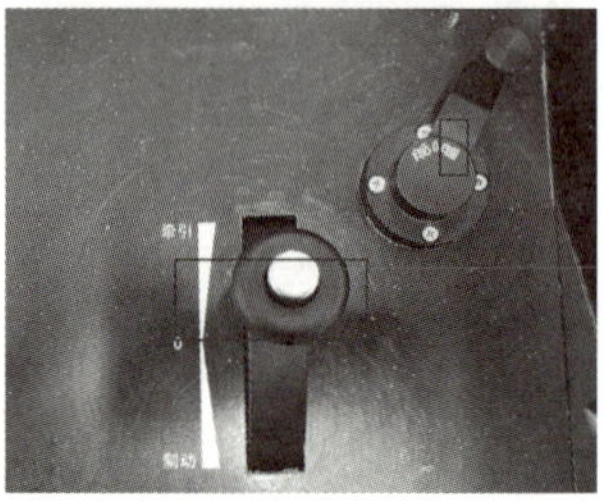

5）挂车线（见表 6-4-10）

表 6-4-10　挂车线

步骤	说明	图示
1	运行至距离前车十车位置（约 110 m），控制车速不超过 17 km/h	
2	运行至距离前车五车位置（约 55 m），控制车速不超过 12 km/h	
3	运行至距离前车三车位置（约 33 m），控制车速不超过 7 km/h	

续表

步骤	说明	图示
4	运行至距离车厢 10 m 前，必须一度停车。停车后，场景显示连接手信号	 
5	再次缓解机车制动，鸣笛，操作手柄牵引，控制连挂速度不超过 5 km/h	
6	连挂成功后，主场景提示本次考核完成倒计时 30 s	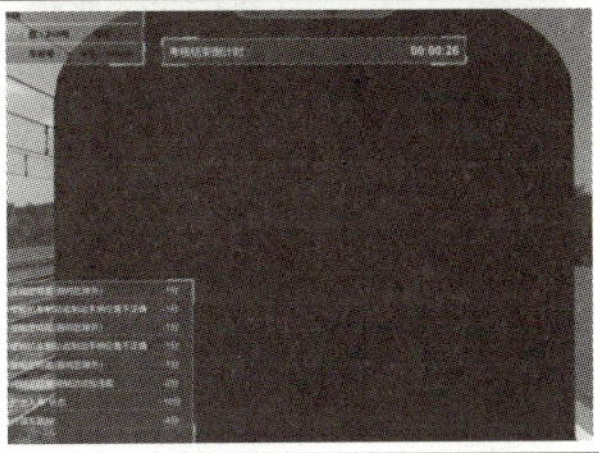
7	在倒计时 30 s 内，需要进行试拉操作（方向向后，手柄牵引）	

6）结束考试

连挂完成后倒计时 30 s 完成，本次课程结束考核。主界面显示考核扣分项，如图 6-4-4 和图 6-4-5 所示。

图 6-4-4　考核完成

图 6-4-5　考核失格

五、实训考核标准（见表6-4-11）

表 6-4-11　实训考核标准

序号	扣分项目	扣分标准
1	行车安全装置未开机或运行途中关机	失格
2	LKJ 未处于“出入库”状态	扣 10 分
3	出库前未进行调车联控	扣 4 分
4	出库调车信号未开放即动车	失格
5	动车前未鸣笛	每次扣 1 分
6	动车前未缓解机车制动或制动手柄位置不正确	每次扣 2 分
7	未试验单阀制动或单阀制动试验违规	扣 2 分
8	段内行走超速	失格
9	越过未开放的信号机	失格
10	未停稳换向	失格
11	未进入“调车”模式	扣 10 分
12	距脱轨器、防护信号、车列 10 m 前未一度停车	失格
13	十车（约 110 m）限速超规定（>17 km/h）	扣 2 分
14	五车（约 55 m）限速超规定（>12 km/h）	扣 2 分
15	三车（约 33 m）限速超规定（>7 km/h）	扣 2 分
16	连挂速度大于 5 km/h	扣 20 分
17	挂车后，未进行试拉操作	扣 10 分
18	挂车后，机车未保持制动	扣 5 分
19	列车运行中操作不当，造成 LKJ 实施卸载动作	扣 20 分
20	升弓未按要求鸣笛	每次扣 1 分

六、思考题

（1）连挂时运行至距离前车十车位置（约 110 m），允许运行的最大速度是多少?

（2）距脱轨器、防护信号、车列多少米前需要一度停车?

（3）连挂时速度不能大于多少?

（4）机车连接车辆时，手信号昼（夜）显示方式是什么?

任务五　LKJ 认识及常用操作

一、实训目的

（1）能熟练进行 LKJ 设备操作。

（2）能将 LKJ 的常用操作流程应用到作业中。

二、专业知识

（一）参数设定

1. 参数输入

将已写入 LKJ 临时数据的 IC 卡正确插入屏幕显示器 IC 卡座内，显示屏右边状态窗口的【IC 卡】指示灯点亮。按压【设定】键，装置将卡内的 LKJ 临时数据读入，并弹出“参数设定”窗口，其中的司机号、区段号、车站号、车次、编组等数据为 IC 卡中预先写入的参数（如果读入的司机号、区段号、车站号、车次、列车编组等数据与实际不符，通过参数修改方法对不正确项进行修改）。选择车速等级，确认无误后，再次按压【设定】键退出，此时显示屏显示读入揭示条数窗口。按压【确认】键，显示屏显示“请查询揭示!”，拔出 IC 卡，按压【确认】键进入“全部揭示查询”窗口。按规定与交付揭示核对，逐条确认无误后将光标移到“0 返回”位置，按压【确认】键退出。

2. 参数修改

按压【设定】键，进入参数设定窗口。通过方向键（【→】【←】【↑】【↓】），移动光标到相应输入框，然后通过按数字【0】~【9】输入数据。如果输入错误，可用【←】键取消光标前一个字符。修改完任一项设置，按压【确认】键使光标移到下一项，也可用方向键移动光标。在输入“车次种类、列车种类、本/补”等有下拉菜单项目时，按压【↓】键展开该项目的选项，然后用【↑】【↓】键移动光标到所要选择的项目，然后按压【确认】键选定。“车速等级”按第 3 点所述方法选择。参数修改完毕，将光标移到“确定”按钮，按压【确认】键或直接按压【设定】键退出参数设置状态。

3. “车速等级”选择

输入列车种类为“客车”时，光标移到“车速等级”窗口后，装置自动选择“客 5（80 km/h）”，按压【↓】键展开车速等级选择选项（见图 6-5-1），利用【↑】【↓】键选择所担当列车最高允许速度对应的车速等级，选定后按压【确认】键。

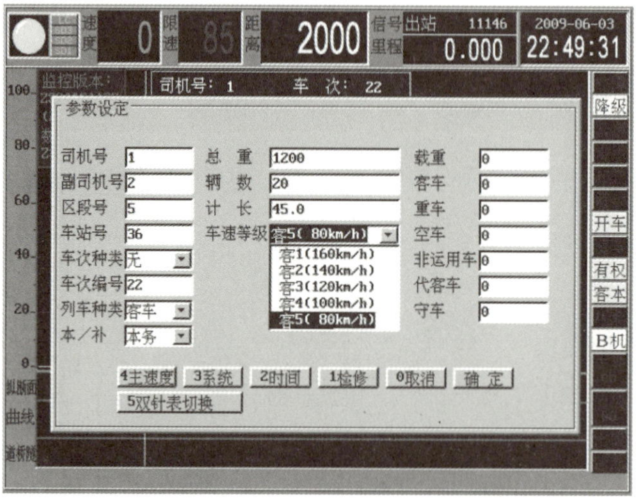

图 6-5-1　客车车速等级选择

监控装置设置客车车速等级共 5 种，分别为客 1（160 km/h）、客 2（140 km/h）、客 3（120 km/h）、客 4（100 km/h）、客 5（80 km/h）。

输入列车种类为“货车”时，光标移到“车速等级”窗口后，装置自动选择“货车（80 km/h）”。对于不需输入其他车速等级的列车，直接按压【确认】键。对于需输入其他车速等级的列车，按压【↓】键展开车速等级选择选项，按【↓】选择“其他”（见图 6-5-2），按压【确认】键，弹出“请输入货车车速等级限速”窗口，在该窗口中输入所担当列车最高允许速度值（范围为 1 ~ 120）。

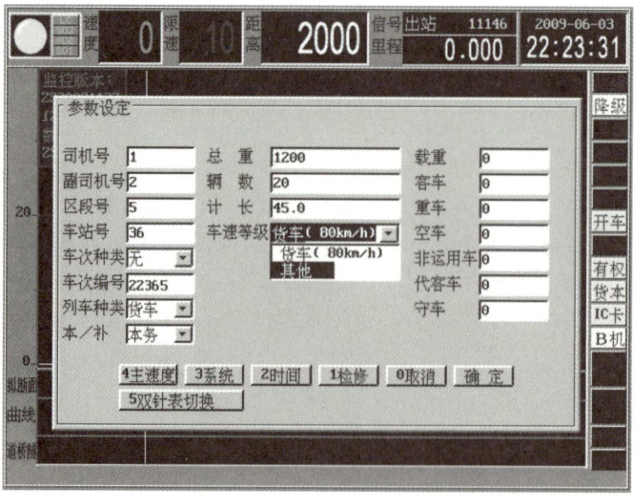

图 6-5-2　货车车速等级选择

（二）参数输入/修改的条件

监控装置未输出控制指令（常用制动、紧急制动）且不处于防溜报警状态，才能进行参数输入/修改，但还须符合以下条件：

（1）客/货、本/补状态之间的转换，停车时。

（2）“车速等级”修改，停车时。

（3）区段号（监控交路号）、车站号、车次输入/修改。

（4）特定引导、绿色许可证、路票等解锁开口后，停车时。

（5）机车信号为红黄闪灯，前方信号机开口控制后，停车时。

（三）进入/退出调车工作状态

（1）进入：停车时，按压一次【调车】键，进入调车工作状态，【调车】状态指示灯点亮。

（2）退出：在调车工作状态下，按压一次【调车】键，【调车】状态指示灯灭，返回进入调车工作状态（通常工作或降级工作状态）。

（四）出入库、挂车

（1）除另有规定外，机车出库时，应使装置进入调车工作状态。在闸楼处按压【出入库】键使显示屏【出段】灯亮。

（2）始发站挂车完毕，退出调车工作状态（【出段/入段】灯亮时，先按压【出入库】键，再按压【调车】键退出调车工作状态），根据列车编组单确认输入的列车编组数据等参数。

（3）列车到达终点站，机车入库时，按规定将装置转入调车工作状态。在闸楼处按压【出入库】键使显示屏【入段】灯亮。

（五）开车对标

参数设置正确后，装置进入降级工作状态，确认显示屏【开车】指示灯亮，列车开车后，机车经过规定的对标点时，按压【开车】键，装置进入通常工作状态（监控状态），此时显示屏上方数据窗口显示实际速度、限制速度、距离、前方信号机种类、里程等相应的数据，中央显示速度、限速曲线和信号机位置，下方显示线路纵断面数据。

（六）当前揭示查询

操作目的：列车运行时查询前方 2 000 m 以内的揭示。

操作方法：在“查询选择”窗口，利用光标键移动光标到“当前揭示”按钮，然后按压【确认】键，或者直接按压数字键【1】，进入揭示查询界面。当没有揭示信息时，提示“禁止查询!”。屏幕上的揭示显示，底色为白色的是正常的揭示，绿色的是已经越过的揭示，红色是已经解除的揭示。

（七）查询全部揭示

操作目的：查询装置内的所有揭示信息。

操作方法：在“查询选择”窗口，利用光标键移动光标到“全部揭示”按钮，然后按压【确认】键，或者直接按压数字键【3】，进入揭示查询界面。当没有揭示信息时，提示“查询失败！”（“没有揭示！”）。屏幕上的揭示显示，底色为白色的是正常的揭示，绿色的是已经越过的揭示，红色是已经解除的揭示。如果揭示较多，用上下方向键翻页显示。

揭示较多时，还可使用“揭示筛选”功能。

（1）在揭示查询窗口，按压数字键【4】调出揭示筛选界面（见图 6-5-3）。

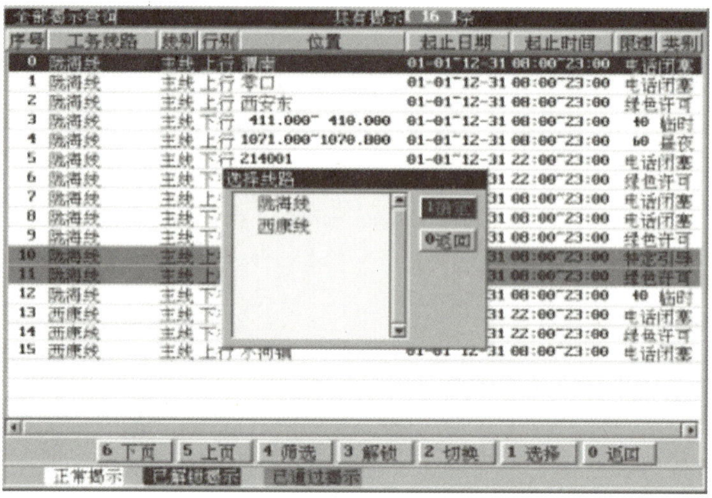

图 6-5-3　揭示筛选窗口一

（2）在“选择线路”小窗口中，列出了全部揭示信息所包含的所有线路。按压【←】键进入线路选择，按压【↑】【↓】键将光标移到要选择/取消的线路，按压【确认】键选择/取消，如图 6-5-4 所示。

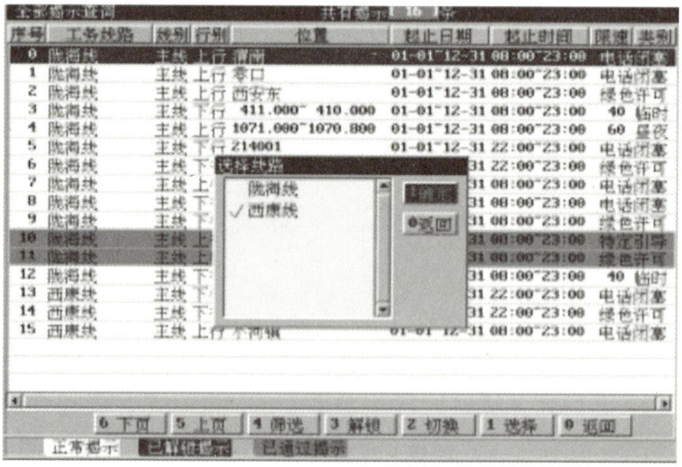

图 6-5-4　揭示筛选窗口二

（3）选择所需线路后按【1】键，全部揭示查询窗口只显示所选择线路的揭示信息。

三、实训要求

1. 实训时间

教学课时为 2 课时。

2. 实训形式

上机实训。

3. 实训注意事项

计算机只允许打开实训系统，不得进行其他操作

4. 工器具材料准备

系统使用说明书。

四、实训作业步骤

1. 整体实训过程（见图 6-5-5）

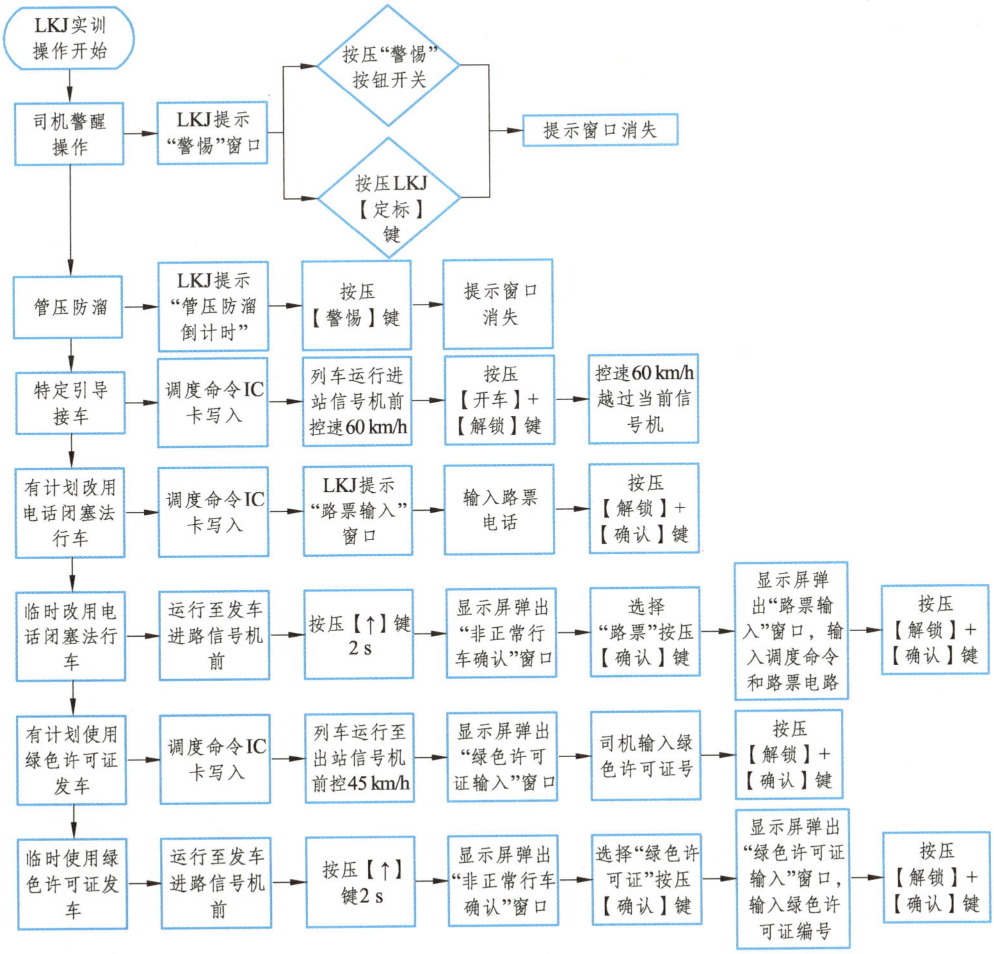

图 6-5-5　整体实训过程

2. 实训作业步骤（见表 6-5-1）

表 6-5-1　实训作业步骤

<table>
<tr><th>序号</th><th>操作模块</th><th>操作内容</th><th>图示</th></tr>
<tr><td rowspan="2">1</td><td rowspan="2">司机警醒操作</td><td>LKJ 启动警惕控制后，显示屏弹出“警惕”提示窗口，并从 20 s 开始倒计时，倒计时到 10 s 时伴以报警声，若倒计时到 0 时，则实施制动控制</td><td>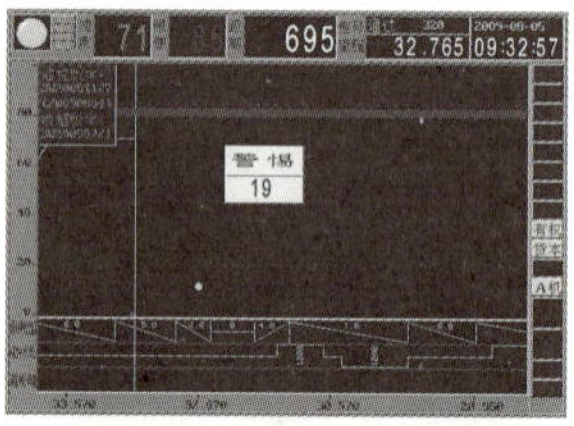</td></tr>
<tr><td>显示屏弹出“警惕”提示窗口后，可按压“警惕”按钮开关或者 LKJ【定标】键 1 次，终止本次控制过程（停止倒计时、提示窗口取消、停止报警）</td><td>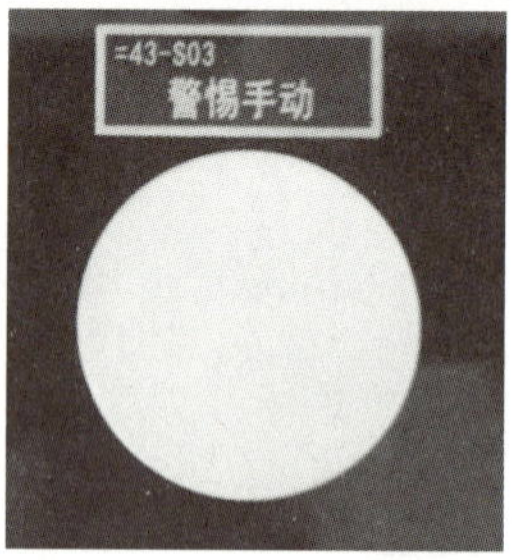</td></tr>
<tr><td>2</td><td>管压防溜</td><td>列车停车后，如列车管减压量不足 80 kPa 时，5 s 后语音连续提示“注意管压防溜”。当机车乘务员按压【警惕】键应答或追加减压达 80 kPa 以上时，解除语音提示和管压防溜功能。否则，语音提示 10 s 后，LKJ 实施紧急制动控制，并语音提示“管压防溜动作”</td><td>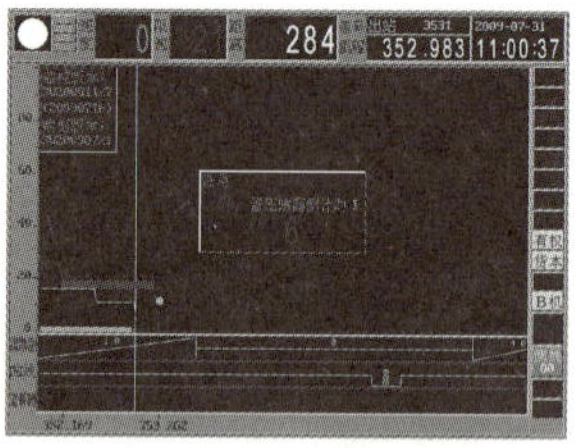</td></tr>
<tr><td>3</td><td>特定引导接车</td><td>乘务员出乘时，接到采用特定引导接车的通知，须将使用特定引导接车的调度命令写入 IC 卡，输入装置。
列车运行至特定引导接车的进站信号机前，速度低于 60 km/h，司机确认特定人工引导手信号显示正确后，按压【开车】+【解锁】键，装置解除对该信号机前的停车控制功能，并监控列车以不超过 60 km/h 的速度越过该信号机</td><td>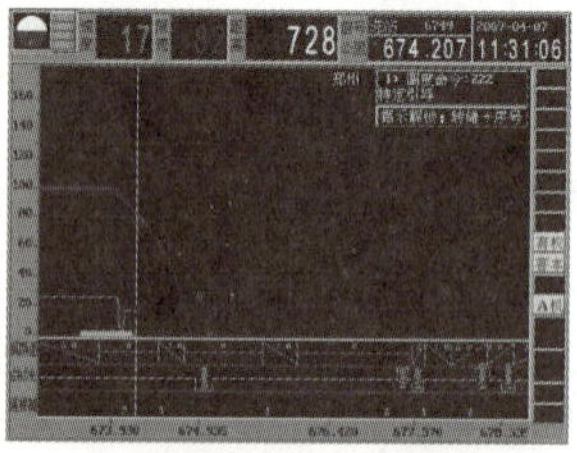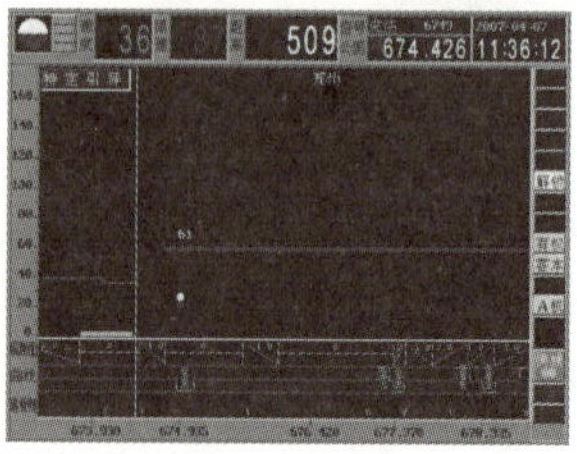</td></tr>
</table>

续表

序号	操作模块	操作内容	图示
4	有计划改用电话闭塞法行车	乘务员出乘时接到改用电话闭塞法的调度命令，并将改用电话闭塞法行车的调度命令写入 IC 卡，输入装置，称为有计划改用电话闭塞法行车。列车运行至改用电话闭塞法行车起始车站的出站信号机或发车进路信号机前，运行速度低于 60 km/h 时，装置显示屏自动弹出“路票输入”窗口，输入路票电话记录号后，将光标移至“确定”位置，按压【解锁】+【确认】键（凡两个及以上键的组合操作均须在 5 s 内完成，下同），装置解除对出站信号机或发车进路信号机和下一站间所有分区通过信号机的停车控制功能。列车运行至下一接车站进站信号机前，装置按其对应的机车信号显示要求监控列车运行。 路票输入窗口显示 15 s，若 15 s 内未做任何操作，则窗口消失。窗口消失后，持续按压【↑】键 2 s 后，进入非正常行车确认窗口，再重新进入路票输入窗口	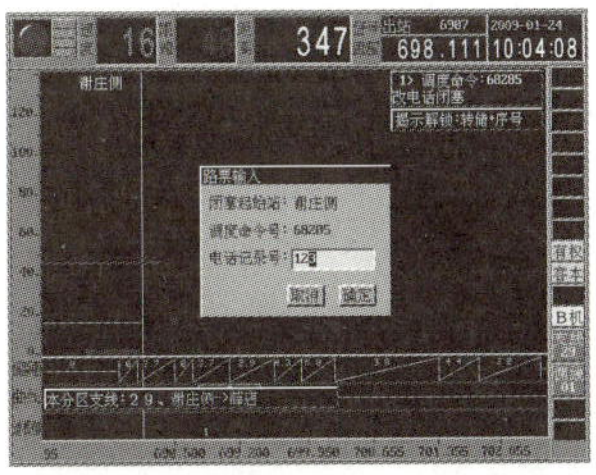 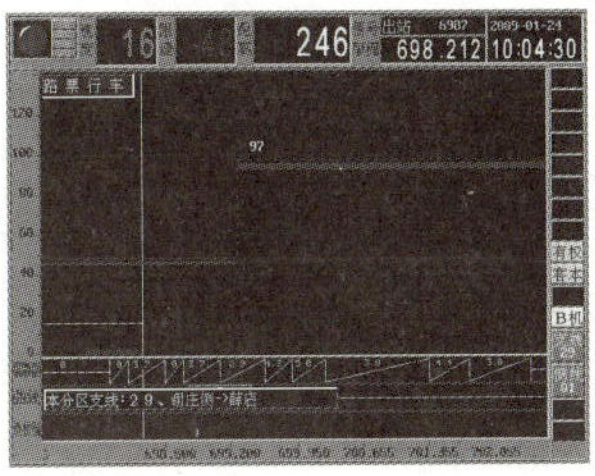
5	临时改用电话闭塞法行车	乘务员出乘时未接到改用电话闭塞法行车的调度命令，或装置中未存储改用电话闭塞法行车的记录，列车运行中接到停用基本闭塞法，改用电话闭塞法行车的调度命令，称为临时改用电话闭塞法行车。在临时改用电话闭塞法行车的起始车站出站信号机或发车进路信号机前停车后，司机持续按压【↑】键 2 s，装置显示屏弹出“非正常行车确认”窗口，司机将光标移至“路票”位置，按压【确认】键后，显示屏弹出“路票输入”窗口，输入调度命令和路票电话记录号，将光标移至“确定”位置，按压【解锁】+【确认】键，装置解除对出站信号机或发车进路信号机和下一站间所有分区通过信号机的停车控制功能。列车运行至下一接车站进站信号机前，装置按其对应的机车信号显示要求监控列车运行	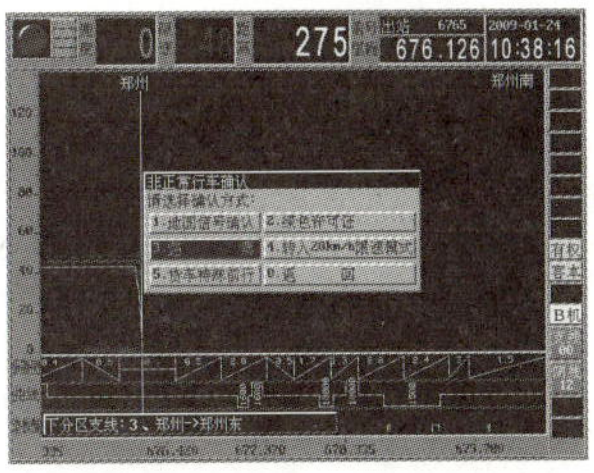 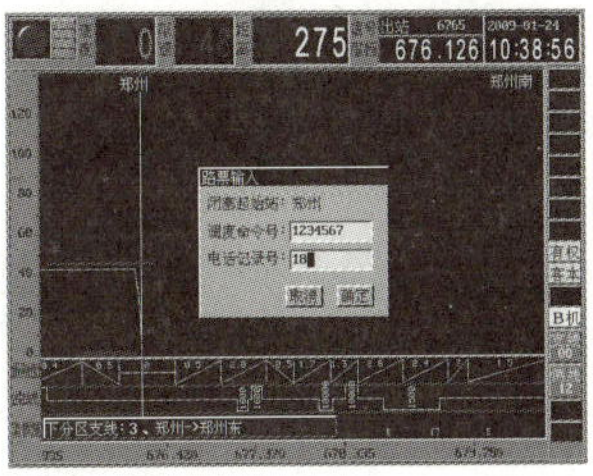

续表

序号	操作模块	操作内容	图示
6	有计划使用绿色许可证发车	乘务员出乘时接到使用绿色许可证发车的调度命令，并将使用绿色许可证发车的调度命令写入 IC 卡，输入装置，称为有计划改用绿色许可证发车。列车运行至使用绿色许可证发车的出站信号机或发车进路信号机前，速度低于 45 km/h 时，装置显示屏弹出“绿色许可证输入”窗口，并显示调度命令号，司机输入绿色许可证编号后，按压【解锁】+【确认】键，装置解除对该出站信号机或发车进路信号机前的停车控制功能，监控列车以不超过 45 km/h 的速度通过出站道岔	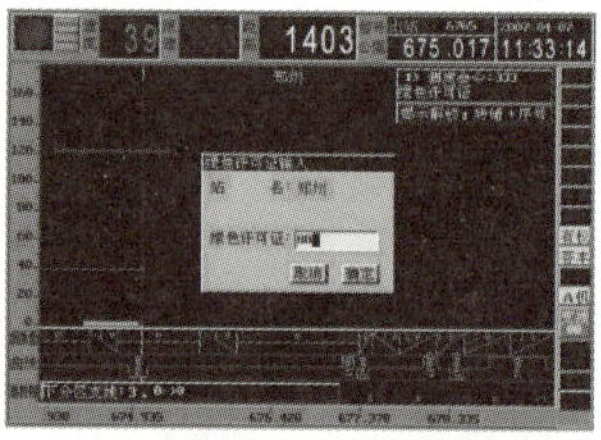 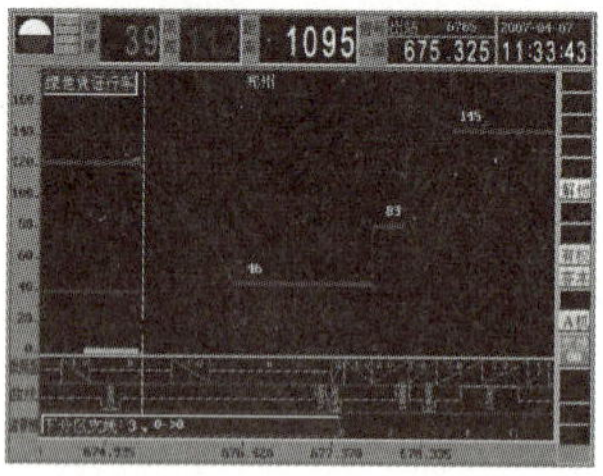
7	临时使用绿色许可证发车	乘务员出乘时未接到使用绿色许可证发车的调度命令，或装置中未存储使用绿色许可证发车的记录，列车运行中接到使用绿色许可证发车的调度命令或通知，称为临时使用绿色许可证发车。列车运行至临时使用绿色许可证发车的出站信号机或发车进路信号机前停车后，司机持续按压【↑】键 2 s，装置显示屏弹出“非正常行车确认”窗口，司机将光标移至“绿色许可证”位置，按压【确认】键，显示屏弹出“绿色许可证输入”窗口，输入绿色许可证编号，按压【确认】键，显示屏右上角显示刚输入的绿色许可证编号，按压【解锁】+【确认】键后，装置解除在该信号机前的停车控制功能，监控列车以不超过 45 km/h 的速度通过出站道岔	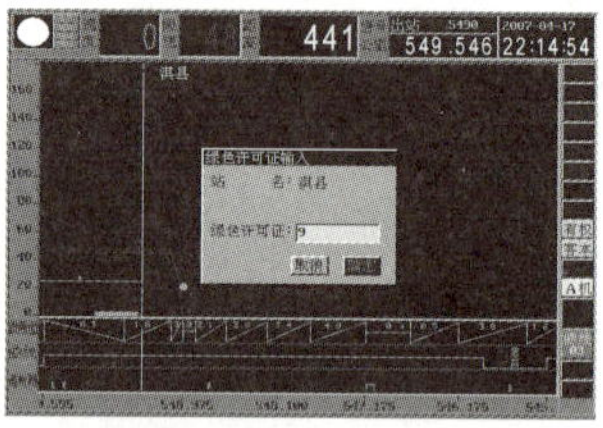 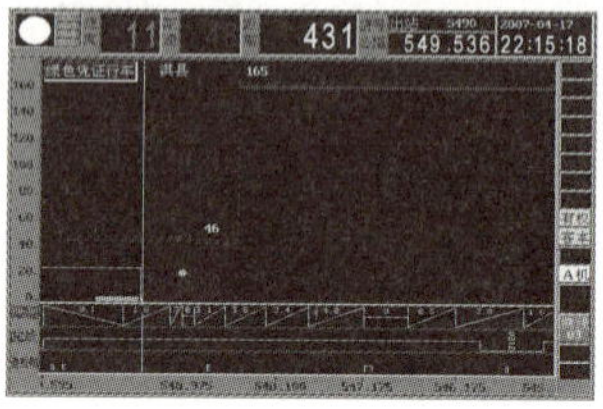

五、实训考核标准（见表6-5-2）

表 6-5-2 实训考核标准

序号	扣分项目	扣分标准
1	未及时按压“警惕”按钮或【定标】键触发制动	扣 10 分
2	未及时按压【警惕】键触发紧急制动	扣 10 分
3	列车运行至特定引导接车的进站信号机前，速度大于 60 km/h	扣 10 分
4	未正确操作特定引导接车	扣 10 分

续表

序号	扣分项目	扣分标准
5	未进行 IC 卡写入操作	扣 15 分
6	输错或者漏输路票电话记录号	扣 15 分
7	未进入路票输入界面	扣 15 分
8	未进入绿色行车许可证输入界面	扣 15 分

六、思考题

（1）显示屏弹出“警惕”提示窗口时，应该如何缓解？

（2）列车停车后，如列车管减压量不足 80 kPa 时，5 s 后语音连续提示“注意管压防溜”，应该如何缓解？

（3）错输参数应如何降级和车位校正操作？

任务六　应急故障处理

一、实训目的

能将合主断故障处理流程的各种操作应用到工作中。

二、专业知识

1. 常见故障解决方法

1）合上蓄电池后无控制电压输出

首先检查蓄电池自动开关=32-F03 是否合到位，其连接线 320431.01 和 320172.02 是否有电，若无电，则检查各蓄电池的连接线是否松脱。

检查负载开关=32-F02 是否合到位，其连接线 320461.01 和 320462.01 是否有电，连线是否松脱。

2）微机系统电源断电

出现此故障时：

（1）微机系统部件断电，请检查低压柜自动开关=22-F101、=22-F102、=24-F103、=22-F104、=24-F105、=42-F106、=24-F107、=23-F108、=23-F109、=23-F110、=24-F112、=31-F113、=21-F114、=31-F115、=31-F116 是否处在断开位。

（2）观察控制电压表=41-P02/=41-P03，如果蓄电池电压低于 77 V，各微机控制装置工作电源自动断开，需待蓄电池电压高于 77 V 后再得电。

3）网压无显示

检查两个司机室的微机显示屏 IDU 和两端司机室网压表=41-P02/=41-P03 均无网压显示，检查低压柜=41-F01 开关是否闭合，若已闭合，则高压电压互感器故障=11-T01（或接触网停电）。由于微机无法接收到网压同步信号，无法控制四象限整流器工作，应该请求救援。

4）受电弓刮弓故障

① 应立即停车；

② 分主断、降弓，断开相应的高压隔离开关；

③ 按规定办理停电申请手续，确认接触网停电后挂好接地线；

④ 上车顶对已损坏的受电弓进行处理（必须按上车顶安全作业规范进行）；

⑤ 消除车顶接地点，关好车顶门；

⑥ 通过低压柜受电弓模式选择开关=21-S51 来选择可升起的受电弓升弓；

⑦ 处理完毕后，取下接地线，按规定申请送电，升弓、维持运行。

5）升弓条件（见表 6-6-1）

表 6-6-1　升弓条件

序号	满足条件	备注
1	至少有一个车顶隔离开关在闭合位	闭合=11-Q03 和/或=11-Q04
2	主断和受电弓控制电源的自动开关闭合	低压柜=21-F114 在“闭合”位
3	充足的气压	最小气压 400 kPa
4	没有降弓命令	不允许降弓操作且微机无降弓指令
5	机车模式选择开关在“正常”位	低压柜选择开关=21-S54 在“正常”位
6	没有 HVB 闭合禁止	
7	TCU1/TCU2 的自动开关至少有 1 个是闭合的	
8	CCU 和 TCU 的通信正常	
9	没有检测到库内供电或辅机测试	司机显示屏无“库内供电”或“辅机测试”相关显示
10	微机系统自检已经完成且没有禁止升弓的指令	
11	有 1 个司机室是占用的或者机车是重联模式下的重联车	
12	HVB 断开	=11-Q02 未闭合
13	部件自检已经完成	无部件故障诊断
14	受电弓切断阀在“打开 cut in”位	空气管路柜=28-A01.U99 在“打开 cut in”位
15	被选中的受电弓没有升弓故障或者降弓故障	
16	没有蓄电池欠压信号	控制电压大于 DC 77 V

6）主断路器闭合条件（见表 6-6-2）

表 6-6-2　主断路器闭合条件

序号	满足条件	备注
1	主断和受电弓控制电源的自动开关闭合	低压柜=21-F114 在“闭合”位
2	空气压力足够	最小气压 450 kPa
3	控制车和重联车任何紧急按钮没有按下	1 端司机室为=28-S10，2 端司机室为=28-S20 未按下
4	没有降弓命令	不允许降弓操作且微机无降弓指令
5	受电弓隔离阀在“打开 cut in”位	空气管路柜=28-A01.U99 在“打开 cut in”位
6	司机没有给出“断 HVB”命令	1 端司机室为=21-S12，2 端司机室为=21-S22 未给出“分主断”操作
7	没有过分相请求	机车未过分相，未按下手动过分相按钮
8	网压在 17～31 kV 内	
9	原边电流保护没有动作	微机没有“原边电流保护”诊断
10	主变压器油温在正常范围内	微机没有“油温保护”诊断
11	没有分 HVB 故障	微机没有“HVB 故障”诊断
12	没有合 HVB 故障	微机没有“HVB 故障”诊断
13	没有主变流器水位“保护”信号	微机没有“水位保护”诊断
14	部件自检已经完成	无部件故障诊断
15	没有合 HVB 禁止	微机没有“合 HVB 禁止”诊断
16	主司控器手柄在“0”位（过分相过程除外）	1 端司机室为=22-S01，2 端司机室为=22-S02 在“0”位
17	机车模式选择开关在“正常操作”位	低压柜选择开关=21-S54 在“正常”位
18	没有蓄电池欠压	控制电压大于 DC 77 V

7）主电路保护措施（见表 6-6-3）

表 6-6-3　主电路保护措施

序号	保护项目	保护部件	保护措施
1	网压过压保护	主变压器	如果网压高于 31.5 kV 并持续 40 s 或高于 32 kV，将断开主断路器，并在显示屏上显示相应的信息。 复位条件：当网压低于 31 kV 并超过 20 s，允许合主断
2	网压欠压保护	主变压器、主变流器	如果网压低于 17 kV 并持续 1 s，将断开主断路器，并在显示屏上显示相应的信息。 复位条件：当网压高于 17.5 kV 并超过 1 s，允许合主断

续表

序号	保护项目	保护部件	保护措施
3	原边过流保护	高压电流互感器、主断路器、主变流器	原边电流有效值大于 430 A 超过 1 s，主断断开。当原边电流（峰值）大于 850 A，立即分主断，相关的故障信息在显示屏上有显示。 复位条件：司机手动复位，微机故障解锁
4	牵引电机缺相	牵引电机、主变流器、TCU	升弓，合主断，给牵引后，受影响的 PWI 被自动切除，其余的牵引电机正常工作。显示屏给出相应的故障信息
5	中间直流环节短路	主变流器、TCU	升弓，合主断，操作方向手柄后 TCU 中的预充电监控动作，主断路器断开，显示器显示相应的故障信息。 自动隔离该变流器后，其他不受影响的变流器正常工作，可以继续运行
6	主变压器次边接地	主变压器、主变流器	升弓，合主断，操作方向手柄后 TCU 检测到接地故障，主断路器断开。显示器显示相应的故障信息。 按复位后，重复上述过程，如故障继续存在，将自动隔离该变流器，其他不受影响的变流器正常工作，可以继续运行
7	主变流器输入电流过流	主变流器	升弓，合主断，主变流器输入电流超过 2 550 A 主断断开。在过流现象消失后主断可以重新闭合。显示器显示相应的故障信息
8	中间直流环节接地	主变流器	升弓，合主断，操作方向手柄后相应的 TCU 检测到接地故障，主断路器断开。显示器显示相应的故障信息。 按复位后，重复上述过程，如故障继续存在，将自动隔离该变流器，其他不受影响的变流器正常工作，可以继续运行
9	牵引变流器输出接地	主变流器	升弓，合主断，操作方向手柄和牵引手柄后相应的 TCU 检测到接地故障，主断路器断开。显示器显示相应的故障信息。 按复位后，重复上述过程，如故障继续存在，将自动隔离该变流器，其他不受影响的变流器正常工作，可以继续运行
10	油泵（2 个）停止运行	主变压器	（1）1 个油泵停止运行时，油温监测将导致转矩降低，并且当油温过高时断开主断路器。大于 87 °C 时转矩降为 0，大于 92 °C 时断开主断。 （2）当 2 个油泵同时停止运行时，由 CCU 和油流检测装置检测到降功运行且在 2 min 后断开主断路器（前提：油温高于 10 °C）。 （3）司机屏显示油泵故障信息

续表

序号	保护项目	保护部件	保护措施
11	水泵停止工作	主逆变器	（1）CCU 检测到相应的自动开关断开或水泵故障并在显示器上显示故障信息。 （2）TCU 的水压监控将反应。 受影响的主变流器将被封锁，其他变流器工作正常，可以继续运行
12	牵引风机停止工作	牵引电机	CCU 检测到相应的自动开关被切除，并在显示器上显示相应的切除信息，同时系统自动切除受影响的 PWI。 其他逆变器工作正常，可以继续运行。
13	油水冷却塔风机停止工作	主变压器、主变流器	水温超过 55 °C 降功率，超过 60 °C 变流器封锁。如果油温超过一定极限，相应的温度保护将起作用，参照第 11 项（1）。 CCU 将检测到相应的自动开关断开，并在显示屏上显示相应的故障信息
14	网侧变流器门控断开	主变流器	升弓后，TCU 检测到故障，将禁止合主断。 按复位后如故障继续存在，将自动隔离该变流器，其他不受影响的变流器正常工作，可以继续运行
15	电机侧变流器门控断开	主变流器	升弓后，TCU 检测到故障，将禁止合主断。 按复位后如故障继续存在，将自动隔离该逆变器，其他不受影响的逆变器正常工作，可以继续运行

8）辅助电路保护措施（见表 6-6-4）

表 6-6-4　辅助电路保护措施

序号	保护项目	保护部件	保护措施
1	牵引风机缺相保护试验	三相断路器	辅助系统启动后，三相断路器如果断开，在显示器上有三相断路器的状态和故障信息：TPCB 断开信息，相应逆变器封锁，机车可以继续运行
2	牵引风机短路保护试验	三相断路器	辅助系统启动后，三相断路器如果断开，在显示器上有三相断路器的状态和故障信息：TPCB 断开信息，相应逆变器封锁，机车可以继续运行
3	油水冷却塔风机缺相保护试验	三相断路器	辅助系统启动后，三相断路器如果断开，在显示器上有三相断路器的状态和故障信息：TPCB 断开信息，机车可以继续运行

续表

序号	保护项目	保护部件	保护措施
4	油水冷却塔风机短路保护试验	三相断路器	辅助系统启动后，三相断路器如果断开，在显示器上有三相断路器的状态和故障信息：TPCB 断开信息，机车可以继续运行
5	主压缩机缺相保护试验	三相断路器	辅助系统启动后，三相断路器如果断开，在显示器上有三相断路器的状态和故障信息：TPCB 断开信息，机车可以继续运行
6	主压缩机短路保护试验	三相断路器	辅助系统启动后，三相断路器如果断开，在显示器上有三相断路器的状态和故障信息
7	油泵缺相保护试验	三相断路器	辅助系统启动后，三相断路器如果断开，在显示器上有三相断路器的状态和故障信息
8	油泵短路保护试验	三相断路器	辅助系统启动后，三相断路器如果断开，在显示器上有三相断路器的状态和故障信息
9	水泵缺相保护试验	三相断路器	辅助系统启动后，三相断路器如果断开，在显示器上有三相断路器的状态和故障信息
10	水泵短路保护试验	三相断路器	辅助系统启动后，三相断路器如果断开，在显示器上有三相断路器的状态和故障信息
11	辅助变流器输出接地保护	辅助变流器	升弓，合主断后，系统自动切除相应的辅助电源负载分支，辅助系统工作在冗余模式。显示器显示相应的故障信息
12	辅助变流输出缺相保护	辅助负载	升弓，合主断后，系统自动切除相应的辅助电源负载分支，辅助系统工作在冗余模式。显示器显示相应的故障信息
13	直流 110 V 欠压保护	电源柜	当蓄电池电压降低到 85 V 时，微机显示屏有蓄电池欠压的故障信息显示

2. 紧急运行

主司控器手柄无法设定级位，此时应将运行转换开关（1 端司机室=21-S09、2 端司机室=21-S29）置“紧急”位，由主司控器向前牵引位的三个辅助触点来驾驶，具体操作步骤如下：

（1）将调速手柄置于牵引 2/3 位处。

（2）若需进级，则将手柄向前置最大位，放置的时间越长设定的级位越高。

（3）若需退级，则将手柄稍微向后离开 2/3 位，离开的时间越长设定的级位越低。

（4）当设定级位上升或下降至所需级位时，将手柄退回到 2/3 位处可维持该设定级位。

三、实训要求

1. 实训时间

教学课时为 2 课时。

2. 实训形式

上机实训。

3. 实训注意事项

计算机只允许打开实训系统，不得进行其他操作

4. 工器具材料准备

系统使用说明书。

四、实训作业步骤

1. 整体实训过程（见图 6-6-1）

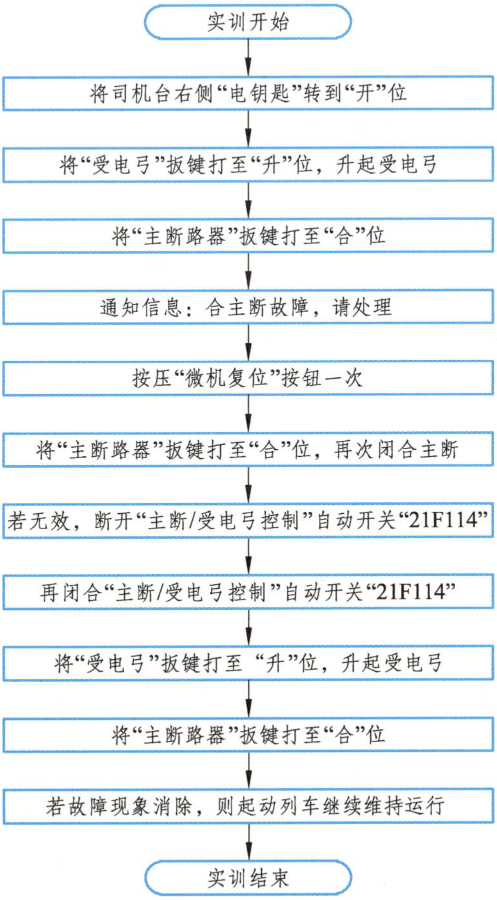

图 6-6-1　整体实训过程

2. 实训作业步骤（见表 6-6-5）

表 6-6-5 实训作业步骤

步骤	说明	图示
1	将司机台右侧“电钥匙”转到“开”位	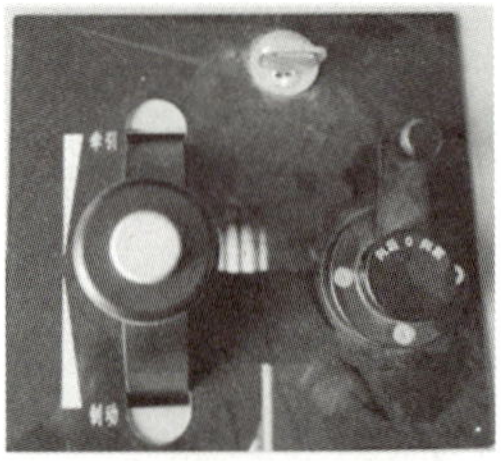
2	将“受电弓”扳键打至“升”位，升起受电弓	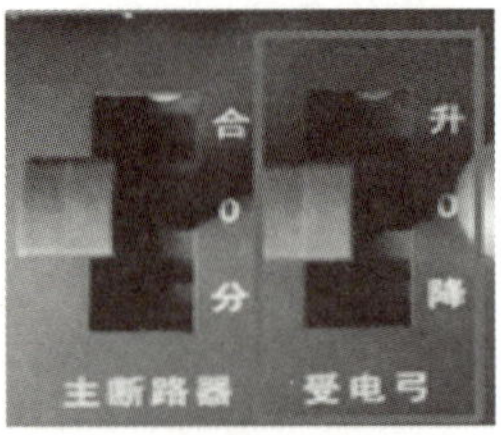
3	将“主断路器”扳键打至“合”位	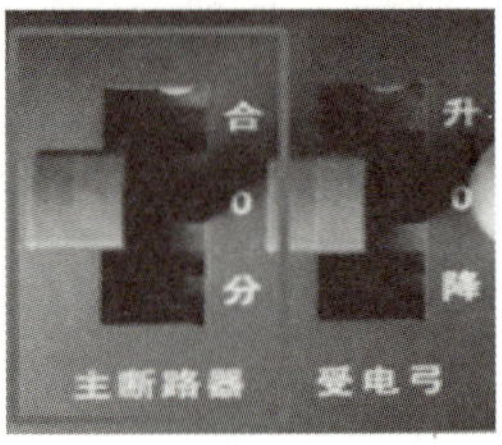
4	通知信息：合主断故障，请处理	
5	按压“微机复位”按钮一次	
6	将“主断路器”扳键打至“合”位，再次闭合主断	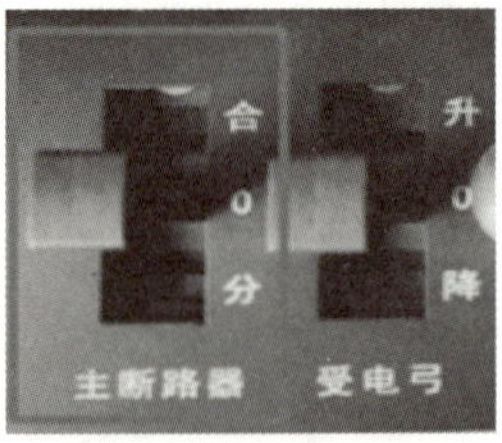
7	若无效，断开“主断/受电弓控制”自动开关“21F114”	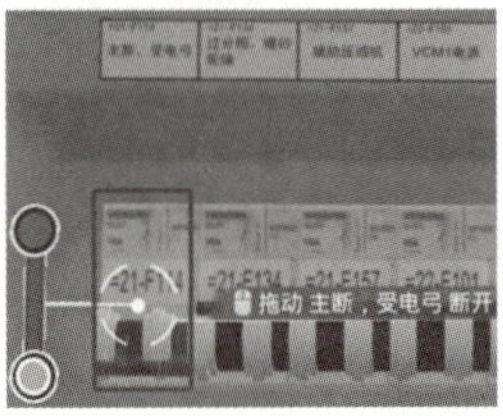

续表

步骤	说明	图示
8	再闭合“主断/受电弓控制”自动开关“21F114”	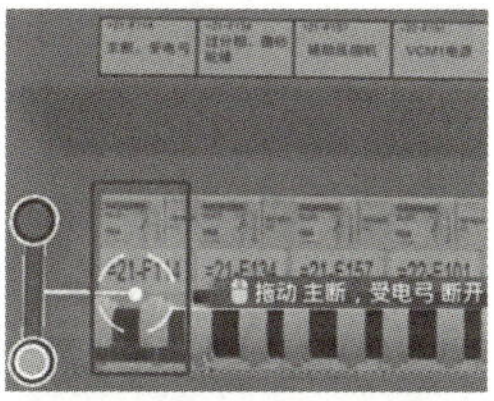
9	将“受电弓”扳键打至“升”位，升起受电弓	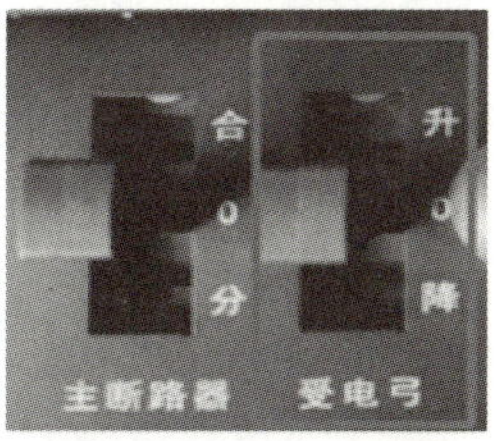
10	将“主断路器”扳键打至“合”位	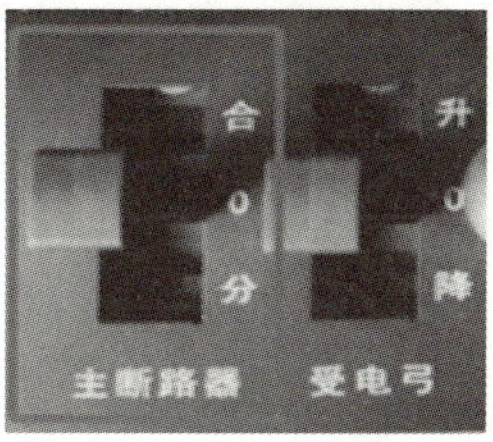
11	若故障现象消除，则起动列车继续维持运行	

五、实训考核标准（见表6-6-6）

表 6-6-6　实训考核标准

序号	扣分项目	扣分标准
1	未按照处理流程顺序执行	扣 10 分
2	步骤漏执行一项	扣 10 分
3	步骤执行完毕故障项点未消除	失格
4	步骤执行过程中未施加列车制动	扣 10 分
5	开车前未鸣笛	扣 10 分
6	起车时发生溜车	扣 10 分
7	超速触发 LKJ 紧急制动	扣 10 分
8	无人警惕触发惩罚制动施加	扣 10 分

六、思考题

（1）升弓合主断之前“机车模式选择开关”应该在什么位置？

（2）主断闭合前，主司控器手柄应放在什么位置？

任务七　退　勤

一、实训目的

能按照司机退勤的标准化作业流程执行退勤。

二、理论链接

旅客列车终到站或途中换挂机车时，机车停妥后司机对列车管实施最大减压量，按规定注销 CIR 设备与客车列尾装置主机的通信连接关系，并主动呼叫车辆乘务员进行确认，确认客列尾销号成功。直供电列车到达后，应保持供电，接到车辆乘务员通知后方可停止供电，拔出供电钥匙，按规定与车辆乘务员办理交接。

到达终点站后，摘解机车前不得缓解列车制动。若地面无列车制动机试验装备或该设备临时发生故障时，司机应根据检车员的要求，试验列车制动机。牵引货物列车到达机车换挂站后，应对制动主管实施最大有效减压量（定压 600 kPa 则减压 170 kPa，定压 500 kPa 则减压 140 kPa）。

司机应按《行规》第 43、44 条有关规定与车站票据接收人员办理列车运输票据交接，交接双方须互相签认。

机车终到后，司机在监控状态下进行摘头、拉口作业，副司机负责将机车软管吊挂，确认调车信号开放并执行联控，例行确认呼唤应答后，方可将 LKJ 转入调车模式，鸣笛动车。运行中乘务机班要认真确认调车信号显示及道岔开通方向，严格执行呼唤应答制度。

退勤前，司机用 IC 卡转储 LKJ 运行记录文件，正确填写司机报单，按规定到 LKJ 数据转储点进行 LKJ 数据转储。

司机听取退勤分析人员对本趟运行数据的分析后，认真开好退勤小组会。全员到退勤调度员处办理退勤，按规定着装，并执行退勤用语：

司机：“司机 XXX、副司机 XXX，现在退勤，请指示”。

调度员：“辛苦了，请汇报本次列车运行情况”。

具备退勤条件时，司机要交回司机手册（调度员在司机手册上签章）、添乘指导簿、旅客列车时刻表、司机报单、调度命令、交付揭示等，经退勤调度员审核无误后方准按压指纹、测酒退勤，司机须在《机车乘务员出退勤簿》上签章。

三、实训要求

1. 实训时间

教学课时为 2 课时。

2. 实训形式

上机实训。

3. 实训注意事项

计算机只允许打开实训系统，不得进行其他操作

4. 工器具材料准备

IC 卡、使用说明书。

四、实训作业步骤

1. 整体实训过程（见图 6-7-1）

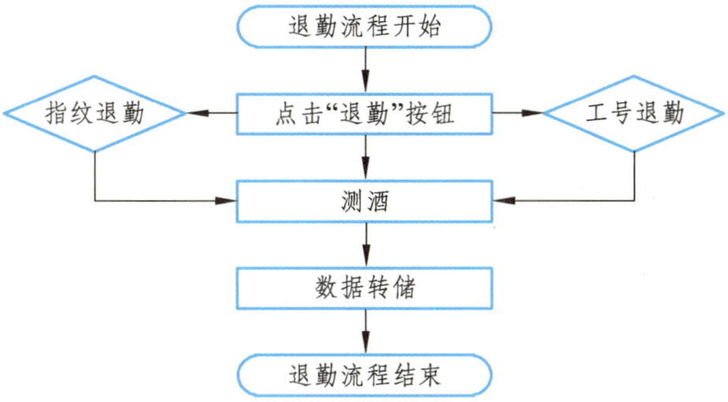

图 6-7-1　整体实训过程

2. 实训作业步骤（见表 6-7-1）

学员在实训完成以后即显示考核完成或考核失格，至出退勤台进行退勤登记操作，如不进行退勤操作，则当前操作台课程无法结束，并会影响下一学员的出勤登记及一次性标准化实操练习。

表 6-7-1　实训作业步骤

序号	作业内容	图示
1	选中当前要退勤的操作台序号行，点击“退勤”按钮，执行指纹退勤/工号退勤操作	
2	点击“确定”后进行酒测	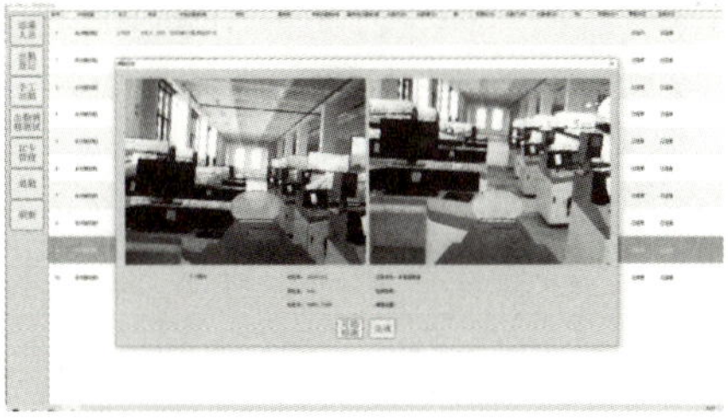

续表

序号	作业内容	图示
3	插卡进行数据转储，完成退勤	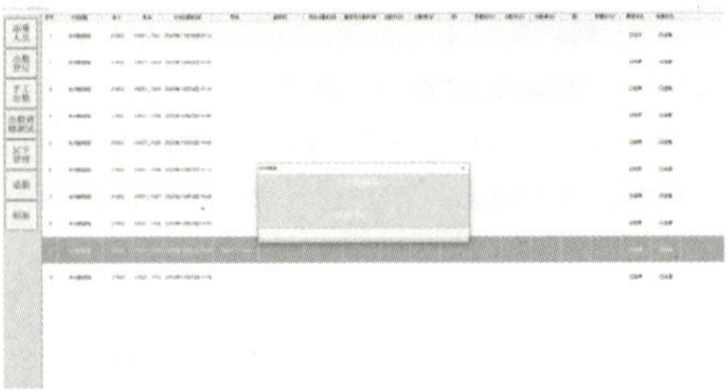
4	退勤完成后在教员端选择对应的操作台，结束当前考核课程	

五、实训考核标准（见表6-7-2）

表 6-7-2　实训考核标准

序号	扣分项目	扣分标准
1	未进行酒精检测	扣 10 分
2	未进行数据转储	扣 10 分

六、思考题

退勤时司机需要交回哪些东西?

项目七 SS_3 4000 电力机车低压试验及作业标准

任务一 钥匙开关 DSK 试验

一、实训目的

（1）能正确阐述钥匙开关与门联锁保护阀的关系。

（2）能将门联锁保护的原理应用到工作中。

（3）能按照钥匙开关试验的方法进行工作。

二、理论链接

司机操作主电路库用转换开关 1、2KYK 于运行位时，车顶天窗关闭，其联锁开关 LK 在闭合位时，合上主司机按键开关的钥匙，则 BHF 从控制电源蓄电池得电，门联锁装置锁闭，关闭各高压室。由电气原理图可知，当机车接触网高压供电后，经零压保护电路 116 线也向 BHF 送电，构成了 BHF 的双电源送电状态。一旦出现误操作，虽控制电路切断，而机车高压供电状态依然存在，则通过交流保护作用，BHF 仍得电，门联锁锁闭，保证了乘务人员不能开门误入高压室，达到确保安全的目的。高压室门联锁电路如图 7-1-1 所示，其部件代号如表 7-1-1 所示。

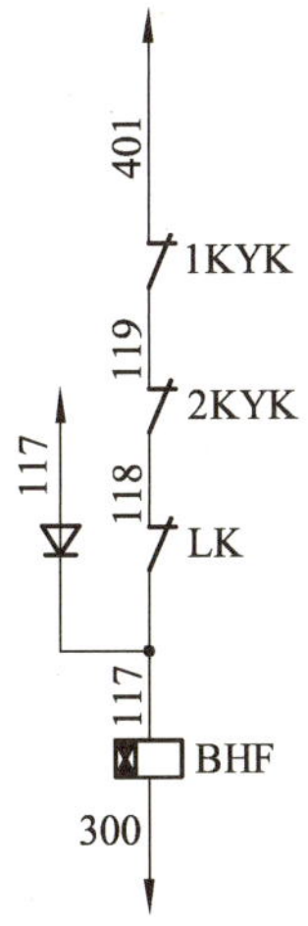

图 7-1-1　高压室门联锁电路

因此，操作电钥匙开关 DSK 闭合，会引起高压室门联锁保护阀得电吸合，门联锁锁闭，高压室门锁闭，以保证机车乘务人员的安全。

表 7-1-1　高压室门联锁电路电器部件的代号

文字符号	名　称
BHF	高压室门联锁保护阀
LK	车顶门联锁开关
1、2KYK	库用转换开关

三、实训要求

1. 实训时间

教学课时为 2 课时。

2. 实训形式

学生每 5 人组成一个工作小组，各小组根据实训课程任务制订实训实施方案，每个小组有一名组长，组长协助老师指导本组学生进行实训。

3. 实训注意事项

（1）机车在停留状态，做好防溜措施。
（2）确认机车蓄电池闸刀在断开位。
（3）确认配电房配电箱空开接线状态，空开在“OFF”位。
（4）确认室外配电箱空开及接触器的接线状态，空开在“OFF”位。

4. 工器具材料准备

“高压危险、禁止靠近”警示牌、防护红旗、铁路专用安全帽等。

四、实训作业步骤

1. 整体实训过程（见图 7-1-2）

图 7-1-2　钥匙开关 DSK 试验流程

2. 通电流程及注意事项（见表 7-1-2）

表 7-1-2　通电流程及注意事项

工序	作业内容	质量标准	使用工具	注意事项	操作示意图
1	室外配电箱引出线与辅助电路库用插座对应线号安装紧固良好	检查确认线号对应、紧固良好	绝缘电工钳	防撞、防挤压、防触电	
2	辅助电路库用插座上悬挂“高压危险、禁止靠近”警示牌	悬挂“高压危险、禁止靠近”警示牌	警示牌	防撞、防挤压、防触电	
3	配电房配电箱空开打在“ON”位	合闸前高呼“合闸”，回复“安全良好”方可操作		防触电	
4	关闭配电房配电箱门	悬挂“当心触电”警示牌	警示牌	防触电	
5	车上闭合蓄电池闸刀	合蓄电池闸刀前高呼“合蓄电池”。第一步，闭合接地闸刀。第二步，闭合整流输出闸刀。第三步，闭合蓄电池闸刀		防触电	
6	室外配电箱空开打在“ON”位	电源指示灯亮		防触电	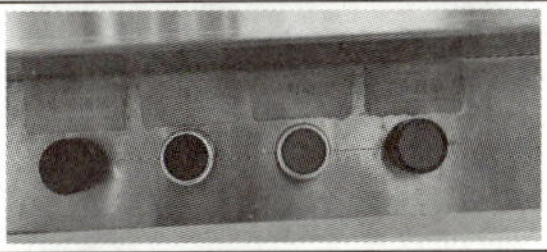
7	关闭室外配电箱门	悬挂“当心触电”警示牌	警示牌	防触电	
8	按下启动按钮	接触器吸合，工作指示灯亮		按下启动按钮前高呼“合闸”，回复“注意安全”方可操作	

续表

工序	作业内容	质量标准	使用工具	注意事项	操作示意图
9	闭合 DSK 钥匙开关	听保护阀 BHF 得电后门联锁的动作声	钥匙开关	看主断路器、油流、预备、零位信号指示灯亮	
10	断开 DSK 钥匙开关	听 BHF 失电	钥匙开关	听门联锁释放声；看信号指示灯灭	
11	重复第 9 步和第 10 步两次	注意 131 塞门是否开放	钥匙开关	注意 131 塞门是否开放	
12	断开机车蓄电池闸刀	断开机车电源		防触电	
13	按下停止按钮	工作指示灯灭		防触电	
14	将配电箱及配电房空开打回至“OFF”位	断电		防触电	
15	确认配电房、室外配电箱空开在“OFF”位	取下辅助电路库用插座“高压危险、禁止靠近”警示牌，拆下辅助电路库用插座连线，并收放室外配电箱架		防触电	
16	恢复辅助电路库用插座	盖上辅助电路库用插座盖		防触电	
17	取下配电箱“当心触电”警示牌	锁闭配电箱门		防触电	

五、实训考核标准（见表7-1-3）

表 7-1-3 实训考核标准

考核标准	考核结果
（1）掌握 DSK 钥匙开关的试验方法	（1）三个项目要求为合格，合格成绩为60分。 （2）有一项不符合要求，则不合格
（2）掌握机车库用电源的通电顺序	
（3）不超过规定时间	
按要求掌握相关专业理论知识	20分
按要求完成思考题	20分

六、思考题

（1）如何进行电钥匙开关试验？说明其试验方法。
（2）闭合电钥匙开关后，司机室有什么现象产生？

任务二　主断路器试验

一、实训目的

（1）能正确阐述主断路器与零压信号显示之间的关系。
（2）能将 SS_3 4000 电力机车零压保护的工作原理应用到工作中。
（3）能通过主断路器试验方法进行主断路器试验。

二、理论链接

当接触网正常供电时，由变压器 LYB 经故障转换开关 LYK 跨接在主变压器 a6-x6 绕组输出线上，LYB 次边经限流电阻 LYR、LYGZ 后输出直流，LYSJ 受电吸合后接入稳压管 LYWY（2×25 V）和保护电容 LYC，仅使 LYSJ 保持一个维持电压（60 V），以提高继电器的返回系数，即提高零压继电器保护动作的灵敏度。

当接触网供电失压，且失压时间大于 1 s 时，LYSJ 失电释放，并控制机车主断路器 QD 分闸，在主司机台上显示“零压”信号；同时还切断控制电路中各辅机接触器，使各辅机停止工作。零压保护电路原理如图 7-2-1 所示，其部件代号如表 7-2-1 所示。

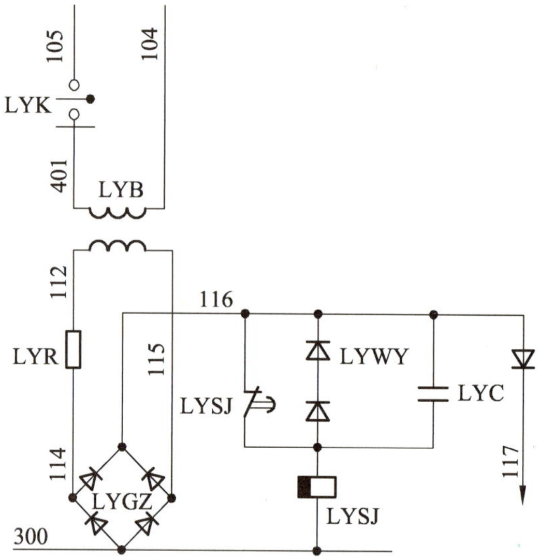

图 7-2-1　零压保护电路

表 7-2-1　辅助接地保护电路电器部件的代号

文字符号	名　称
LYB	零压变压器
LYR	限流电阻
LYGZ	零压整流装置
LYSJ	零压时间继电器
LYWY	零压稳压管
LYC	零压保护电容

三、实训要求

1. 实训时间

教学课时为 2 课时。

2. 实训形式

学生每 5 人组成一个工作小组，各小组根据实训课程任务制订实训实施方案，每个小组有一名组长，组长协助老师指导本组学生进行实训。

3. 实训注意事项

（1）机车在停留状态，做好防溜措施。

（2）确认机车蓄电池闸刀在断开位。

（3）确认配电房配电箱空开接线状态，空开在“OFF”位。

（4）确认室外配电箱空开及接触器的接线状态，空开在“OFF”位。

4. 工器具材料准备

“高压危险、禁止靠近”警示牌、防护红旗、铁路公用安全帽等。

四、实训作业步骤

1. 整体实训过程（见图 7-2-2）

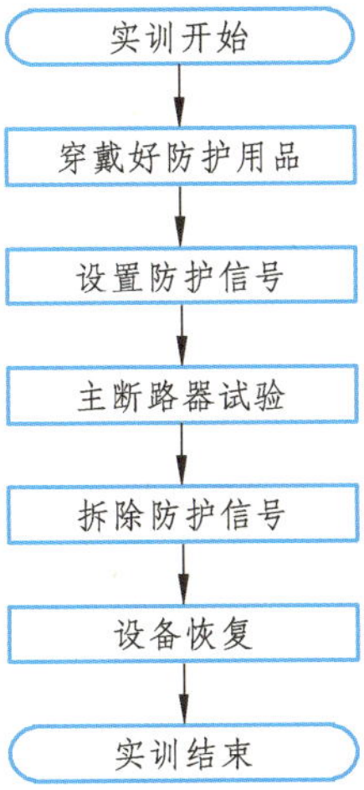

图 7-2-2　主断路器试验流程

2. 具体操作流程及注意事项（见表 7-2-2）

表 7-2-2　主断路器试验操作流程及注意事项

工序	作业内容	质量标准	使用工具	注意事项	操作示意图
1	室外配电箱引出线与辅助电路库用插座对应线号安装紧固良好	检查确认线号对应、紧固良好	绝缘电工钳	防撞、防挤压、防触电	
2	辅助电路库用插座上悬挂“高压危险、禁止靠近”警示牌	悬挂“高压危险、禁止靠近”警示牌	警示牌	防撞、防挤压、防触电	
3	配电房配电箱空开打在“ON”位	合闸前高呼“合闸”，回复“安全良好”方可操作		防触电	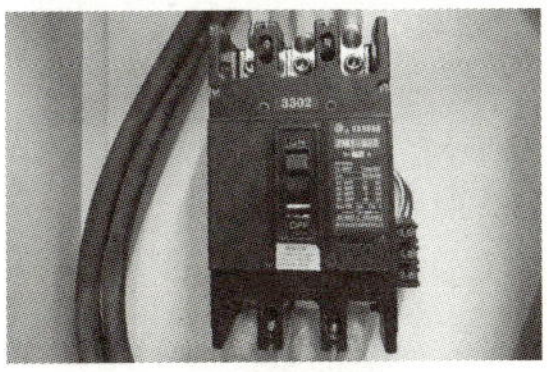
4	关闭配电房配电箱门	悬挂“当心触电”警示牌	警示牌	防触电	

续表

工序	作业内容	质量标准	使用工具	注意事项	操作示意图
5	车上闭合蓄电池闸刀	合蓄电池闸刀前高呼“合蓄电池”。第一步：闭合接地闸刀。第二步：闭合整流输出闸刀。第三步：闭合蓄电池闸刀		防触电	
6	室外配电箱空开打在“ON”位	电源指示灯亮		防触电	
7	关闭室外配电箱门	悬挂“当心触电”警示牌	警示牌	防触电	
8	按下启动按钮	接触器吸合，工作指示灯亮		按下启动按钮前高呼“合闸”，回复“注意安全”方可操作	
9	闭合 DSK 钥匙开关	听保护阀 BHF 得电后门联锁的动作声	钥匙开关	主断路器、油流、预备、零位信号指示灯亮	
10	闭合主断路器合闸扳键开关	保持闭合不松手	合闸扳键开关	听主断闭合声；观察主断指示灯是否点亮；观察零压指示灯是否点亮	
11	闭合主断路器分闸扳键开关	听主断断开声音		观察主断指示灯是否点亮；观察零压指示灯是否点亮	

续表

工序	作业内容	质量标准	使用工具	注意事项	操作示意图
12	断开机车蓄电池闸刀	断开机车电源		防触电	
13	按下停止按钮	工作指示灯灭		防触电	
14	将配电箱及配电房空开打回至“OFF”位	断电		防触电	
15	确认配电房、室外配电箱空开在“OFF”位	取下辅助电路库用插座“高压危险、禁止靠近”警示牌，拆下辅助电路库用插座连线，并收放室外配电箱架		防触电	
16	恢复辅助电路库用插座	盖上辅助电路库用插座盖		防触电	
17	取下配电箱“当心触电”警示牌	锁闭配电箱门		防触电	

五、实训考核标准（见表7-2-3）

表 7-2-3　实训考核标准

考核标准	考核结果
（1）掌握主断路器的试验方法	（1）三个项目要求为合格，合格成绩为 60 分。 （2）有一项不符合要求，则不合格
（2）掌握机车库用电源的通电顺序	
（3）不超过规定时间完成试验	
按要求掌握相关专业理论知识	20 分
按要求完成思考题	20 分

六、思考题

（1）如何进行主断路器试验？说明其试验方法。

（2）通过电路图分析零压信号与主断路器状态之间的关系。

任务三　劈相机试验

一、实训目的

（1）能够描述劈相机与启动放风阀之间的关系。

（2）熟悉 SS_3 4000 电力机车劈相机启动的工作原理。

（3）能将劈相机启动的试验方法应用到工作中。

二、理论链接

劈相机的主要作用是将单相交流电转变成三相交流电。机车上所用的主要辅助电机采用三相异步电动机，而由 a6-x6 提供的是单相 380 V 电源，三相异步电动机若改用单相电源后，会产生两个大小相等、方向相反、周期相同的旋转磁场，这两个磁场在转子导体中感应的电动势和电流的大小相等、方向相反，从而产生的两个转矩也大小相等、方向相反而相互抵消，即启动转矩为零，无法启动，故单相电源要通过异步劈相机 1PX、2PX 变成三相电源供电。

如图 7-3-1 所示，劈相机的启动过程是按下劈相机按键开关，接触器 1PXC、QRC 接入电路，启动电阻投入，劈相机开始启动；利用 1DYJ 来监控劈相机的发电电势，当劈相机达到稳定转速（1 300 r/min）时，发电相电压值达 209 V，1DYJ 动作，从而断开 QRC，切除启动电阻 1PXR，1PX 劈相机完成启动，2PX 借助 1PX 发出的三相电源直接启动。

劈相机控制是完成其他辅机控制的先决条件，启动完成的标志为导线 440 得电，为各个辅机提供供电电源。劈相机的启动可分为 6 个过程。

1. 导线 431 得电

按下劈相机的按键开关 1ZKZ5 或 2ZKZ5，接触网电压正常，则零压时间继电器 LYSJ 闭合，导线 431 得电。

线路：230→5ZK→235→1ZKZ5 或 2ZKZ5→430→LYSJ 常开/LYK“故”位/3KYK 常开→431。

此时各辅机的时间继电器 1、2PXSJ（劈相机时间继电器），1、2YSJ（空压机时间继电器），1 ~ 3QFSJ（通风机时间继电器），ZFSJ（制动风机时间继电器）线圈均得电吸合，并通过 1YSJ、2YSJ 的常开联锁使压缩机启动放风阀 1YQF、2YQF 得电，打开压缩机气缸通大气的通道，排出背压，此时完成各辅机启动前的准备。

2. 接入分相启动电阻

劈相机故障转换开关 1、2PXK（并联）在运行位时，劈相机中间继电器 PXZJ 常闭联锁和时间继电器 1PXSJ 常开联锁，使劈相机分相启动电阻接触器线圈 QRC 得电吸合，辅助电路中 QRC 常开主触头闭合，启动电阻接入劈相机启动电路。

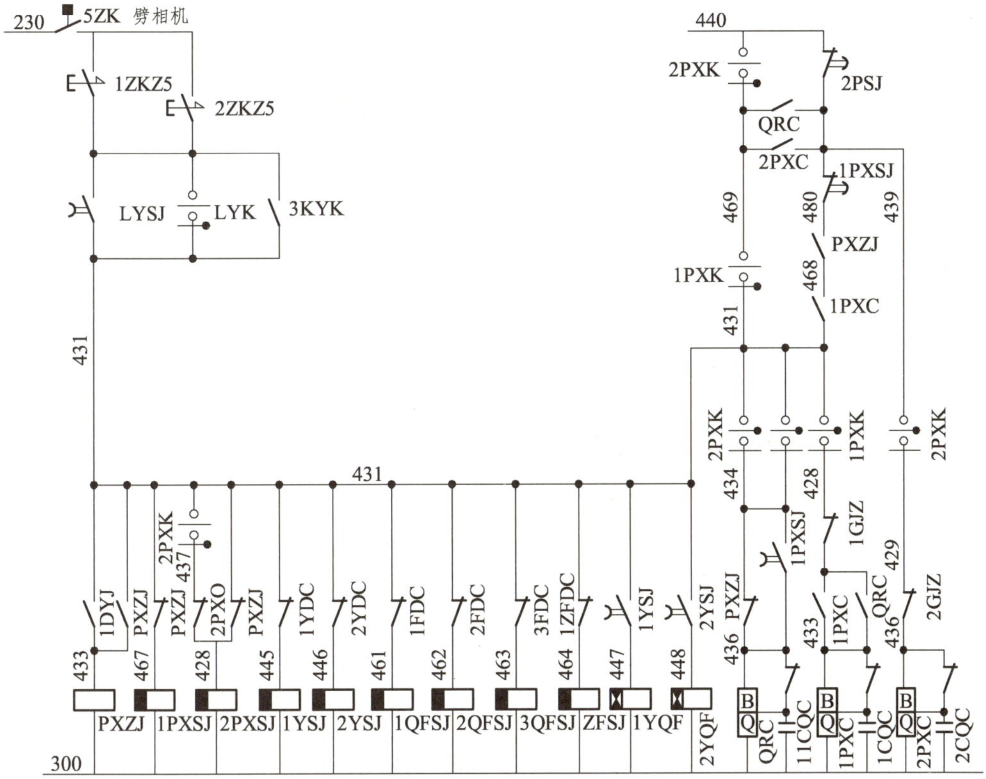

图 7-3-1　劈相机控制电路原理

线路：431→1PXK 运位/2PXK 运位→434→1PXSJ 常开/PXZJ 常闭→435→QRC 线圈→300。

3. 1PX 启动

经 1PXK、1GJZ、QRC 闭合使 1PXC 线圈得电吸合，并自锁，辅助电路中 1PXC 常开主触头闭合，1PX 开始电阻分相启动。

线路：431→1PXK 运位→428→1GJZ 常闭→450→1PXC 常开/QRC 常闭→433→1PXC 线圈→300。

4. 切除分相启动电阻

当劈相机启动达到 1DYJ 电压整定值时，即劈相机发电相电压达到 209 V 时，依靠 1DYJ 动作接通 431～432，使劈相机中间继电器 PXZJ 得电吸合并自锁。

线路：431→1DYJ 常开/PXZJ 常开→432→PXZJ 线圈→300。

PXZJ 常闭联锁切断 1PXSJ 线圈电路，并延时 1 s 释放动作，则 1PXSJ 联锁切断 QRC 线圈电路，切除启动电阻，完成第一台劈相机电阻分相启动。

5. 2PX 启动

通过 1PXC、PXZJ、1PXSJ 接通导线 431～439，再经过 2PXK、2GJZ 使第二台劈相机接触器 2PXC 线圈得电吸合。

线路：431→1PXC 常开→468→PXZJ 常开→480→1PXSJ 常闭→439→2PXK

运行→429→2GJZ 常闭→436→2PXC 线圈→300。

辅助电路中 2PXC 常开主触头闭合，第二台劈相机接入辅助电路，在第一台劈相机提供三相电源情况下直接启动。

6. 440 得电

依靠 2PXC 常闭联锁切断 2PXSJ 线圈电路，并延时 3 s 释放动作，2PXSJ 常闭联锁接通导线 439～440，为各辅机按键开关提供控制电源。

三、实训要求

1. 实训时间

教学课时为 2 课时。

2. 实训形式

学生每 5 人组成一个工作小组，各小组根据实训课程任务制订实训实施方案，每个小组有一名组长，组长协助老师指导本组学生进行实训。

3. 实训注意事项

（1）机车在停留状态，做好防溜措施。
（2）确认机车蓄电池闸刀在断开位。
（3）确认配电房配电箱空开接线状态，空开在“OFF”位。
（4）确认室外配电箱空开及接触器的接线状态，空开在“OFF”位。

4. 工器具材料准备

“高压危险、禁止靠近”警示牌、防护红旗、铁路专用安全帽等。

四、实训作业步骤

1. 整体实训过程（见图 7-3-2）

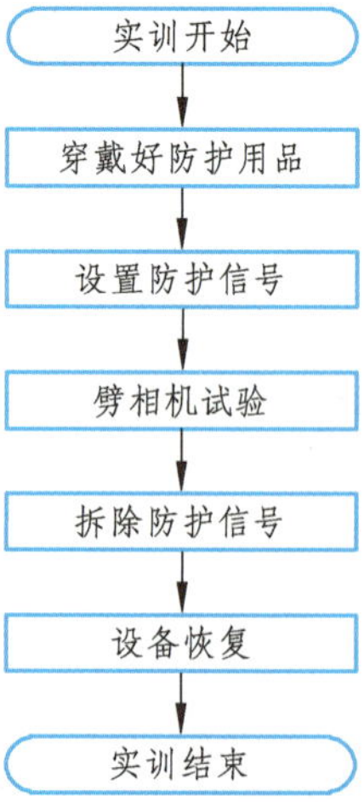

图 7-3-2　主断路器试验流程

2. 通电流程及注意事项（见表 7-3-1）

表 7-3-1　通电流程及注意事项

工序	作业内容	质量标准	使用工具	注意事项	操作示意图
1	室外配电箱引出线与辅助电路库用插座对应线号安装紧固良好	检查确认线号对应、紧固良好	绝缘电工钳	防撞、防挤压、防触电	
2	辅助电路库用插座上悬挂“高压危险、禁止靠近”警示牌	悬挂“高压危险、禁止靠近”警示牌	警示牌	防撞、防挤压、防触电	
3	配电房配电箱空开打在“ON”位	合闸前高呼“合闸”，回复“安全良好”方可操作		防触电	
4	关闭配电房配电箱门	悬挂“当心触电”警示牌	警示牌	防触电	
5	车上闭合蓄电池闸刀	合蓄电池闸刀前高呼“合蓄电池”。第一步：闭合接地闸刀。第二步：闭合整流输出闸刀。第三步：闭合蓄电池闸刀		防触电	
6	室外配电箱空开打在“ON”位	电源指示灯亮		防触电	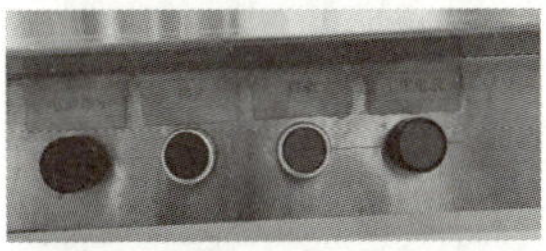
7	关闭室外配电箱门	悬挂“当心触电”警示牌	警示牌	防触电	

续表

工序	作业内容	质量标准	使用工具	注意事项	操作示意图
8	按下启动按钮	接触器吸合，工作指示灯亮		按下启动按钮前高呼“合闸”，回复“注意安全”方可操作	
9	闭合 DSK 钥匙开关	听保护阀 BHF 得电后门联锁的动作声	钥匙开关	主断路器、油流、预备、零位信号指示灯亮	
10	闭合主断路器合闸扳键开关	保持闭合不松手		听主断闭合声；观察主断指示灯是否点亮；观察零压指示灯是否点亮	
11	闭合劈相机扳键开关	听劈相机启动电阻接触器 QRC 吸合声；第一劈相机接触器 1PXC 吸合声		听压缩机空载启动放风阀 1、2YQF 吸合声	
12	断开劈相机扳钮	听 QRC、1PXC 失电释放声		听 1、2YQF 失电释放声	
13	闭合劈相机扳钮	保持 1DYJ 试验按钮不松手		听 QRC 失电释放声；听第二劈相机接触器 2PXC 吸合声	
14	断开劈相机扳钮	松开 1DYJ 试验按钮		无任何释放声；主要试验 LCU 自持接点是否良好	
15	1PXK 置“故”位后闭合劈相机扳钮	QRC 、 2PXC 吸合		听 QRC、2PXC 吸合声	
16	恢复 1PXK 于“运”位	闭合通风机扳钮		无接触器吸合声；主要试验 LCU 是否良好	
17	按 1DYJ 试验按钮；2PXK 置“故”位，闭合劈相机扳钮	QRC 释放；听 QRC 和 1RXC 的吸合		听 QRC 释放声；听 QRC 和 1RXC 的吸合声	
18	按 1DYJ 试验按钮；恢复 2PXK 于“运”位	QRC 释放；2PXC 吸合		听 QRC 释放声；听 2PXC 吸合声	

续表

工序	作业内容	质量标准	使用工具	注意事项	操作示意图
19	按压第二劈相机辅保插件试验按钮；闭合辅机扳钮	2PXC 释放；无接触器吸合		听 2PXC 释放声，应无接触器吸合	
20	断开机车蓄电池闸刀	断开机车电源		防触电	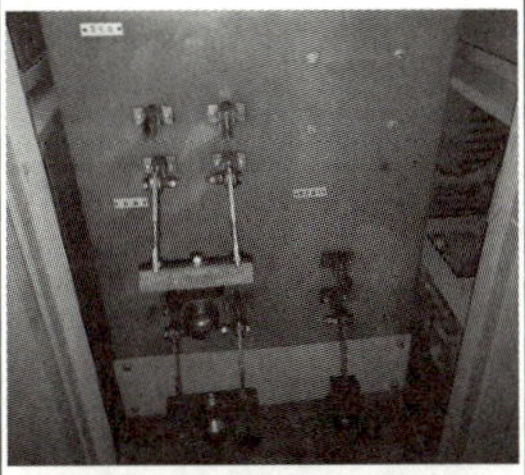
21	按下停止按钮	工作指示灯灭		防触电	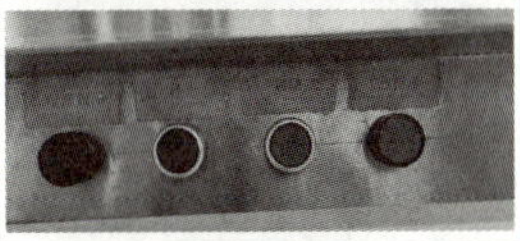
22	将配电箱及配电房空开打回至“OFF”位	断电		防触电	
23	确认配电房、室外配电箱空开在“OFF”位	取下辅助电路库用插座“高压危险、禁止靠近”警示牌，拆下辅助电路库用插座连线，并收放室外配电箱架		防触电	
24	恢复辅助电路库用插座	盖上辅助电路库用插座盖		防触电	
25	取下配电箱“当心触电”警示牌	锁闭配电箱门		防触电	

五、实训考核标准（见表7-3-2）

表 7-3-2　实训考核标准

考核标准	考核结果
（1）掌握劈相机的试验方法	（1）三个项目要求为合格，合格成绩为 60 分。 （2）有一项不符合要求，则不合格
（2）掌握机车库用电源的通电顺序	
（3）不超过规定时间完成试验	
按要求掌握相关专业理论知识	20 分
按要求完成思考题	20 分

六、思考题

（1）如何进行劈相机试验？说明其试验方法。
（2）通过电路图分析劈相机启动过程与哪些接触器有关。

任务四　辅机试验

一、实训目的

（1）能正确阐述 SS_3 4000 电力机车辅机的类型。
（2）能按照 SS_3 4000 电力机车辅机启动的顺序及工作原理进行工作。
（3）能进行 SS_3 4000 电力机车辅机试验操作。

二、理论链接

SS_3 4000 电力机车辅机主要包含空气压缩机电动机 2 台，离心通风机 4 台，油泵 1 台，变压器风机 1 台，制动风机 2 台。总风缸用风过程中，风压在 700 ~ 900 kPa 内需要补风，按下强泵风按键 1ZKZ9 或 2ZKZ9，直接接通导线 440 ~ 442，短接 TYF，1、2YDC 不受 TYF 控制，两台空压机同时工作至风压达到 1 000 kPa，高压安全阀排气，司机需手动断开强泵风按键。SS_3 4000 电力机车辅机控制原理如图 7-4-1 所示，主要电器部件的代号如表 7-4-1 所示。主要操作过程及原理如下。

按下“压缩机”按键开关 1ZKZ6 或 2ZKZ6，经调压阀 TYF 再经压缩机故障转换开关 1YDK、过流继电器 3GJZ，使 1YDC 线圈得电吸合，其常开主触头在辅助电路中接通 1YD 压缩机启动。1YD 启动线路：440→1ZKZ6 常开→441→TYF 常闭→442→1YDK 运位→3GJZ 常闭→1YDC 线圈得电→330。

1YD 启动后，1YDC 常闭联锁切断 1YSJ 线圈电路，1YSJ 常闭联锁延时 3 s 闭合，接通导线 442 ~ 449，经 2YDK、4GJZ，使 2YDC 线圈得电吸合，其常开主触头在辅助电路中接通 2YD 压缩机投入使用。2YD 启动线路：440→1ZKZ6 常开→441→TYF 常闭→442→1YDK 运位→2YDK 运位→444→4GJZ 常闭→478→2YDC 线圈→330。

1YDC 线圈得电后，1YSJ 常开联锁延时 3 s 断开，切断导线 431 ~ 447，使电空阀 1YQF 关闭排大气的通道；同理，2YDC 线圈得电后，2YSJ 常开联锁延时 3 s 断开，切断导线 431 ~ 448，使 2YQF 失电关闭排大气的通道，完成空气压缩机的启动控制，空气压缩机进入工作状态并向总风缸供风。

当按下“通风机”按键开关 1ZKZ7 或 2ZKZ7，经故障转换开关 1FDK、过流继电器 5GJZ，使 1FDC 通风机接触器线圈得电吸合，接通 1FD 启动。同时 1FDC 联锁切断 1QFSJ 线圈电路，延时 3 s 释放动作，接通导线 451 ~ 453，经 2FDK、6GZJ 使 2FDC 接触器吸合，接通 2FD 启动。2FDC 联锁切断 2QFSJ 线圈电路，延时 3 s 释放动作，接通导线 453 ~ 455，经 3FDK、7GZJ 使 3FDC 接触器吸合，

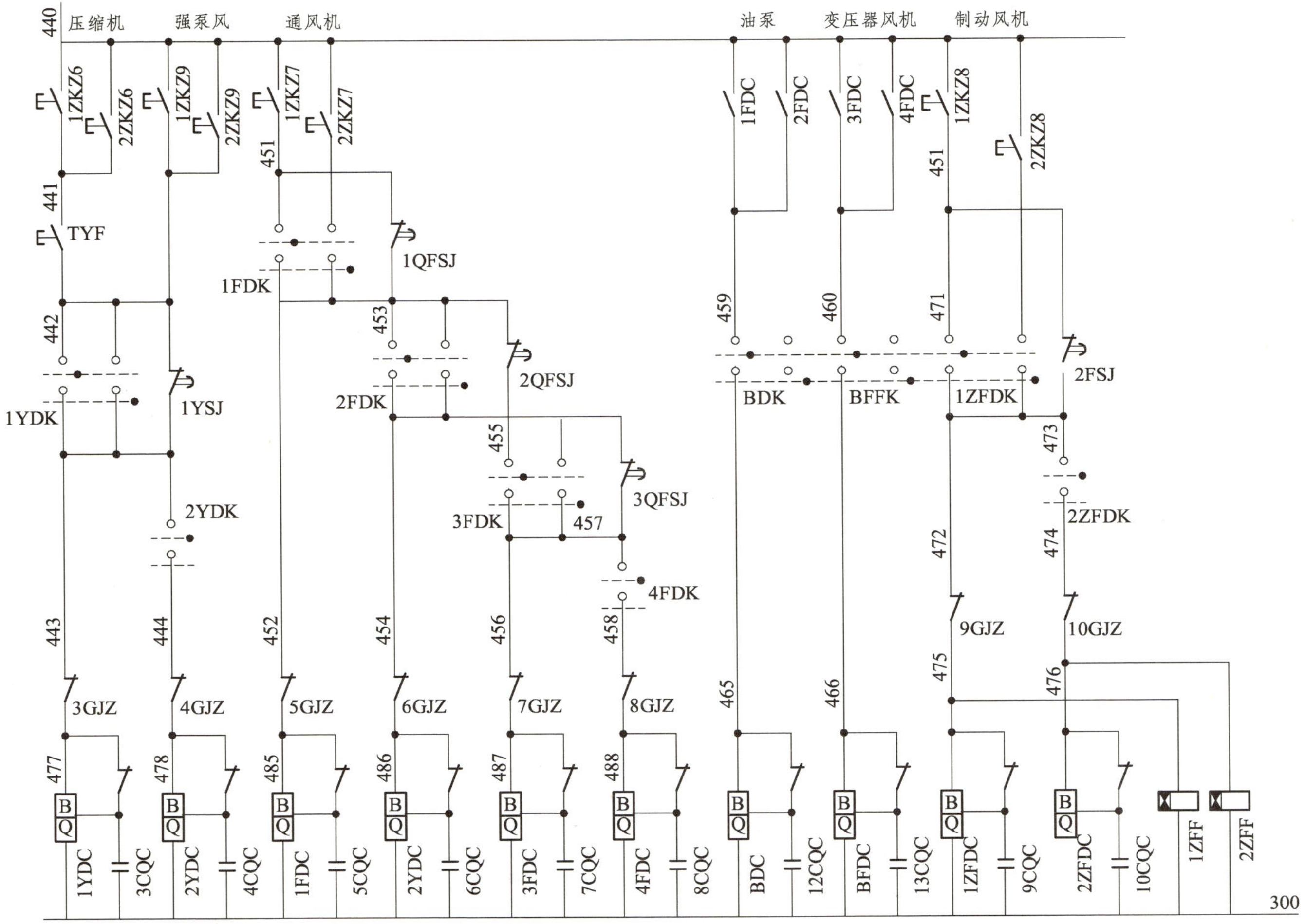

图 7-4-1 SS_3 4000 电力机车辅机控制原理

接通 3FD 启动，3FDC 联锁切断 3QFSJ 线圈电路，延时 3 s 释放动作，接通导线 455～457，经 4FDK、8GZJ 使 4FDC 接触器吸合，接通 4FD 启动。1～4FDK 是各通风机的故障转换开关，当某一通风机故障时，转换相应通风机故障转换开关置“故障”位，切断相应接触器线圈电路，同时短接相应延时电路，实现对相应通风机的故障隔离。

表 7-4-1　电力机车辅机控制电路电器部件的代号

文字符号	名　称
YDC	压缩机接触器
YSJ	压缩机时间继电器
YQF	压缩机启动放风阀
TYF	调压阀
1～2ZFDK	制动风机故障隔离开关
QFJ	牵引风速继电器
ZFJ	制动风速继电器
FSJ	风速时间继电器
QFSJ	牵引风机时间继电器
1～2ZFDC	制动风机接触器
1～2ZFF	制动电阻排风电空阀

制动通风机包括 1ZFD、2ZFD、3ZFD、4ZFD，其中制动通风机接触器线圈 1ZFDC 控制 1ZFD、2ZFD，线圈 2ZFDC 控制 3ZFD、4ZFD。按下“制动风机”按键开关 1ZKZ8 或 2ZKZ8，经制动风机故障转换开关 1ZFDK、过流继电器 9GJZ，使制动风机接触器线圈 1ZFDC 得电吸合，接通 1ZFD 和 3ZFD 启动。线路：440→1ZKZ8 或 2ZKZ8→471→1ZFDK 运位→472→9GJZ 常闭→475→1ZFDC 线圈/1ZFF 线圈→300。

制动风机接触器线圈 1ZFDC 得电吸合，1ZFDC 常闭联锁断开，切断 ZFSJ 线圈电路，ZFSJ 常闭联锁延时 3 s 闭合，接通导线 471～473，经故障转换开关 2ZFDK、过流继电器 10GJZ，使制动风机接触器线圈 2ZFDC 得电吸合，接通 2ZFD 和 4ZFD 启动，完成制动通风机延时启动的程序控制。线路：440→1ZKZ8 或 2ZKZ8→471→ZFSJ 常闭→473→2ZFDK 运位→474→10GJZ 常闭→476→2ZFDC 线圈/2ZFF 线圈→300。

其中 1ZFF、2ZFF 为制动电阻排风活动百叶窗的控制电空阀，在制动机接触器投入工作的同时得电，通过气路打开百叶窗，以便及时排出电阻制动产生的热能。

三、实训要求

1. 实训时间

教学课时为 2 课时。

2. 实训形式

学生每 5 人组成一个工作小组，各小组根据实训课程任务制订实训实施方案，每个小组有一名组长，组长协助老师指导本组学生进行实训。

3. 实训注意事项

（1）机车在停留状态，做好防溜措施。

（2）确认机车蓄电池闸刀在断开位。

（3）确认配电房配电箱空开接线状态，空开在“OFF”位。

（4）确认室外配电箱空开及接触器的接线状态，空开在“OFF”位。

4. 工器具材料准备

“高压危险、禁止靠近”警示牌、防护红旗、铁路专用安全帽等。

四、实训作业步骤

1. 整体实训过程（见图 7-4-2）

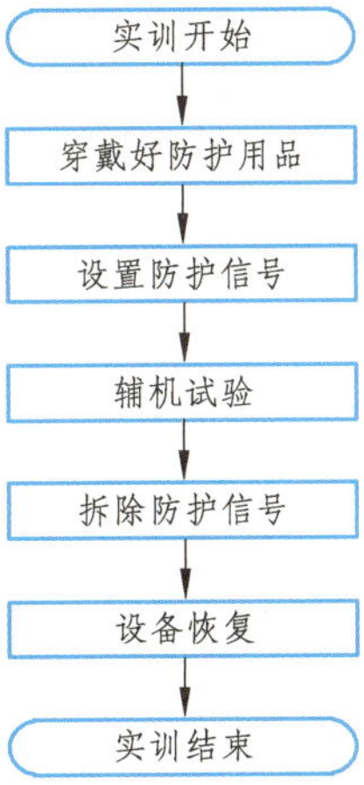

图 7-4-2　SS_3 4000 电力机车辅机试验流程

2. 实训作业流程（见表 7-4-2）

表 7-4-2　辅机试验操作流程及注意事项

工序	作业内容	质量标准	使用工具	注意事项	操作示意图
1	室外配电箱引出线与辅助电路库用插座对应线号安装紧固良好	检查确认线号对应、紧固良好	绝缘电工钳	防撞、防挤压、防触电	
2	辅助电路库用插座上悬挂“高压危险、禁止靠近”警示牌	悬挂“高压危险、禁止靠近”警示牌	警示牌	防撞、防挤压、防触电	

续表

工序	作业内容	质量标准	使用工具	注意事项	操作示意图
3	配电房配电箱空开打在“ON”位	合闸前高呼“合闸”，回复“安全良好”方可操作		防触电	
4	关闭配电房配电箱门	悬挂“当心触电”警示牌	警示牌	防触电	
5	车上闭合蓄电池闸刀	合蓄电池闸刀前高呼“合蓄电池”。第一步：闭合接地闸刀。第二步：闭合整流输出闸刀。第三步：闭合蓄电池闸刀		防触电	
6	室外配电箱空开打在“ON”位	电源指示灯亮		防触电	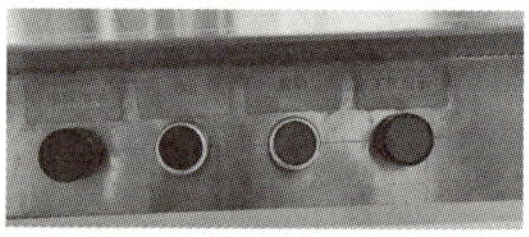
7	关闭室外配电箱门	悬挂“当心触电”警示牌	警示牌	防触电	
8	按下启动按钮	接触器吸合，工作指示灯亮		按下启动按钮前高呼“合闸”，回复“注意安全”方可操作	
9	闭合 DSK 钥匙开关	听保护阀 BHF 得电后门联锁的动作声	钥匙开关	主断路器、油流、预备、零位信号指示灯亮	
10	闭合主断路器合闸扳键开关	保持闭合不松手		听主断闭合声；观察主断指示灯是否点亮；观察零压指示灯是否点亮	
11	闭合强泵按钮，闭合压缩机扳钮	先听第一压缩机接触器 1YDC 吸合声；延时 3 s 后听 2YDC 吸合声		总风高于 700 kPa	

续表

工序	作业内容	质量标准	使用工具	注意事项	操作示意图
12	闭合通风机扳钮	先听第一通风机接触器 1FDC 和变压器油泵接触器 BDC 吸合声；延时 3 s 后听 2FDC 吸合声；再延时 3 s 后听 3FDC 及变压器通风机接触器 BFDC 吸合声；再延时 3 s 后听 4FDC 吸合声		注意各接触器闭合声及闭合时间	
13	闭合制动通风机扳钮	听第一制动通风机接触器 1ZFDC 吸合声，Ⅰ端制动百叶窗电空阀 1ZFF 得电后百叶窗打开声；延时 3 s 后听 2ZFDC 吸合声及 2ZFF 得电后Ⅱ端百叶窗打开声		注意各接触器闭合声及闭合时间	
14	断开机车蓄电池闸刀	断开机车电源		防触电	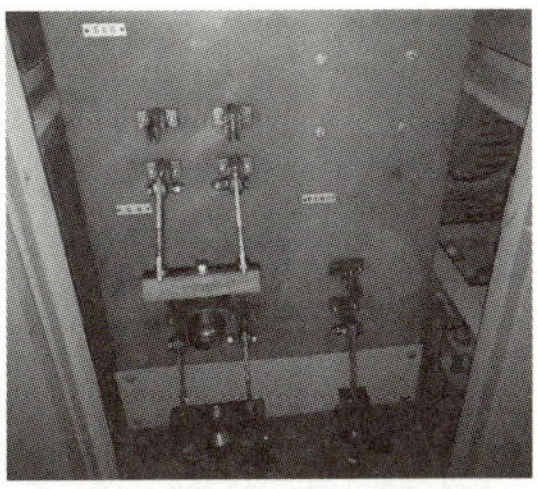
15	按下停止按钮	工作指示灯灭		防触电	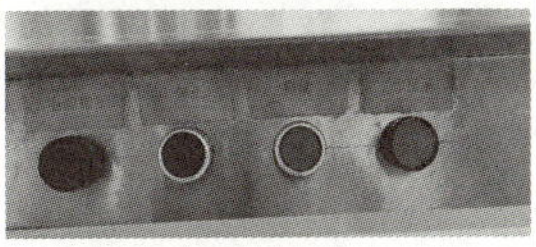
16	将配电箱及配电房空开打回至“OFF”位	断电		防触电	
17	确认配电房、室外配电箱空开在“OFF”位	取下辅助电路库用插座“高压危险、禁止靠近”警示牌，拆下辅助电路库用插座连线，并收放室外配电箱架		防触电	

续表

工序	作业内容	质量标准	使用工具	注意事项	操作示意图
18	恢复辅助电路库用插座	盖上辅助电路库用插座盖		防触电	
19	取下配电箱“当心触电”警示牌	锁闭配电箱门		防触电	

五、实训考核标准（见表7-4-3）

表 7-4-3　实训考核标准

考核标准	考核结果
（1）掌握压缩机的试验方法	（1）三个项目要求为合格，合格成绩为 60 分。 （2）有一项不符合要求，则不合格
（2）掌握通风机的试验方法	
（3）掌握制动通风机的试验方法	
按要求掌握相关专业理论知识	20 分
按要求完成思考题	20 分

六、思考题

（1）结合电路原理图分析压缩机的启动过程。

（2）结合电路原理图分析通风机的启动过程。

（3）结合电路原理图分析制动通风机的启动过程。

（4）结合操作过程，说明整个辅机试验的步骤要点。

任务五　辅机隔离开关试验

一、实训目的

（1）能正确描述 SS_3 4000 电力机车辅机隔离开关的种类。

（2）能通过 SS_3 4000 电力机车辅机隔离开关试验现象进行试验验证。

（3）能进行 SS_3 4000 电力机车辅机隔离开关试验操作。

二、理论链接

SS_3 4000 电力机车辅机隔离开关主要包含 1YDK、2YDK、1FDK、2FDK、3FDK、4FDK、1ZFDK、2ZFDK、BDK、BFDK。SS_3 4000 电力机车辅机隔离开关及控制原理如图 7-4-1 所示，主要电器部件的代号如表 7-4-1 所示。故障隔离主要操作过程及原理如下。

1YDK、2YDK 是压缩机的故障隔离开关，当某一压缩机故障时，转换相应压缩机故障转换开关置“故障”位，切断相应接触器线圈电路，同时短接相应延时电路，实现对相应通风机的故障隔离，同时还可短接对应的时间继电器，故障情况下立即启动另一台压缩机。1～4FDK 是各通风机的故障转换开关，当某一通风机故障时，转换相应通风机故障转换开关置“故障”位，切断相应接触器线圈电路，同时短接相应延时电路，实现对相应通风机的故障隔离。1、2ZFDK 是各制动通风机的故障转换开关，当某一制动通风机故障时，转换相应制动通风机故障转换开关置“故障”位，切断相应接触器线圈电路，同时短接相应延时电路，实现对相应制动通风机的故障隔离。

三、实训要求

1. 实训时间

教学课时为 2 课时。

2. 实训形式

学生每 5 人组成一个工作小组，各小组根据实训课程任务制订实训实施方案，每个小组有一名组长，组长协助老师指导本组学生进行实训。

3. 实训注意事项

（1）机车在停留状态，做好防溜措施。

（2）确认机车蓄电池闸刀在断开位。

（3）确认配电房配电箱空开接线状态，空开在“OFF”位。

（4）确认室外配电箱空开及接触器的接线状态，空开在“OFF”位。

4. 工器具材料准备

“高压危险、禁止靠近”警示牌、防护红旗、铁路专用安全帽等。

四、实训作业步骤

1. 整体实训过程（见图 7-5-1）

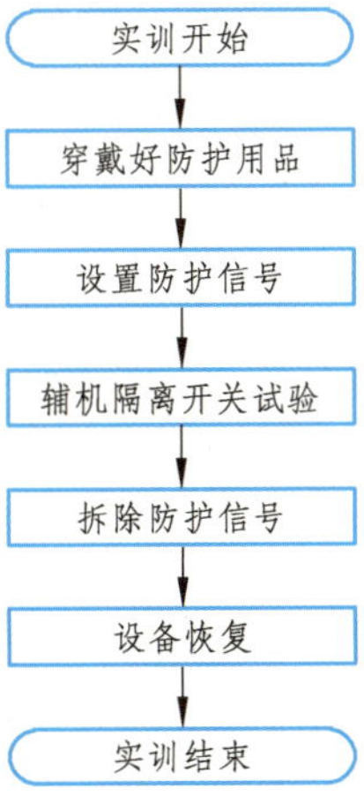

图 7-5-1　SS_3 4000 电力机车辅机隔离开关试验流程

2. 实训作业流程（见表 7-5-1）

表 7-5-1 辅机隔离开关试验操作流程及注意事项

工序	作业内容	质量标准	使用工具	注意事项	操作示意图
1	室外配电箱引出线与辅助电路库用插座对应线号安装紧固良好	检查确认线号对应、紧固良好	绝缘电工钳	防撞、防挤压、防触电	
2	辅助电路库用插座上悬挂“高压危险、禁止靠近”警示牌	悬挂“高压危险、禁止靠近”警示牌	警示牌	防撞、防挤压、防触电	
3	配电房配电箱空开打在“ON”位	合闸前高呼“合闸”，回复“安全良好”方可操作		防触电	
4	关闭配电房配电箱门	悬挂“当心触电”警示牌	警示牌	防触电	
5	车上闭合蓄电池闸刀	合蓄电池闸刀前高呼“合蓄电池”。第一步：闭合接地闸刀。第二步：闭合整流输出闸刀。第三步：闭合蓄电池闸刀		防触电	
6	室外配电箱空开打在“ON”位	电源指示灯亮		防触电	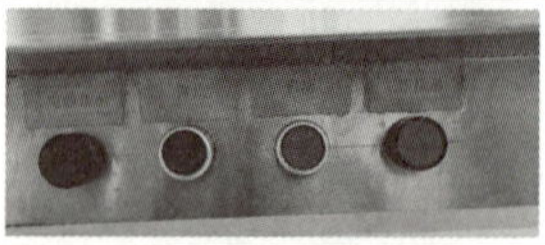
7	关闭室外配电箱门	悬挂“当心触电”警示牌	警示牌	防触电	
8	按下启动按钮	接触器吸合，工作指示灯亮		按下启动按钮前高呼“合闸”，回复“注意安全”方可操作	

续表

工序	作业内容	质量标准	使用工具	注意事项	操作示意图
9	闭合 DSK 钥匙开关	听保护阀 BHF 得电后门联锁的动作声	钥匙开关	主断路器、油流、预备、零位信号指示灯亮	
10	闭合主断路器合闸扳键开关	保持闭合不松手		听主断闭合声；观察主断指示灯是否点亮；观察零压指示灯是否点亮	
11	闭合强泵按钮，闭合压缩机扳钮	先听第一压缩机接触器 1YDC 吸合声；延时 3 s 后听 2YDC 吸合声		总风高于 700 kPa	
12	闭合通风机扳钮	先听第一通风机接触器 1FDC 和变压器油泵接触器 BDC 吸合声；延时 3 s 后听 2FDC 吸合声；再延时 3 s 后听 3FDC 及变压器通风机接触器 BFDC 吸合声；再延时 3 s 后听 4FDC 吸合声		注意各接触器闭合声及闭合时间	
13	闭合制动通风机扳钮	先听第一制动通风机接触器 1ZFDC 吸合声，Ⅰ端制动百叶窗电空阀 1ZFF 得电后百叶窗打开声；延时 3 s 后听 2ZFDC 吸合声及 2ZFF 得电后Ⅱ端百叶窗打开声		注意各接触器闭合声及闭合时间	
14	1YDK 置“故”位	先听 1YDC 释放声，后听 1YQF 吸合声		注意听 1YDC 释放声；听 1YQF 吸合声	
15	1YDK 置“运行”位	先听 1YDC 吸合声、2YDC 释放声及 2YQF 吸合声，3 s 后听 2YDC 重新吸合声		注意听 1YDC 吸合声、2YDC 释放声及 2YQF 吸合声；3 s 后听 2YDC 重新吸合声	

续表

工序	作业内容	质量标准	使用工具	注意事项	操作示意图
16	2YDK置“故”位；2YDK置“运行”位	先听2YDC释放声，后听2YDC吸合声		注意听2YDC释放声；之后听2YDC吸合声	
17	1FDK置“故”位	先听1FDC释放声；1FDK置“运行”位，听1FDC吸合声和2～4FDC释放声；3 s后听3FDC重新吸合声；又过3 s后听3FDC重新吸合声；再过3 s后听4FDC重新吸合声		注意听通风机接触器的释放声和吸合声，并注意计时	
18	3FDK置“故”位；3FDK置“运行”位	先听3FDC释放声、3FDC吸合声及4FDC释放声；3 s后听4FDC重新吸合声		注意听通风机接触器的释放声和吸合声，并注意计时	
19	2FDK置“故”位；2FDK置“运行”位	先听2FDC释放声、2FDC吸合声及3FDC、4FDC释放声；3 s后听3FDC重新吸合声；又过3 s后听4FDC重新吸合声		注意听通风机接触器的释放声和吸合声，并注意计时	
20	4FDK置“故”位；4FDK置“运行”位	4FDK置“故”位，听4FDC释放声。4FDK置“运行”位，听4FDC吸合声		注意听通风机接触器的释放声和吸合声，并注意计时	
21	1ZFDK置“故”位；1ZFDK置“运行”位	1ZFDK置“故”位，听1ZFDC释放声、Ⅰ端制动百叶窗关闭声。1ZFDK置“运行”位，听1ZFDC吸合声、Ⅰ端制动制动百叶窗打开声，同时听2ZFDC释放声及Ⅱ端制动百叶窗关闭声，3 s后听2ZFDC吸合声及Ⅱ端制动百叶窗打开声		注意听制动风机接触器的释放声和吸合声，并注意计时	

续表

工序	作业内容	质量标准	使用工具	注意事项	操作示意图
22	2ZFDK 置“故”位；2ZFDK 置“运行”位	2ZFDK 置“故”位，听 2ZFDC 释放声及Ⅱ端制动百叶窗关闭声。2ZFDK 置“运行”位，听 2ZFDC 吸合声及Ⅱ端制动百叶窗打开声	2ZFDK	注意听制动风机接触器的释放声和吸合声，并注意计时	
23	BFDK 置“故”位；BFDK 置“运行”位	BFDK 置“故”位，听 BFDC 释放声。BFDK 置“运行”位，听 BFDC 吸合声	BFDK	注意听接触器的释放声和吸合声	
24	BDK 置“故”位；BDK 置“运行”位	BDK 置“故”位，听 BDC 释放声。BDK 置“运行”位，听 BDC 吸合声	BDK	注意听接触器的释放声和吸合声	
25	断开机车蓄电池闸刀	断开机车电源	蓄电池闸刀	防触电	
26	按下停止按钮	工作指示灯灭	停止按钮	防触电	
27	将配电箱及配电房空开打回至“OFF”位	断电	空开	防触电	
28	确认配电房、室外配电箱空开在“OFF”位	取下辅助电路库用插座“高压危险、禁止靠近”警示牌，拆下辅助电路库用插座连线，并收放室外配电箱架	空开	防触电	
29	恢复辅助电路库用插座	盖上辅助电路库用插座盖	辅助电路库用插座	防触电	
30	取下配电箱“当心触电”警示牌	锁闭配电箱门	警示牌	防触电	

五、实训考核标准（见表7-5-2）

表 7-5-2 实训考核标准

考核标准	考核结果
（1）掌握压缩机隔离开关的试验方法	（1）三个项目要求为合格，合格成绩为60分。 （2）有一项不符合要求，则不合格
（2）掌握通风机隔离开关的试验方法	
（3）掌握制动通风机隔离开关的试验方法	
按要求掌握相关专业理论知识	20分
按要求完成思考题	20分

六、思考题

（1）SS_3 4000电力机车辅机隔离开关有哪些？写出其代号和名称。

（2）SS_3 4000电力机车压缩机有几台?当某台压缩机故障时，应如何操作?

（3）SS_3 4000电力机车通风机有几台？结合电路原理图分析某一台通风机故障时，应如何操作，并写出其控制原理。

（4）结合操作过程，说明整个辅机隔离开关试验的步骤要点。

任务六　方向手柄试验

一、实训目的

（1）能熟练描述 SS_3 4000电力机车方向手柄及位置。

（2）能阐述 SS_3 4000电力机车方向手柄各个级位的试验现象。

（3）能按照 SS_3 4000电力机车方向手柄试验方法进行试验。

二、理论链接

运行方向选择：当换向手柄SKX在“前”或“后”位，导线304或305得电，通过LWZJ零位中间继电器常开联锁（0位时闭合）分别使1WHq、2WHh或1WHh、2WHq线圈得电动作，位置转换开关转向“向前”“向后”位，完成机车运行方向选择。

牵引工况选择：304或305导线另一路通过1WHq、2WHh或1WHh、2WHq联锁至导线323，再通过LWZJ联锁闭合，使1WHqy、2WHqy线圈得电动作，位置转换开关转向“牵引”位，完成机车牵引工况的选择。图7-6-1所示是向前牵引工况。

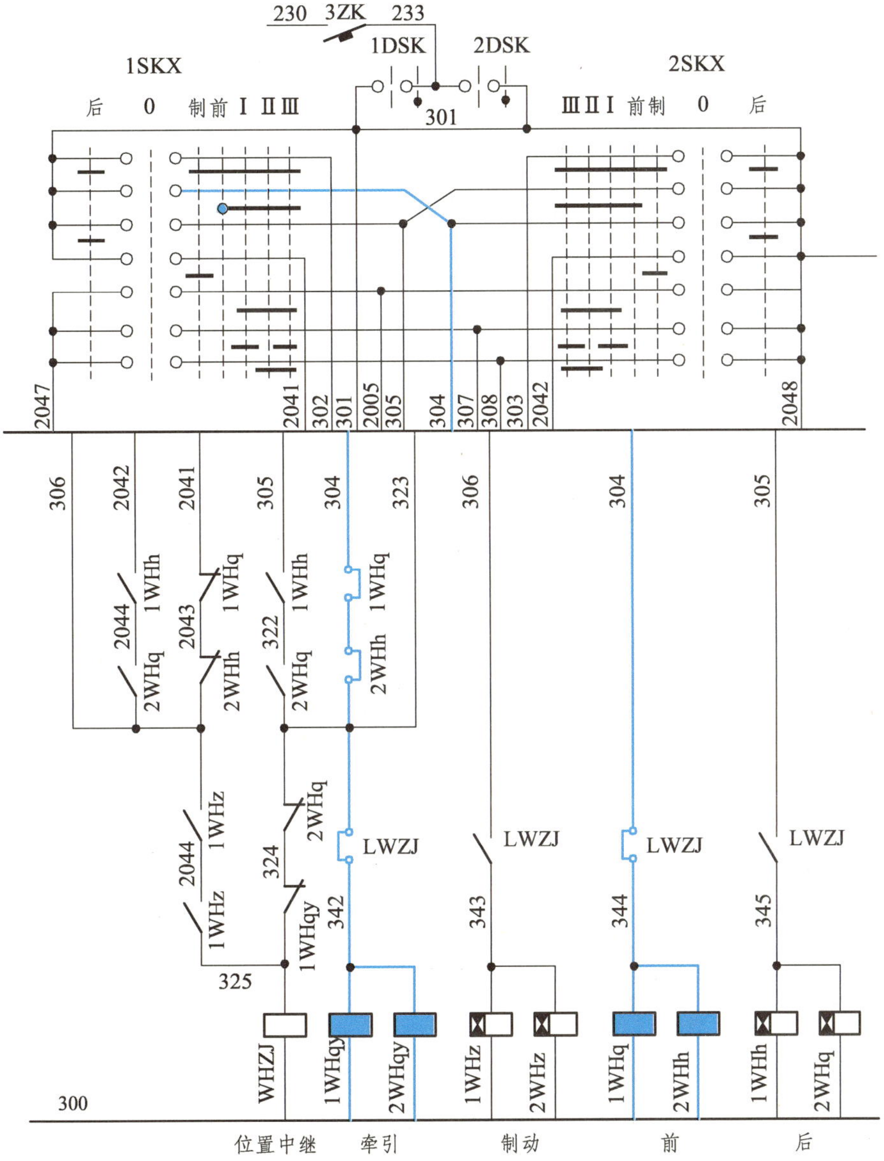

图 7-6-1　方向选择及牵引工况选择控制

三、实训要求

1. 实训时间

教学课时为 2 课时。

2. 实训形式

学生每 5 人组成一个工作小组，各小组根据实训课程任务制订实训实施方案，每个小组有一名组长，组长协助老师指导本组学生进行实训。

3. 实训注意事项

（1）机车在停留状态，做好防溜措施。

（2）确认机车蓄电池闸刀在断开位。

（3）确认配电房配电箱空开接线状态，空开在“OFF”位。

（4）确认室外配电箱空开及接触器的接线状态，空开在“OFF”位。

4. 工器具材料准备

“高压危险、禁止靠近”警示牌、防护红旗、铁路专用安全帽等。

四、实训作业步骤

1. 整体实训过程（见图 7-6-2）

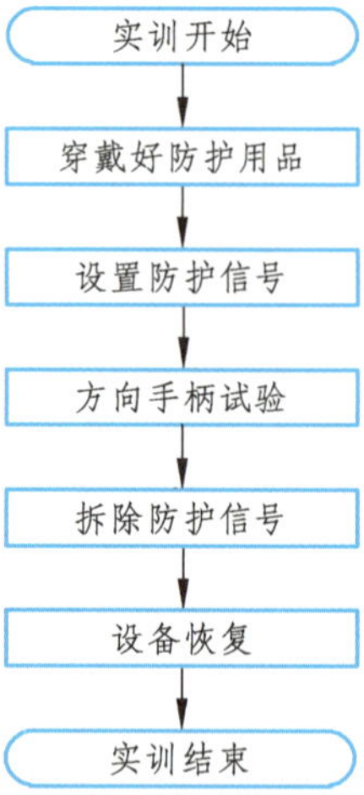

图 7-6-2　SS_3 4000 电力机车方向手柄试验流程

2. 实训作业流程（见表 7-6-1）

表 7-6-1　方向手柄试验操作流程及注意事项

工序	作业内容	质量标准	使用工具	注意事项	操作示意图
1	室外配电箱引出线与辅助电路库用插座对应线号安装紧固良好	检查确认线号对应、紧固良好	绝缘电工钳	防撞、防挤压、防触电	
2	辅助电路库用插座上悬挂“高压危险、禁止靠近”警示牌	悬挂“高压危险、禁止靠近”警示牌	警示牌	防撞、防挤压、防触电	

续表

工序	作业内容	质量标准	使用工具	注意事项	操作示意图
3	配电房配电箱空开打在“ON”位	合闸前高呼“合闸”，回复“安全良好”方可操作		防触电	
4	关闭配电房配电箱门	悬挂“当心触电”警示牌	警示牌	防触电	
5	车上闭合蓄电池闸刀	合蓄电池闸刀前高呼“合蓄电池”。第一步：闭合接地闸刀。第二步：闭合整流输出闸刀。第三步：闭合蓄电池闸刀		防触电	
6	室外配电箱空开打在“ON”位	电源指示灯亮		防触电	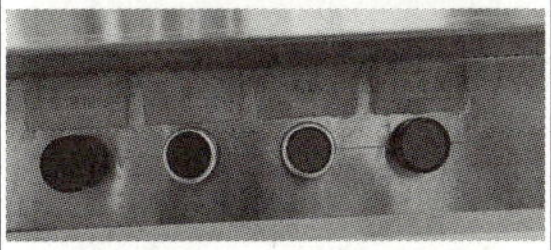
7	关闭室外配电箱门	悬挂“当心触电”警示牌	警示牌	防触电	
8	按下启动按钮	接触器吸合，工作指示灯亮		按下启动按钮前高呼“合闸”，回复“注意安全”方可操作	
9	闭合 DSK 钥匙开关	听保护阀 BHF 得电后门联锁的动作声	钥匙开关	主断路器、油流、预备、零位信号指示灯亮	
10	闭合主断路器合闸扳键开关	保持闭合不松手		听主断闭合声；观察主断指示灯是否点亮；观察零压指示灯是否点亮	

续表

工序	作业内容	质量标准	使用工具	注意事项	操作示意图
11	SKX 由“0”位置“后”位	SKX 由“0”位置“后”位，反向鼓转到后位，然后工况鼓转到牵引位；预备信号指示灯灭		注意先听反向鼓转到后位，然后听工况鼓转到牵引位；并注意看预备信号指示灯灭	
12	SKX 由“后”位置“0”位	听 1WHh、2WHq 失电排风声；预备指示信号灯亮		注意听 1WHh、2WHq 失电排风声；注意看预备指示信号灯亮	
13	SKX 由“0”位置“前”位	听反向鼓转到向前位；预备指示信号灯灭		注意听反向鼓转到向前位；注意看预备指示信号灯灭	
14	SKX 由“前”位置“制”位	听牵引电空阀 1、2WHqy 失电排风声；工况鼓转到制动位；预备信号指示灯灭		注意听牵引电空阀 1、2WHqy 失电排风声；听工况鼓转到制动位；看预备信号指示灯灭	
15	SKX 由“制”位置“前”位	听制动电空阀 1、2WHz 失电排风声；工况鼓转到牵引位；预备信号指示灯灭		注意听制动电空阀 1、2WHz 失电排风声；听工况鼓转到牵引位；看预备信号指示灯灭	
16	SKX 由“前”位置“0”位	听 1WHq、2WHh 和 1、2WHqy 失电排风声；预备信号指示灯亮		SKx 由“前”位置回“0”位，听 1WHq、2WHh 和 1、2WHqy 失电排风声；看预备信号指示灯亮	
17	SKX 由“0”位置“后”位	反向鼓转到后位，然后听工况鼓转到牵引位；预备信号指示灯灭		先听反向鼓转到后位，然后听工况鼓转到牵引位；看预备信号指示灯灭	
18	SKX 直接由“后”位置“制”位；试验后 SKX 置“前”位	听 1WHh、2WHq 和 1、2WHqy 失电排风声；预备信号指示灯亮		注意此时两位置转换开关不应转换。试验后 SKX 置“前”位	

续表

工序	作业内容	质量标准	使用工具	注意事项	操作示意图
19	断开机车蓄电池闸刀	断开机车电源		防触电	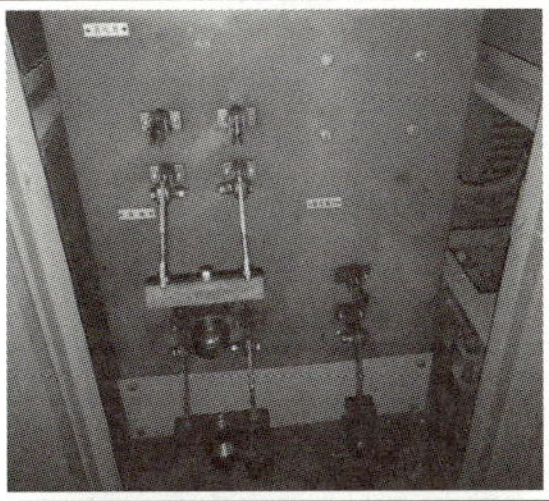
20	按下停止按钮	工作指示灯灭		防触电	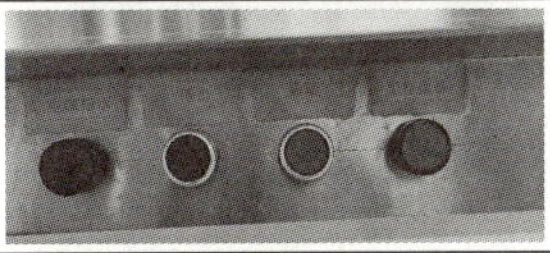
21	将配电箱及配电房空开打回至“OFF”位	断电		防触电	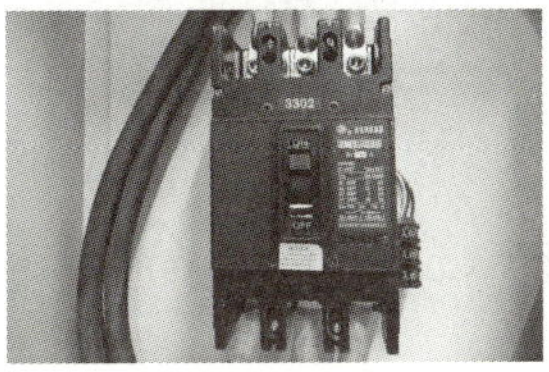
22	确认配电房、室外配电箱空开在“OFF”位	取下辅助电路库用插座“高压危险、禁止靠近”警示牌，拆下辅助电路库用插座连线，并收放室外配电箱架		防触电	
23	恢复辅助电路库用插座	盖上辅助电路库用插座盖		防触电	
24	取下配电箱“当心触电”警示牌	锁闭配电箱门		防触电	

五、实训考核标准（见表7-6-2）

表 7-6-2　实训考核标准

考核标准	考核结果
（1）掌握 SS_3 4000 电力机车方向手柄及位置	（1）三个项目要求为合格，合格成绩为 60 分。 （2）有一项不符合要求，则不合格
（2）掌握 SS_3 4000 电力机车方向手柄各个级位的试验现象	
（3）掌握 SS_3 4000 电力机车方向手柄试验方法	
按要求掌握相关专业理论知识	20 分
按要求完成思考题	20 分

六、思考题

（1）SS_3 4000 电力机车方向选择和工况选择与哪些继电器有关?

（2）SS_3 4000 电力机车当方向手柄 SKX 由“前”位置“制”位有什么现象?

（3）SS_3 4000 电力机车当方向手柄 SKX 由“前”位置回“0”位会导致哪些继电器动作?

任务七　调速手柄试验

一、实训目的

（1）能正确描述 SS_3 4000 电力机车调速手柄的结构和级位。

（2）能阐述 SS_3 4000 电力机车调速手柄各个级位的试验现象。

（3）能按照 SS_3 4000 电力机车调速手柄试验方法进行试验。

二、理论链接

SKX 有前、后、0、制、Ⅰ、Ⅱ、Ⅲ级位，SKT 有 0、*、2、4、6、8、10 牵引级位和 11、9、7、5、3、1、0 制动级位，为防止误动作，两者间设有机械联锁，保证：

（1）SKX 在“0”时，SKT 在“0”位锁住。

（2）SKX 在“前”“后”时，SKT 在牵引级位全方位操作。

（3）SKX 在“制”时，SKT 在制动级位全方位操作。

（4）SKX 在Ⅰ、Ⅱ、Ⅲ级位时，SKT 仅可在牵引级 7～10 操作。

（5）SKT 在“0”时，SKX 能选择“前、后、制”操作。

（6）SKT 离开“0”时，SKX 在“前、后、制”的某一位锁住。

（7）SKT 在牵引级 7～10 时，SKX 可从“前”向Ⅰ、Ⅱ、Ⅲ级位操作。

调速控制鼓分为四层，其内容及作用如表 7-7-1 所示。

表 7-7-1　SKT 控制鼓各层作用

控制鼓层级	名　称	输出线号	作　用
第 1、2 层	调速工作位控制	314	控制零位时间继电器、励磁中间继电器
第 3 层	工作预备位控制	352	控制风速时间继电器
第 4 层	“0”位控制联锁	2004	向 ZGZK 电子柜提供“手柄”“零位”联锁信息

当调速手柄在零位时，电源从 301 线经 SKT 的零位联锁使 2004 线得电，经 1～6XC 和 LC 常闭联锁，使零位中间继电器 LWZJ 线圈得电动作，保证线路接触器全部打开后，才能操作两位置转换开关，以实现两位置转换开关的无电转换（因该型号位置转换开关接于主电路中，属不带电的转换开关，它只能在零位及

机车速度为零的情况下进行转换，否则会造成开关的严重烧损及牵引电机产生环火，严重时烧损牵引电机，擦伤机车轮缘）。调速手柄级位及控制电路如图 7-7-1 所示。

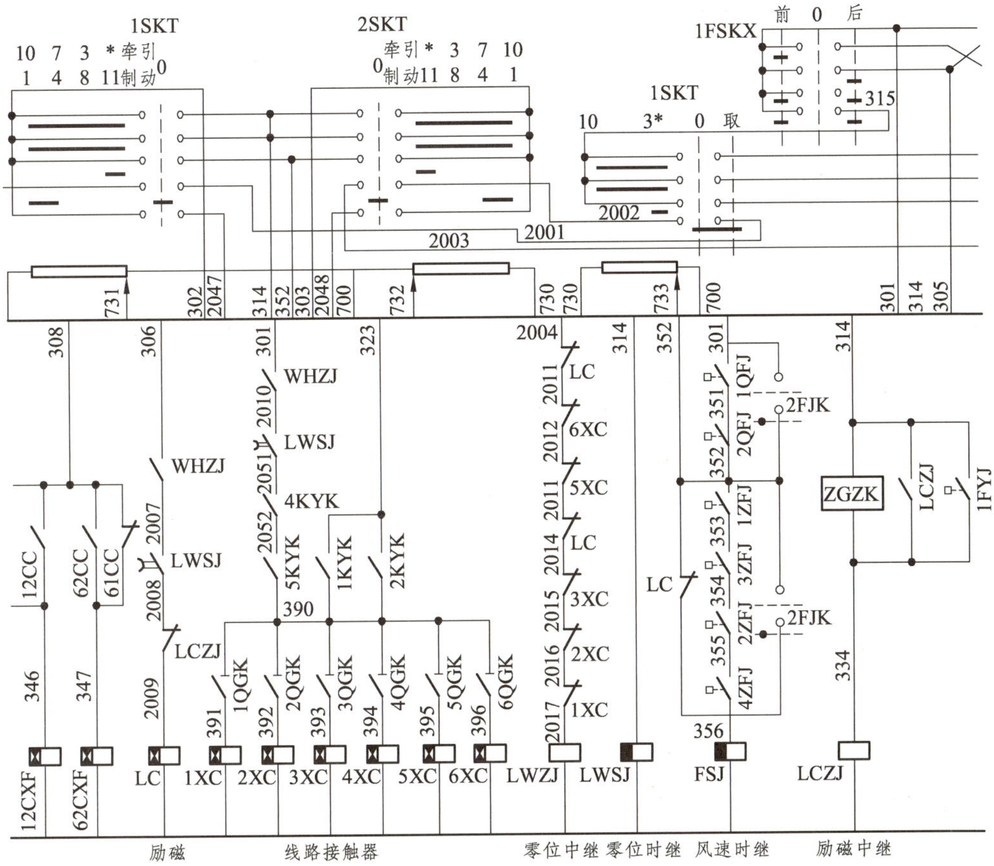

图 7-7-1　调速手柄级位及控制电路

三、实训要求

1. 实训时间

教学课时为 2 课时。

2. 实训形式

学生每 5 人组成一个工作小组，各小组根据实训课程任务制订实训实施方案，每个小组有一名组长，组长协助老师指导本组学生进行实训。

3. 实训注意事项

（1）机车在停留状态，做好防溜措施。

（2）确认机车蓄电池闸刀在断开位。

（3）确认配电房配电箱空开接线状态，空开在“OFF”位。

（4）确认室外配电箱空开及接触器的接线状态，空开在“OFF”位。

4. 工器具材料准备

“高压危险、禁止靠近”警示牌、防护红旗、铁路专用安全帽等。

四、实训作业步骤

1. 整体实训过程（见图 7-7-2）

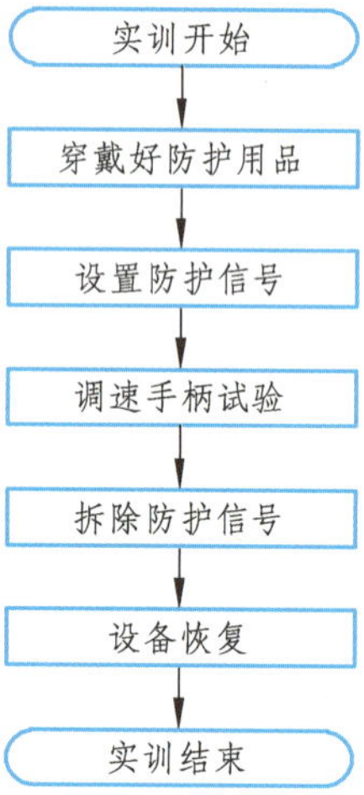

图 7-7-2　SS_3 4000 电力机车调速手柄试验流程

2. 实训作业流程（见表 7-7-2）

表 7-7-2　调速手柄试验操作流程及注意事项

工序	作业内容	质量标准	使用工具	注意事项	操作示意图
1	室外配电箱引出线与辅助电路库用插座对应线号安装紧固良好	检查确认线号对应、紧固良好	绝缘电工钳	防撞、防挤压、防触电	
2	辅助电路库用插座上悬挂“高压危险、禁止靠近”警示牌	悬挂“高压危险、禁止靠近”警示牌	警示牌	防撞、防挤压、防触电	
3	配电房配电箱空开打在“ON”位	合闸前高呼“合闸”，回复“安全良好”方可操作		防触电	

续表

工序	作业内容	质量标准	使用工具	注意事项	操作示意图
4	关闭配电房配电箱门	悬挂“当心触电”警示牌	警示牌	防触电	
5	车上闭合蓄电池闸刀	合蓄电池闸刀前高呼“合蓄电池”。第一步：闭合接地闸刀。第二步：闭合整流输出闸刀。第三步：闭合蓄电池闸刀		防触电	
6	室外配电箱空开打在“ON”位	电源指示灯亮		防触电	
7	关闭室外配电箱门	悬挂“当心触电”警示牌	警示牌	防触电	
8	按下启动按钮	接触器吸合，工作指示灯亮		按下启动按钮前高呼“合闸”，回复“注意安全”方可操作	
9	闭合DSK钥匙开关	听保护阀BHF得电后门联锁的动作声	钥匙开关	主断路器、油流、预备、零位信号指示灯亮	
10	闭合主断路器合闸扳键开关	保持闭合不松手		听主断闭合声；观察主断指示灯是否点亮；观察零压指示灯是否点亮	
11	SKX由“0”位置“后”位	SKX由“0”位置“后”位，反向鼓转到后位，然后工况鼓转到牵引位；预备信号指示灯灭		注意先听反向鼓转到后位，然后听工况鼓转到牵引位；注意看预备信号指示灯灭	

续表

工序	作业内容	质量标准	使用工具	注意事项	操作示意图
12	SKX由"后"位置"0"位	听1WHh、2WHq失电排风声；预备指示信号灯亮		注意听1WHh、2WHq失电排风声；注意看预备指示信号灯亮	
13	SKX由"0"位置"前"位	听反向鼓转到向前位；预备指示信号灯灭		注意听反向鼓转到向前位；注意看预备指示信号灯灭	
14	SKX由"前"位置"制"位	听牵引电空阀1、2WHqy失电排风声；工况鼓转到制动位；预备信号指示灯灭		注意听牵引电空阀1、2WHqy失电排风声；听工况鼓转到制动位；看预备信号指示灯灭	
15	SKX由"制"位置"前"位	听制动电空阀1、2WHz失电排风声；工况鼓转到牵引位；预备信号指示灯灭		注意听制动电空阀1、2WHz失电排风声；听工况鼓转到牵引位；看预备信号指示灯灭	
16	SKX由"前"位置回"0"位	听1WHq、2WHh和1、2WHqy失电排风声；预备信号指示灯亮		SKX由"前"位置回"0"位，听1WHq、2WHh和1、2WHqy失电排风声；看预备信号指示灯亮	
17	SKX由"0"位置"后"位	反向鼓转到后位，然后听工况鼓转到牵引位；预备信号指示灯灭		先听反向鼓转到后位，然后听工况鼓转到牵引位；看预备信号指示灯灭	
18	SKX直接由"后"位置"制"位；试验后SKX置"前"位	听1WHh、2WHq和1、2WHqy失电排风声；预备信号指示灯亮		注意此时两位置转换开关不应转换。试验后SKX置"前"位	
19	SKT离开"0"位到"*"位	听1WHq、2WHh和1、2WHqy失电排风声；看零位信号指示灯灭；线路接触器1~6XC吸合		注意听1WHq、2WHh和1、2WHqy失电排风声；注意看零位信号指示灯灭；听线路接触器1~6XC吸合声	
20	SKT离开"*"位到"0"位	看零位信号指示灯亮；延时1.5 s后，听1~6XC接触器失电释放声		试验完毕将SKX置"后"位	

续表

工序	作业内容	质量标准	使用工具	注意事项	操作示意图
21	SKT 离开“0”位到“*”位	1WHq、2WHh 和 1、2WHqy 失电排风；零位信号指示灯灭；线路接触器 1～6XC 吸合		注意听 1WHq、2WHh 和 1、2WHqy 失电排风声；注意看零位信号指示灯灭；听线路接触器 1～6XC 吸合声	
22	SKT 离开“*”位到“0”位	听 1WHq、2WHh 和 1、2WHqy 失电排风声，零位信号指示灯灭；听线路接触器 1～6XC 吸合声		试验完毕将 SKX 置“前”位	
23	断开机车蓄电池闸刀	断开机车电源		防触电	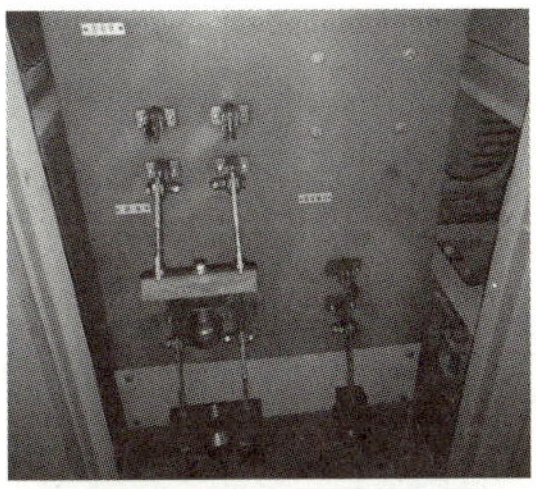
24	按下停止按钮	工作指示灯灭		防触电	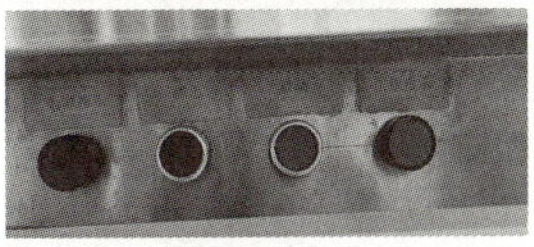
25	将配电箱及配电房空开打回至“OFF”位	断电		防触电	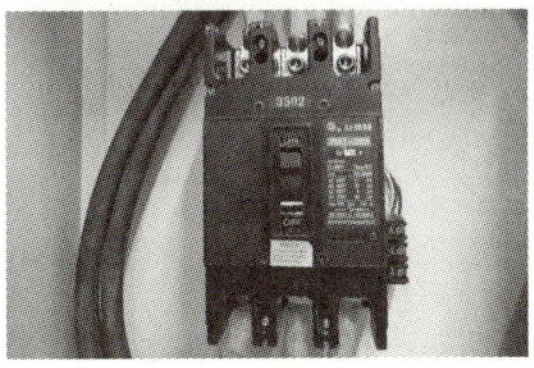
26	确认配电房、室外配电箱空开在“OFF”位	取下辅助电路库用插座“高压危险、禁止靠近”警示牌，拆下辅助电路库用插座连线，并收放室外配电箱架		防触电	
27	恢复辅助电路库用插座	盖上辅助电路库用插座盖		防触电	
28	取下配电箱“当心触电”警示牌	锁闭配电箱门		防触电	

五、实训考核标准（见表7-7-3）

表 7-7-3　实训考核标准

考核标准	考核结果
（1）掌握 SS_3 4000 电力机车调速手柄的结构和级位	（1）三个项目要求为合格，合格成绩为 60 分。 （2）有一项不符合要求，则不合格
（2）掌握 SS_3 4000 电力机车调速手柄各个级位的试验现象	
（3）掌握 SS_3 4000 电力机车调速手柄试验方法	
按要求掌握相关专业理论知识	20 分
按要求完成思考题	20 分

六、思考题

（1）SS_3 4000 电力机车调速手柄与哪些继电器有关？

（2）SS_3 4000 电力机车调速手柄离开“0”位到“*”位有什么现象？

（3）SS_3 4000 电力机车调速手柄的标准试验程序是什么？

任务八　磁场削弱试验

一、实训目的

（1）能正确描述 SS_3 4000 电力机车磁场削弱试验的三个级位。

（2）能阐述 SS_3 4000 电力机车磁场削弱试验各个级位的试验现象。

（3）能按照 SS_3 4000 电力机车磁场削弱试验方法进行试验。

二、理论链接

SKX 有前、后、0、制、Ⅰ、Ⅱ、Ⅲ级位，SKT 有 0、*、2、4、6、8、10 牵引级位和 11、9、7、5、3、1、0 制动级位，为防止误动作，两者间设有机械联锁。

机车向前牵引运行时，以Ⅰ端为例。1SKX 在“前”位，当 1SKT 处在“7～10”牵引级时，司机方可进行磁场削弱。

Ⅰ级磁场削弱：当 SKX 转向“Ⅰ”（Ⅰ级磁场削弱）时，导线 307 有电，使 11CXF、61CXF 磁场削弱电空阀得电，11～61CC 电空接触器闭合，实现“Ⅰ”级磁场削弱。

Ⅱ级磁场削弱：当 SKX 转向“Ⅱ”级（Ⅱ级磁场削弱）时，导线 308 得电，经 11CC、61CC 常闭联锁使 12CXF、62CXF 电空阀得电，12～62CC 电空接触器闭合，实现“Ⅱ”级磁场削弱。

Ⅲ级磁场削弱：SKX 转向“Ⅲ”时（Ⅲ级磁场削弱），导线 307、308 均得电，11、61、12、62CXF 电空阀均得电，则 11～61CC、12CC～62CC 电空接触器均闭合，实现“Ⅲ”级磁场削弱。

磁场削弱控制电路如图 7-8-1 所示。

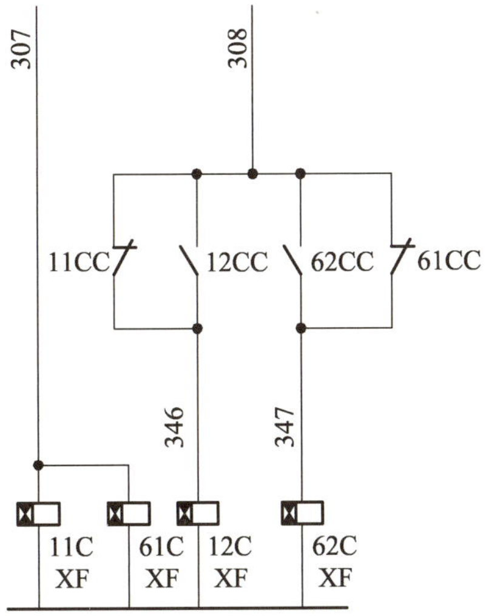

图 7-8-1　磁场削弱控制电路

三、实训要求

1. 实训时间

教学课时为 2 课时。

2. 实训形式

学生每 5 人组成一个工作小组，各小组根据实训课程任务制订实训实施方案，每个小组有一名组长，组长协助老师指导本组学生进行实训。

3. 实训注意事项

（1）机车在停留状态，做好防溜措施。

（2）确认机车蓄电池闸刀在断开位。

（3）确认配电房配电箱空开接线状态，空开在“OFF”位。

（4）确认室外配电箱空开及接触器的接线状态，空开在“OFF”位。

4. 工器具材料准备

“高压危险、禁止靠近”警示牌、防护红旗、铁路专用安全帽等。

四、实训作业步骤

1. 整体实训过程（见图 7-8-2）

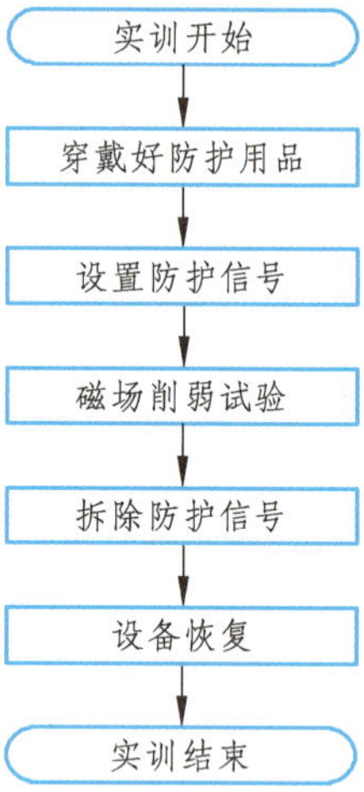

图 7-8-2　SS_3 4000 电力机车磁场削弱试验流程

2. 实训作业流程（见表 7-8-1）

表 7-8-1　磁场削弱试验操作流程及注意事项

工序	作业内容	质量标准	使用工具	注意事项	操作示意图
1	室外配电箱引出线与辅助电路库用插座对应线号安装紧固良好	检查确认线号对应、紧固良好	绝缘电工钳	防撞、防挤压、防触电	
2	辅助电路库用插座上悬挂“高压危险、禁止靠近”警示牌	悬挂“高压危险、禁止靠近”警示牌	警示牌	防撞、防挤压、防触电	
3	配电房配电箱空开打在“ON”位	合闸前高呼“合闸”，回复“安全良好”方可操作		防触电	
4	关闭配电房配电箱门	悬挂“当心触电”警示牌	警示牌	防触电	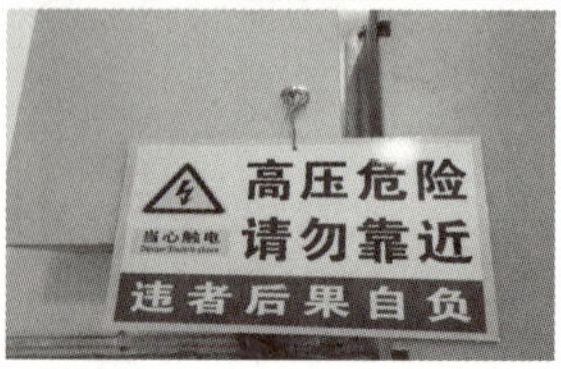

续表

工序	作业内容	质量标准	使用工具	注意事项	操作示意图
5	车上闭合蓄电池闸刀	合蓄电池闸刀前高呼“合蓄电池”。第一步：闭合接地闸刀。第二步：闭合整流输出闸刀。第三步：闭合蓄电池闸刀		防触电	
6	室外配电箱空开打在“ON”位	电源指示灯亮		防触电	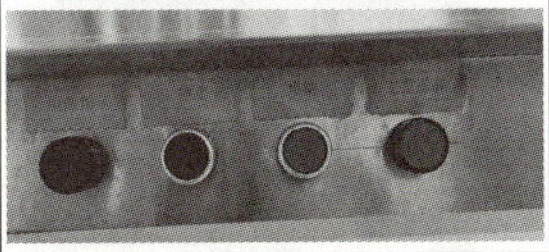
7	关闭室外配电箱门	悬挂“当心触电”警示牌	警示牌	防触电	
8	按下启动按钮	接触器吸合，工作指示灯亮		按下启动按钮前高呼“合闸”，回复“注意安全”方可操作	
9	闭合DSK钥匙开关	听保护阀 BHF 得电后门联锁的动作声	钥匙开关	主断路器、油流、预备、零位信号指示灯亮	
10	闭合主断路器合闸扳键开关	保持闭合不松手		听主断闭合声；观察主断指示灯是否点亮；观察零压指示灯是否点亮	
11	SKX 由“0”位置“后”位	SKX 由“0”位置“后”位，反向鼓转到后位，然后工况鼓转到牵引位；预备信号指示灯灭		注意先听反向鼓转到后位，然后听工况鼓转到牵引位；注意看预备信号指示灯灭	
12	SKX 由“后”位置“0”位	听 1WHh、2WHq 失电排风声；预备指示信号灯亮		注意听 1WHh、2WHq 失电排风声；注意看预备指示信号灯亮	

续表

工序	作业内容	质量标准	使用工具	注意事项	操作示意图
13	SKX 由“0”位置“前”位	听反向鼓转到向前位；预备指示信号灯灭		注意听反向鼓转到向前位；注意看预备指示信号灯灭	
14	SKT 移到 7 级及其以上；然后再移动 SKX 到“Ⅰ”位。	Ⅰ级磁场削弱 11CXF 和 61CXF 得电吸合后听磁场削弱电空接触器 11CC～61CC 吸合声		注意听磁场削弱电空接触器 11CC～61CC 吸合声	
15	SKX 移到“Ⅱ”位	先听 11CXF、61CXF 失电排风声和磁削电空接触器 11CC、61CC 释放声；Ⅱ级磁场削弱电空阀 12CXF、62CXF 得电吸合后听磁场削弱电空接触器 12CC～62CC 吸合声		先听 11CXF、61CXF 失电排风声和磁削电空接触器 11CC、61CC 释放声	
16	SKX 移到“Ⅲ”位	11CXF、61CXF 得电吸合后听磁场削弱电空接触器 11CC～61CC 吸合声；磁场削弱电空阀 12CXF、62CXF 得电吸合后听磁场削弱电空接触器 12CC～62CC 吸合声		听磁场削弱电空接触器 11CC～61CC 吸合声；听磁场削弱电空接触器 12CC～62CC 吸合声	
17	SKX 逐渐移到“前”位	听 11CXF、61CXF 失电排风声和 11CC～61CC 释放声；听 12CXF、62CXF 失电排风声和 12CC～62CC 释放声以及 11CXF、61CXF 得电吸合声和 11CC～61CC 吸合声；听 11CXF、61CXF 失电排风声和 11CC～61CC 释放声		试验完毕将方向手柄回到“0”位	

续表

工序	作业内容	质量标准	使用工具	注意事项	操作示意图
18	断开机车蓄电池闸刀	断开机车电源		防触电	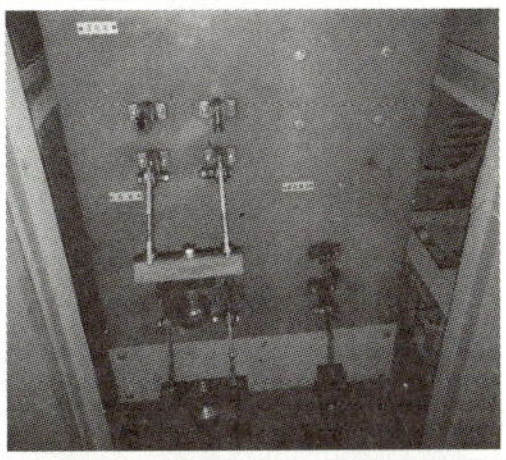
19	按下停止按钮	工作指示灯灭		防触电	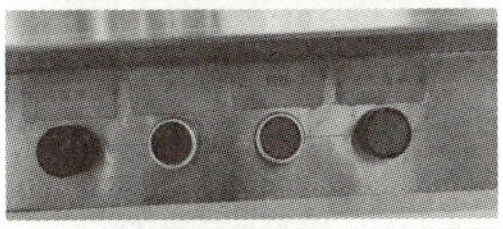
20	将配电箱及配电房空开打回至“OFF”位	断电		防触电	
21	确认配电房、室外配电箱空开在“OFF”位	取下辅助电路库用插座“高压危险、禁止靠近”警示牌，拆下辅助电路库用插座连线，并收放室外配电箱架		防触电	
22	恢复辅助电路库用插座	盖上辅助电路库用插座盖		防触电	
23	取下配电箱“当心触电”警示牌	锁闭配电箱门		防触电	

五、实训考核标准（见表7-8-2）

表 7-8-2　实训考核标准

考核标准	考核结果
（1）掌握 SS_3 4000 电力机车磁场削弱试验的三个级位	（1）三个项目要求为合格，合格成绩为 60 分。 （2）有一项不符合要求，则不合格
（2）掌握 SS_3 4000 电力机车磁场削弱试验各个级位的试验现象	
（3）掌握 SS_3 4000 电力机车磁场削弱试验方法	
按要求掌握相关专业理论知识	20 分
按要求完成思考题	20 分

六、思考题

（1）SS_3 4000 电力机车磁场削弱有几个级位？
（2）SS_3 4000 电力机车磁场削弱调速的前提条件是什么？
（3）SS_3 4000 电力机车磁场削弱试验标准试验程序是什么？

任务九　电阻制动试验

一、实训目的

（1）能按照 SS_3 4000 电力机车电阻制动的原理进行试验。
（2）能将 SS_3 4000 电力机车与电阻制动有关的接触器知识应用到工作中。
（3）能将 SS_3 4000 电力机车电阻试验方法应用到作业中。

二、理论链接

电力机车电制动是利用电机的可逆原理。电制动时，由于列车的惯性力带动牵引电动机，牵引电动机由电动机转换为发电机运行，将列车动能转换为电能，输出制动电流的同时，在牵引电动机轴上产生反向转矩并作用于轮对，形成制动力使列车减速或在下坡道时以一定速度运行。

电制动分为电阻制动和再生制动两种形式，如果电制动时产生的电能利用电阻使之转换为热能消耗掉，则称为电阻制动。如果电制动时产生的电能重新反馈到电网加以利用，则称为再生制动。列车在运行过程中，优先使用电制动，以提高列车运行的安全性，减少闸瓦和轮对的磨耗。电阻制动原理如图 7-9-1 所示。电路中涉及的各个电路元件代码及名称如表 7-9-1 所示。

电阻制动时，励磁绕组由单独的励磁电源供电，保持励磁电流方向不变，将励磁绕组从电源上断开，并立即接到制动电阻上，这时电枢绕组外加电压为 0，而转子依靠惯性继续旋转，切割方向未变的磁通，产生了感应电动势，此时由于电流改变方向，产生了制动转矩，电机速度很快降下来。

SS_3 4000 电力机车采用的是电阻制动，位置转换开关 1～6WH 转换到制动位，牵引电动机电枢和主极绕组脱离，与制动电阻 1～6ZR 串联，同时与平波电抗器构成发电机回路，如图 7-9-1 所示，以 1MD 为例，线路为：1 号线→1PK→1XC→1ZLH→1MD→1ZR→3 号线→D12→D11→。而 6 台励磁绕组反向串联连接，经励磁接触器与励磁整流器构成回路，主变压器 a3-c3 为励磁绕组供电。

三、实训要求

1. 实训时间

教学课时为 2 课时。

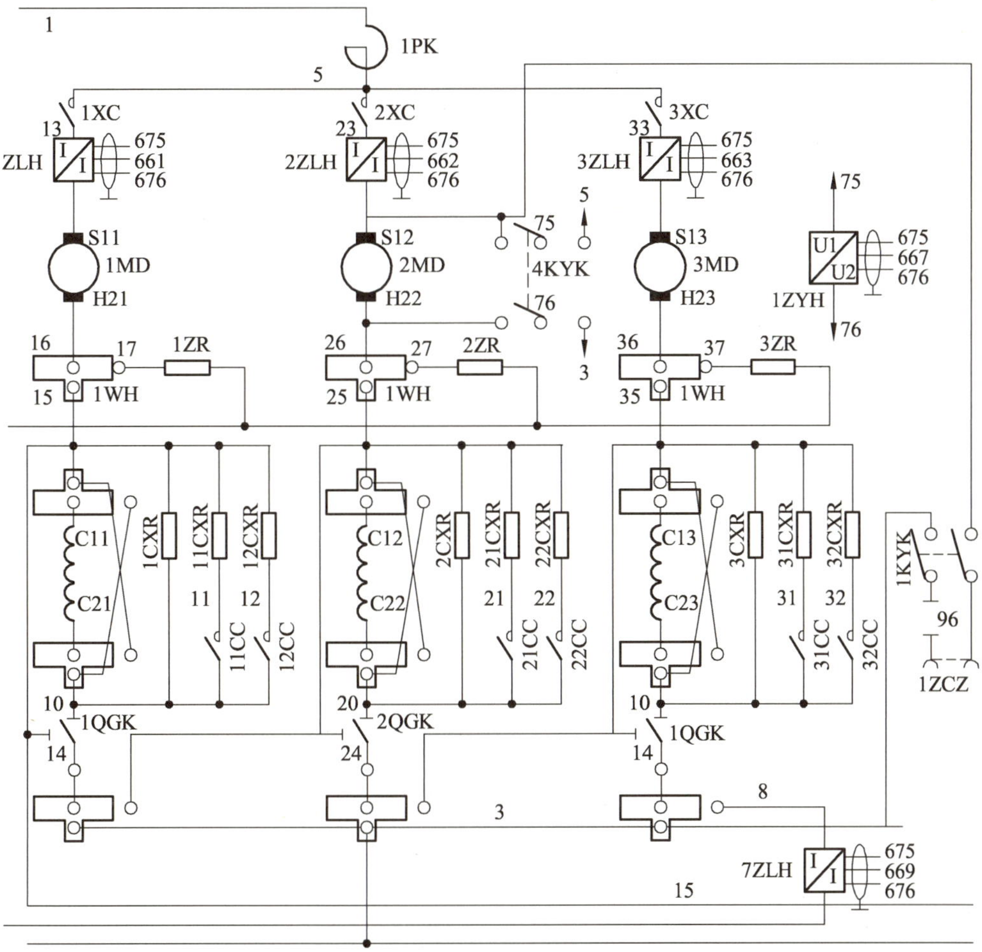

图 7-9-1　电阻制动原理

表 7-9-1　电阻制动电路部分元件的符号、名称、功能

文字符号	名　称	作　用
1～2PK	平波电抗器	减小电流脉动，改善脉流电机的换向
1～6XC	线路接触器主触头	接通或切断牵引电机线路
1～6ZLH	直流电流传感器	检测牵引电机电流并向电子控制柜提供反馈信号
1～2WH	位置转换开关	控制机车方向与工况转换
1～6QGK	牵引电机隔离开关	电机故障时切断该故障电机线路
1～6ZR	制动电阻	消耗电力机车电阻制动产生的制动电流
C1-C2	励磁绕组	产生电机主磁场
S1-H2	电枢绕组	实现电机能量转换
1～6CXR	固定分路电阻	固定磁场削弱，改善电机换向
11CXR～62CXR	磁场削弱电阻	降低磁通，实现磁场削弱
4-5KYK	空载试验开关	机车空载试验

2. 实训形式

学生每 5 人组成一个工作小组，各小组根据实训课程任务制订实训实施方案，每个小组有一名组长，组长协助老师指导本组学生进行实训。

3. 实训注意事项

（1）机车在停留状态，做好防溜措施。

（2）确认机车蓄电池闸刀在断开位。

（3）确认配电房配电箱空开接线状态，空开在“OFF”位。

（4）确认室外配电箱空开及接触器的接线状态，空开在“OFF”位。

4. 工器具材料准备

“高压危险、禁止靠近”警示牌、防护红旗、铁路专用安全帽等。

四、实训作业步骤

1. 整体实训过程（见图 7-9-2）

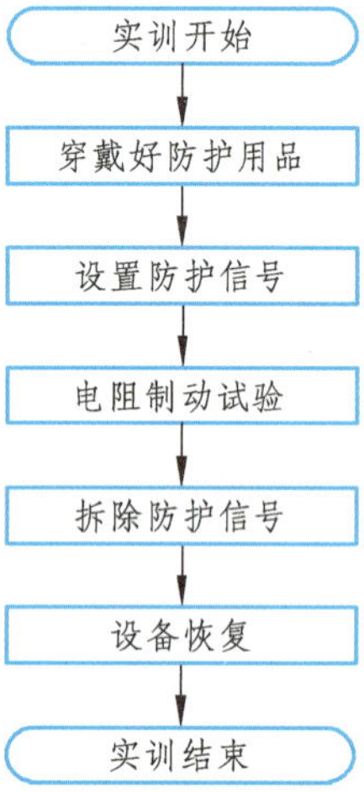

图 7-9-2　SS_3 4000 电力机车电阻制动试验流程

2. 实训作业流程（见表 7-9-2）

表 7-9-2　电阻制动试验操作流程及注意事项

工序	作业内容	质量标准	使用工具	注意事项	操作示意图
1	室外配电箱引出线与辅助电路库用插座对应线号安装紧固良好	检查确认线号对应、紧固良好	绝缘电工钳	防撞、防挤压、防触电	

续表

工序	作业内容	质量标准	使用工具	注意事项	操作示意图
2	辅助电路库用插座上悬挂“高压危险、禁止靠近”警示牌	悬挂“高压危险、禁止靠近”警示牌	警示牌	防撞、防挤压、防触电	
3	配电房配电箱空开打在“ON”位	合闸前高呼“合闸”，回复“安全良好”方可操作		防触电	
4	关闭配电房配电箱门	悬挂“当心触电”警示牌	警示牌	防触电	
5	车上闭合蓄电池闸刀	合蓄电池闸刀前高呼“合蓄电池”。第一步：闭合接地闸刀。第二步：闭合整流输出闸刀。第三步：闭合蓄电池闸刀		防触电	
6	室外配电箱空开打在“ON”位	电源指示灯亮		防触电	
7	关闭室外配电箱门	悬挂“当心触电”警示牌	警示牌	防触电	
8	按下启动按钮	接触器吸合，工作指示灯亮		按下启动按钮前高呼“合闸”，回复“注意安全”方可操作	

续表

工序	作业内容	质量标准	使用工具	注意事项	操作示意图
9	闭合 DSK 钥匙开关	听保护阀 BHF 得电后门联锁的动作声	钥匙开关	主断路器、油流、预备、零位信号指示灯亮	
10	闭合主断路器合闸扳键开关	保持闭合不松手		听主断闭合声；观察主断指示灯是否点亮；观察零压指示灯是否点亮	
11	SKX 由“前”位移“制”位	两位置转换开关转换到制动位；预备信号指示灯灭		注意听两位置转换开关转换到制动位；观察预备信号指示灯灭	
12	SKT 由“0”位移到 11 位	1、2WHz 失电排风声，观察零位信号指示灯灭；线路接触器 1～6XC 和励磁接触器 LC 吸合；制动信号指示灯亮		注意听 1、2WHz 失电排风声，观察零位信号指示灯灭；听线路接触器 1～6XC 和励磁接触器 LC 吸合声；LC 吸合后看制动信号指示灯亮	
13	SKT 由 11 位移到“0”位	零位信号指示灯亮；LC、1～6XC 失电释放；制动信号指示灯灭		注意看零位信号指示灯亮；听 LC、1～6XC 失电释放声；LC 释放后看制动信号指示灯灭	
14	断开机车蓄电池闸刀	断开机车电源		防触电	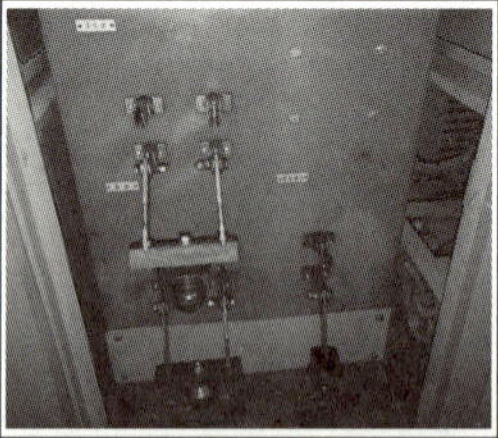
15	按下停止按钮	工作指示灯灭		防触电	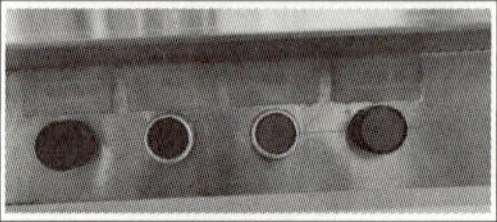
16	将配电箱及配电房空开打回至“OFF”位	断电		防触电	

续表

工序	作业内容	质量标准	使用工具	注意事项	操作示意图
17	确认配电房、室外配电箱空开在“OFF”位	取下辅助电路库用插座“高压危险、禁止靠近”警示牌，拆下辅助电路库用插座连线，并收放室外配电箱架		防触电	
18	恢复辅助电路库用插座	盖上辅助电路库用插座盖		防触电	
19	取下配电箱“当心触电”警示牌	锁闭配电箱门		防触电	

五、实训考核标准（见表7-9-3）

表 7-9-3　实训考核标准

考核标准	考核结果
（1）掌握 SS_3 4000 电力机车电阻制动的原理	（1）三个项目要求为合格，合格成绩为 60 分。 （2）有一项不符合要求，则不合格
（2）掌握 SS_3 4000 电力机车与电阻制动有关的接触器的动作现象	
（3）掌握 SS_3 4000 电力机车电阻试验的方法	
按要求掌握相关专业理论知识	20 分
按要求完成思考题	20 分

六、思考题

（1）SS_3 4000 电力机车采用电阻制动有什么优点?

（2）SS_3 4000 电力机车电阻制动过程中如何让电机状态由电动机变为发电机?

（3）SS_3 4000 电力机车电阻制动试验标准试验流程是什么?

任务十　副台试验

一、实训目的

（1）能按照 SS_3 4000 电力机车副台试验的操作流程执行操作。

（2）能正确阐述 SS_3 4000 电力机车副台试验各个级位的试验现象。

二、理论链接

辅助司机控制器便于进行调车作业，也称为调车控制器。FSKX 只有“前、后、0”位，实现牵引工况的机车运行方向选择；FSKT 有“取、0、*、2、4、6、8、10”位，共用主司机控制换向手柄，保证调车控制器与主司机控制器不能同时操作。FSKX 在“0”位时，FSKT 才能取出或插入；FSKT 在“0”位时，FSKX 才能转向“前”“后”；FSKX 在“前”或“后”时，FSKT 才能在“0、*、2、4、6、8、10”各牵引位进行调车作业。

辅助司机控制器控制电路如图 7-10-1 所示。

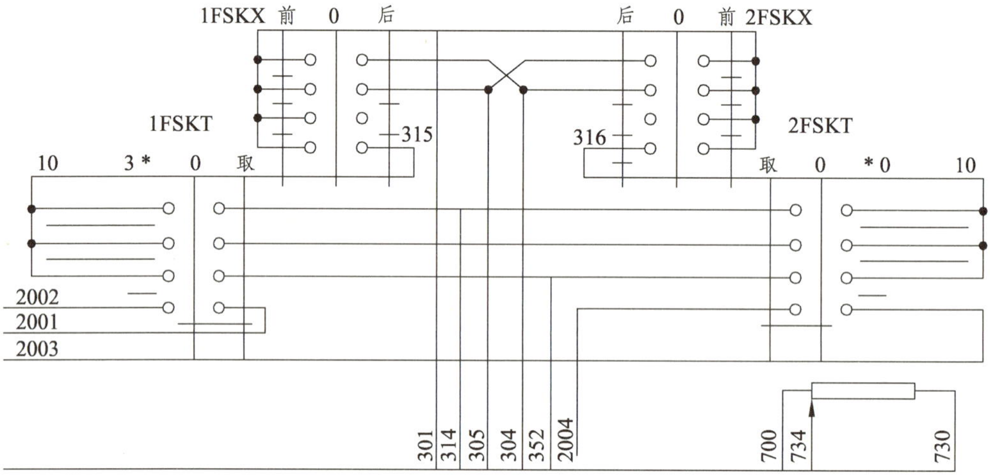

图 7-10-1　1、2 FSKX 和 1、2FSKT 控制电路

三、实训要求

1. 实训时间

教学课时为 2 课时。

2. 实训形式

学生每 5 人组成一个工作小组，各小组根据实训课程任务制订实训实施方案，每个小组有一名组长，组长协助老师指导本组学生进行实训。

3. 实训注意事项

（1）机车在停留状态，做好防溜措施。

（2）确认机车蓄电池闸刀在断开位。

（3）确认配电房配电箱空开接线状态，空开在“OFF”位。

（4）确认室外配电箱空开及接触器的接线状态，空开在“OFF”位。

4. 工器具材料准备

“高压危险、禁止靠近”警示牌、防护红旗、铁路专用安全帽等。

四、实训作业步骤

1. 整体实训过程（见图 7-10-2）

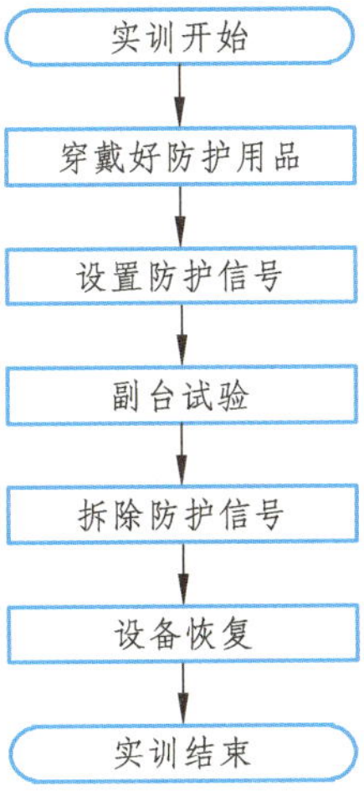

图 7-10-2　SS_3 4000 电力机车副台试验流程

2. 实训作业流程（见表 7-10-1）

表 7-10-1　副台试验操作流程及注意事项

工序	作业内容	质量标准	使用工具	注意事项	操作示意图
1	室外配电箱引出线与辅助电路库用插座对应线号安装紧固良好	检查确认线号对应、紧固良好	绝缘电工钳	防撞、防挤压、防触电	
2	辅助电路库用插座上悬挂“高压危险、禁止靠近”警示牌	悬挂“高压危险、禁止靠近”警示牌	警示牌	防撞、防挤压、防触电	
3	配电房配电箱空开打在“ON”位	合闸前高呼“合闸”，回复“安全良好”方可操作		防触电	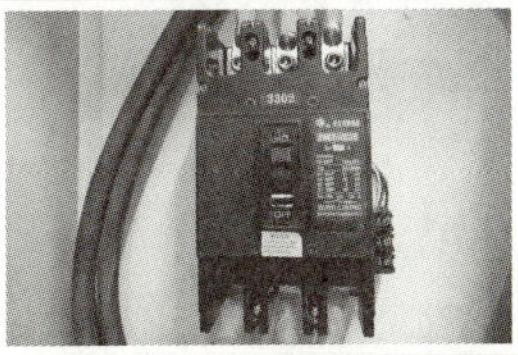
4	关闭配电房配电箱门	悬挂“当心触电”警示牌	警示牌	防触电	

续表

工序	作业内容	质量标准	使用工具	注意事项	操作示意图
5	车上闭合蓄电池闸刀	合蓄电池闸刀前高呼“合蓄电池”。第一步：闭合接地闸刀。第二步：闭合整流输出闸刀。第三步：闭合蓄电池闸刀		防触电	
6	室外配电箱空开打在“ON”位	电源指示灯亮		防触电	
7	关闭室外配电箱门	悬挂“当心触电”警示牌	警示牌	防触电	
8	按下启动按钮	接触器吸合，工作指示灯亮		按下启动按钮前高呼“合闸”，回复“注意安全”方可操作	
9	闭合 DSK 钥匙开关	听保护阀 BHF 得电后门联锁的动作声	钥匙开关	主断路器、油流、预备、零位信号指示灯亮	
10	闭合主断路器合闸扳键开关	保持闭合不松手		听主断闭合声；观察主断指示灯是否点亮；观察零压指示灯是否点亮	
11	试验前，将 FSKT 由“取”位移到“0”位。FSKX 由“0”位置“前”位	反向鼓转到向前位；工况鼓转到牵引位；预备信号指示灯灭		先听反向鼓转到向前位，然后听工况鼓转到牵引位；看预备信号指示灯灭	

续表

工序	作业内容	质量标准	使用工具	注意事项	操作示意图
12	FSKT 由“0”位移到“*”位	听 1WHq、2WHh 和 1、2WHqy 失电排风声；零位信号指示灯灭；线路接触器 1～6XC 吸合		听 1WHq、2WHh 和 1、2WHqy 失电排风声；看零位信号指示灯灭；听线路接触器 1～6XC 吸合声	
13	FSKT 由“*”位移到“0”位	零位信号指示灯亮；1～6XC 失电释放		看零位信号指示灯亮；延时 1.5 s 后，听 1～6XC 失电释放声	
14	FSKX 由“0”位置“后”位	反向鼓转到向后位；工况鼓转到牵引位；预备信号指示灯灭		先听反向鼓转到向后位，然后听工况鼓转到牵引位；看预备信号指示灯灭	
15	FSKT 由“0”位移到“*”位	听 1WHh、2WHq 和 1、2WHqy 失电排风声；零位信号指示灯灭；线路接触器 1～6XC 吸合		注意听 1WHh、2WHq 和 1、2WHqy 失电排风声，看零位信号指示灯灭；听线路接触器 1～6XC 吸合声	
16	FSKT 由“*”位到“0”位	零位信号指示灯亮；1～6XC 失电释放		注意看零位信号指示灯亮；延时 1.5 s 后，听 1～6XC 失电释放声	
17	断开机车蓄电池闸刀	断开机车电源		防触电	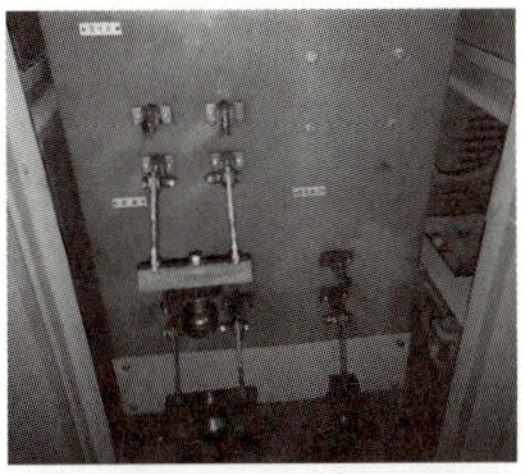
18	按下停止按钮	工作指示灯灭		防触电	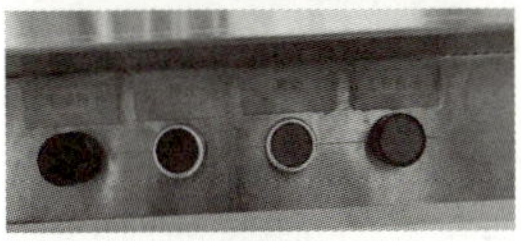
19	将配电箱及配电房空开打回至“OFF”位	断电		防触电	

续表

工序	作业内容	质量标准	使用工具	注意事项	操作示意图
20	确认配电房、室外配电箱空开在“OFF”位	取下辅助电路库用插座“高压危险、禁止靠近”警示牌，拆下辅助电路库用插座连线，并收放室外配电箱架		防触电	
21	恢复辅助电路库用插座	盖上辅助电路库用插座盖		防触电	
22	取下配电箱“当心触电”警示牌	锁闭配电箱门		防触电	

五、实训考核标准（见表7-10-2）

表 7-10-2　实训考核标准

考核标准	考核结果
（1）掌握 SS_3 4000 电力机车副台试验方法	（1）三个项目要求为合格，合格成绩为 60 分。 （2）有一项不符合要求，则不合格
（2）掌握 SS_3 4000 电力机车副台试验各个级位的试验现象	
（3）按时完成副台试验操作	
按要求掌握相关专业理论知识	20 分
按要求完成思考题	20 分

六、思考题

（1）SS_3 4000 电力机车辅助司机控制器调速和方向手柄分别有哪些级位?

（2）SS_3 4000 电力机车辅助司机控制器两手柄之间的联锁关系是什么?

（3）SS_3 4000 电力机车副台试验的标准流程是什么?

任务十一　保护试验

一、实训目的

（1）能正确阐述 SS_3 4000 电力机车保护试验有哪些种类。

（2）能进行 SS_3 4000 电力机车制动风速保护试验和牵引风速保护试验。

（3）能按照 SS_3 4000 电力机车原边过流保护试验方法进行试验。

二、理论链接

保护控制是指保护对主电路、辅助电路有关的执行控制。保护结果有两种：一是主断路器 QD 分闸；二是跳开励磁接触器 LC。

主断路器分闸保护有以下几种情况：网侧过流、二次侧过流、牵引电机过流、辅助电路过流、辅机过流、主电路接地保护、辅助电路接地保护、零压（失压）保护及紧急制动。

跳开励磁接触器 LC 只有两种情况：制动过流保护、制动风压保护。保护控制电路如图 7-11-1 所示。

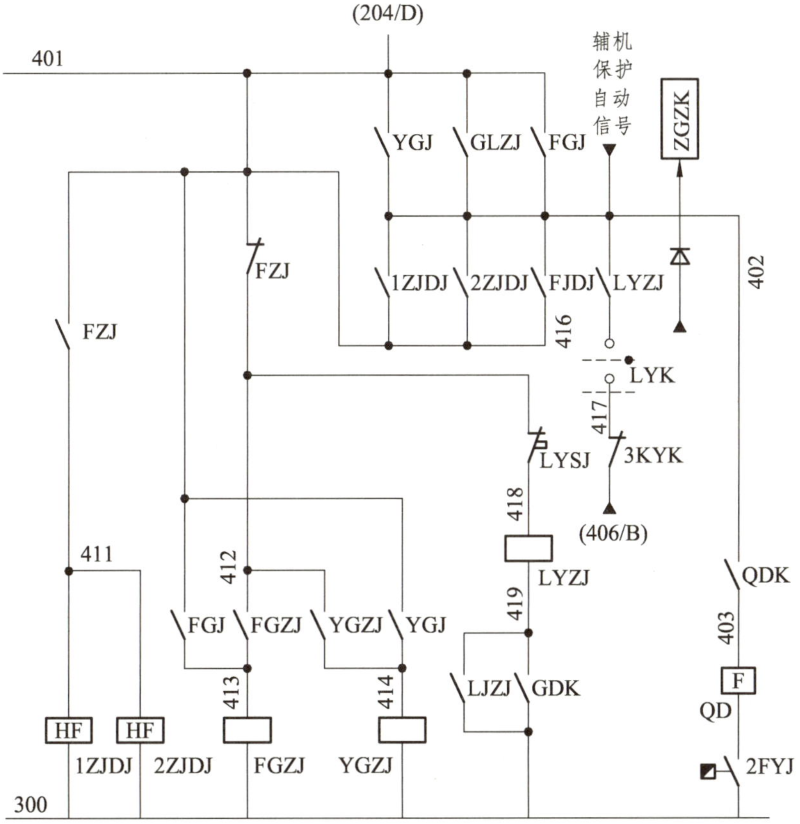

图 7-11-1　保护控制电路

三、实训要求

1. 实训时间

教学课时为 4 课时。

2. 实训形式

学生每 5 人组成一个工作小组，各小组根据实训课程任务制订实训实施方案，每个小组有一名组长，组长协助老师指导本组学生进行实训。

3. 实训注意事项

（1）机车在停留状态，做好防溜措施。

（2）确认机车蓄电池闸刀在断开位。

（3）确认配电房配电箱空开接线状态，空开在“OFF”位。

（4）确认室外配电箱空开及接触器的接线状态，空开在“OFF”位。

4. 工器具材料准备

“高压危险、禁止靠近”警示牌、防护红旗、铁路专用安全帽等。

四、实训作业步骤

1. 整体实训过程（见图 7-11-2）

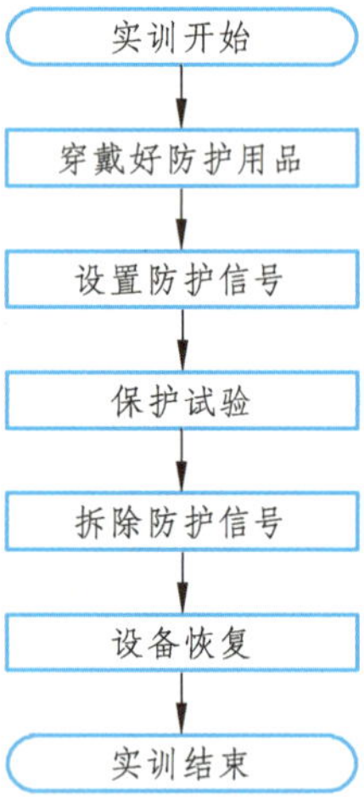

图 7-11-2　SS_3 4000 电力机车保护试验流程

2. 实训作业流程（见表 7-11-1）

表 7-11-1　保护试验操作流程及注意事项

工序	作业内容	质量标准	使用工具	注意事项	操作示意图
1	室外配电箱引出线与辅助电路库用插座对应线号安装紧固良好	检查确认线号对应、紧固良好	绝缘电工钳	防撞、防挤压、防触电	
2	辅助电路库用插座上悬挂“高压危险、禁止靠近”警示牌	悬挂“高压危险、禁止靠近”警示牌	警示牌	防撞、防挤压、防触电	

续表

工序	作业内容	质量标准	使用工具	注意事项	操作示意图
3	配电房配电箱空开打在“ON”位	合闸前高呼“合闸”，回复“安全良好”方可操作		防触电	
4	关闭配电房配电箱门	悬挂“当心触电”警示牌	警示牌	防触电	
5	车上闭合蓄电池闸刀	合蓄电池闸刀前高呼“合蓄电池”。第一步：闭合接地闸刀。第二步：闭合整流输出闸刀。第三步：闭合蓄电池闸刀		防触电	
6	室外配电箱空开打在“ON”位	电源指示灯亮		防触电	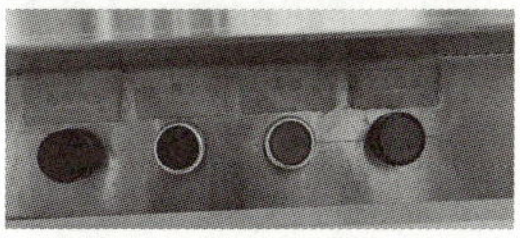
7	关闭室外配电箱门	悬挂“当心触电”警示牌	警示牌	防触电	
8	按下启动按钮	接触器吸合，工作指示灯亮		按下启动按钮前高呼“合闸”，回复“注意安全”方可操作	
9	闭合 DSK 钥匙开关	听保护阀 BHF 得电后门联锁的动作声	钥匙开关	主断路器、油流、预备、零位信号指示灯亮	
10	闭合主断路器合闸扳键开关	保持闭合不松手		听主断闭合声；观察主断指示灯是否点亮；观察零压指示灯是否点亮	

续表

工序	作业内容	质量标准	使用工具	注意事项	操作示意图
11	制动风速保护试验：恢复 2FJK 于“运行”位	预备信号指示灯亮		预备信号指示灯亮	
12	牵引风速保护试验：SKX 置“前”位，SKT 移到 3 级以上后恢复 1FJK 于“运行”位	预备信号指示灯亮		试验后将 SKT 移到 2 级	
13	原边保护试验：按压原边过流继电器 YGJ	听主断路器分断；主断路器信号指示灯亮；主断路器断开后，预备信号指示灯亮；原边流信号指示灯亮		试验后闭合主断路器看信号灯熄灭	
14	辅助回路过载试验：按压辅助回路过流继电器 FGJ	听主断路器分断；主断路器信号指示灯亮；辅助过流信号指示灯亮；预备信号指示灯亮		试验后闭合主断路器看信号灯熄灭	
15	主回路接地试验：人为使Ⅰ架电路接地	听主断路器分断；主断路器信号指示灯亮；主接地 1 信号指示灯亮；预备信号指示灯亮		试验后闭合主断路器看信号灯熄灭	
16	主回路接地试验：人为使Ⅱ架电路接地	听主断路器分断；主断路器信号指示灯亮；主接地 2 信号指示灯亮；预备信号指示灯亮		试验后闭合主断路器看信号灯熄灭	
17	辅助回路接地试验：人为使辅助电路接地	辅助电路接地信号指示灯亮		试验后闭合主断路器看信号灯熄灭	

续表

工序	作业内容	质量标准	使用工具	注意事项	操作示意图
18	过流中间继器试验：人为按压GLZJ	听主断路器分断；主断路器信号指示灯亮；预备信号指示灯亮		试验后闭合主断路器	
19	零压试验：恢复LYK于运行位后，闭合劈相机扳钮	听主断路器分断；主断路器信号指示灯亮；零压和预备信号指示灯亮；注意应无接触器闭合		试验后恢复劈相机扳钮，闭合主断路器，看信号灯熄灭	
20	辅机一次保护试验：闭合劈相机扳钮	按压各辅机保护插件试验按钮并保持10 s；看相应保护插件上的指示红灯亮，待10 s后听相应接触器失电释放声；司机台相应辅机过流信号指示灯亮		需等待440线有电后闭合辅机扳钮，然后再依次按压各辅机保护插件并保持10 s	
21	辅机二次保护试验：按压任一按钮并保持15 s以上	15 s后听主断路器分断；主断路器和预备信号指示灯及司机台相应辅机过流信号指示灯亮		试验后将该辅保插件故障开关置“故”位后恢复	
22	置SKT和SKX于“0”位，断开劈相机扳钮	手柄恢复初始状态		断开DSK并取出	
23	断开机车蓄电池闸刀	断开机车电源		防触电	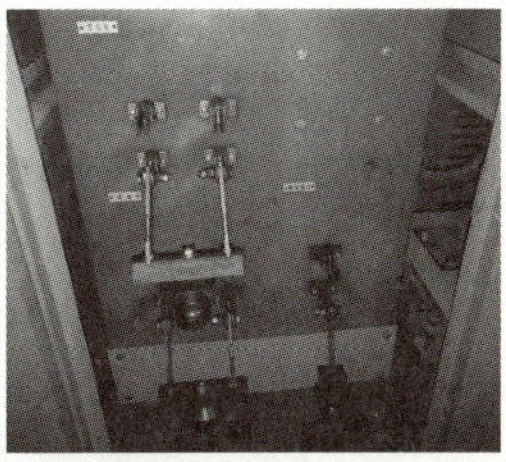
24	按下停止按钮	工作指示灯灭		防触电	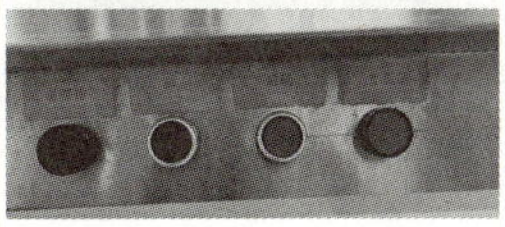

续表

工序	作业内容	质量标准	使用工具	注意事项	操作示意图
25	将配电箱及配电房空开打回至“OFF”位	断电		防触电	
26	确认配电房、室外配电箱空开在“OFF”位	取下辅助电路库用插座“高压危险、禁止靠近”警示牌，拆下辅助电路库用插座连线，并收放室外配电箱架		防触电	
27	恢复辅助电路库用插座	盖上辅助电路库用插座盖		防触电	
28	取下配电箱“当心触电”警示牌	锁闭配电箱门		防触电	

五、实训考核标准（见表7-12-1）

表 7-12-1　实训考核标准

考核标准	考核结果
（1）掌握 SS_3 4000 电力机车保护电路使主断分闸有哪些情况	（1）三个项目要求为合格，合格成绩为 60 分。 （2）有一项不符合要求，则不合格
（2）掌握 SS_3 4000 电力机车保护电路使励磁接触器断开属于什么保护	
（3）掌握 SS_3 4000 电力机车网侧过流有什么现象产生	
按要求掌握相关专业理论知识	20 分
按要求完成思考题	20 分

六、思考题

（1）SS_3 4000 电力机车保护电路使主断分闸能有哪些情况？

（2）SS_3 4000 电力机车磁场削弱调速的前提条件是什么？

（3）结合电路图分析 SS_3 4000 电力机车保护控制电路中恢复中间继电器 FZJ 的作用。

项目八　动车组模拟驾驶

任务一　动车组整体认知

一、实训目的

通过对本任务的学习，使初学者对动车组机械设备有初步的认识。以动车组机械设备模型、实物和教学课件为学习载体，通过教学使学生熟悉动车组的一些基本概念，认识国产动车组的组成及其作用；使学生正确掌握动车组的基本组成、主要技术参数，为学生今后从事动车组维护、检修打下牢固基础。

二、理论链接

1. 动车组的工作原理

传统的列车，动力来自机车，通过机车牵引车列运行。机车自重大，牵引起动需要很大的摩擦力，也比较耗费燃油和电力，整列列车运行和制动控制都在机车上进行。制动系统通过管道与机车风缸和分布在各车厢的风缸连接，制动时采用电空阀统一驱动风缸活塞放风产生气动压力来制动，列车停车需要较长的距离。运行时车厢之间相互摩擦挤压推拉，受力较复杂，容易损坏，也不易高速运行。

动车组是将列车的动力单元由一个变为多个。例如动力集中式动车组，两端为机车，中间为无动力的车厢，因此起动需要的牵引力就分散开不需要较大的起动力矩，列车整体制动反应时间也较普通的列车短。车厢间采用密接车钩，从而减小车厢间的空隙，运行更稳定。动力安装在动车转向架上，一个转向架两个轮对，每个轮对由一台电机驱动，每节动车有两套动力转向架，即四个电动机作驱动力，整车有 16 个驱动轮对，这样做的好处相比传统电力机车牵引的列车（6 个电动机驱动，C_0-C_0 模式），动力单元多，平均每个动力单元承担的驱动力或者是推进功率要比传统机车低很多。

动车组启动时由一端驾驶车下达指令，通过电力统一启动分布在各车厢上的电动机产生推力，整车起动时间短，加速快。制动性能方面因为采用电空统一指令，驾驶端拉下制动手柄时整车同时制动，动车组的制动距离就相对较短。另外，动车因为整体推进不需要较大的起动力矩，因此轴重轻，有利于提高运行速度，也有利于长时间高速行驶。通常动车重心较普通列车低，这样使动车获得更好的高速稳定性能。

2. 动车组的分类

1）按照动力/燃料类别分类

这本是一种牵强的分类，但因与该分类方式所对应的专用名词、词组和缩写已经存在，故立此分类方式。按照这一方式，动车组可以分为电力动车组和内燃动车组；由于蒸汽动车之间无法联控，所以到目前为止没有蒸汽动车组。

2）按照动拖比分类

动力分散型：动力分散式列车是一种动力分布在多个车厢的铁路列车（俗称为动车组），其特点是动力来源分散在列车各个车厢上的发动机或电动机，而不是集中在机车上；常见车型有 CRH 系列以及复兴号 CR 系列。

动力集中型：动力集中式列车是铁路运输中最传统的运行方式，由一台动力机车牵引数个无动力车辆在轨道上行驶，机车大多是在列车的最前端牵引车辆，亦有自车尾逆推牵引的情况，除使用于客运外，常见于货运及军事用途。中国主要的动力集中列车有复兴号 CR200J 型电力动车组，它是中国铁路的一款动力集中式电力动车组，为复兴号电力动车组系列中速度最低等级的产品，同时也是复兴号家族中第一款动力集中式电力动车组。

3. 车　体

车体分有司机室车体和无司机室车体两种，其作用是提供乘客乘坐空间及设备安装和纵向连接承载。车体是容纳乘客和司机驾驶（对于有司机室的车辆）的地方，又是安装与连接其他设备和部件的基础及骨架。通常车体由底架、端墙、侧墙和车顶等组成。近代动车组车体均采用整体承载的钢结构或轻金属结构，以实现在最轻的自重条件下满足强度和刚度的要求。

4. 转向架

转向架有动力转向架和非动力转向架之分，其作用是承载、导向、减振和制动。而动力转向架还有驱动（牵引）作用。转向架位于车辆的最下部，车体与轨道之间。它引导车辆沿着轨道行驶，并承受和传递来自车体及线路的各种载荷，同时缓和其动力作用；它是保证车辆运行品质和保障运行安全的关键部件。转向架一般由构架、弹簧悬挂装置、轮对轴箱装置和基础制动装置等组成。而对于动力转向架，还装设有驱动装置（包括牵引电动机和传动齿轮）。

5. 车端连接装置

车端连接装置包括各种车钩缓冲装置、铰接装置和风挡等，其作用是连接车辆成列、缓和纵向冲击、传递电力及信号。一般车辆编组成列必须借助连接装置，即所谓的车钩。铰接式动车组通常采用铰接装置来代替车钩，为了改善列车的纵向平稳性，一般在车钩的后部装设有缓冲装置，以缓和列车的冲击。另外，还必须借助简便且可靠的连接头将车辆之间的电气和空气管路很好连通。同时，为了改善列车的密封状况和空气阻力，需要采用密封且外表面平滑过渡的内外风挡。

牵引缓冲连接装置有以下几种形式：

- 全自动车钩和缓冲器。
- 半自动车钩和缓冲器。
- 半永久牵引杆。
- 各种形式的铰接装置。

三、实训要求

1. 实训时间

教学课时为 2 课时。

2. 实训形式

学生每 5 人组成一个工作小组，各小组根据实训课程任务制订实训实施方案，每个小组有一名组长，组长协助老师指导本组学生进行实训。

3. 实训注意事项

（1）未经教师或管理员允许不得擅自操作。

（2）需严格按照上电顺序上电。

4. 工器具材料准备

（1）防护用品：防滑鞋、绝缘手套、工作服等。

（2）个人用品：笔、笔记本等。

四、实训作业步骤

在动车组设备维护与检修演练场内，以动车组模型、多媒体教学课件为载体，掌握动车组的基本组成。

一般动车组有动车（M 车）、拖车（T 车）或带司机室车和不带司机室车等多种形式。按各部分具体功能来分，动车组由以下八部分组成，如图 8-1-1 所示。实训步骤如表 8-1-1 所示。

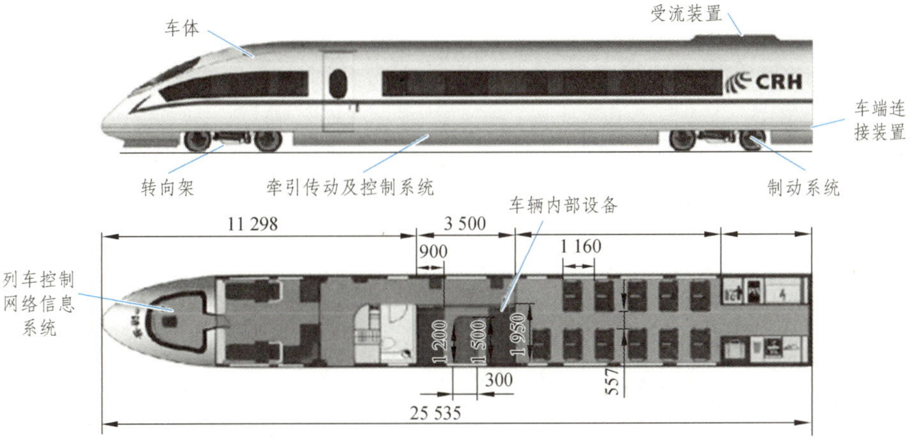

图 8-1-1　动车组基本组成

表 8-1-1　实训步骤

工序	作业内容	作业标准	检查结果记录
1	检查车体		
2	检查受流装置		
3	检查车端连接装置		
4	检查制动系统		
5	检查牵引传动及控制系统		
6	检查转向架		
7	检查列车控制网络信息系统		

五、实训考核标准（见表8-1-2）

表 8-1-2　实训考核标准

项　目	标　准	配分	得分
动车组基本组成和分类	能简述动车组的基本组成和分类	12 分	
动车组车体认知	能简述动车组车体的结构和功能	12 分	
动车组转向架认知	能简述动车组转向架的结构和功能	13 分	
动车组牵引传动及控制系统认知	能简述动车组牵引传动及控制系统的结构和功能	13 分	
动车组制动装置认知	能简述动车组制动装置的结构和功能	12 分	
动车组连接装置认知	能简述动车组连接装置的结构和功能	13 分	
动车组辅助系统认知	能简述动车组辅助系统包含的设备	13 分	
动车组列控网络认知	能简述动车组列控网络的功能	12 分	

六、思考题

（1）什么是动车组?

（2）动车组列车相较于普通列车有哪些显著的特点?

（3）动车组的基本组成是什么?

任务二　动车组司机室整体认知

一、实训目的

通过对本任务的学习，使初学者对动车组司机室设备有初步的认识。以动车组司机室模型、实物和教学课件为学习载体，通过教学使学生熟悉动车组司机室的相关设备组成及功能。

二、专业知识

1. 动车组司机室的主要功能

司机室是动车组司机操纵动车组的作业场所。熟知司机室内操纵设备的布局、设备功能、使用方法及注意事项，是安全驾驶动车组的基本条件。列车在运行过程中，司机根据线路信号状态和周边情况，通过对司机室内相关设备的相应操作，完成动车组牵引、制动控制，同时控制全列动车组的空调、车门和广播等设备。

在每列编组的两端分别设置一个司机室，由前端司机室实施动车组控制，另一个非工作的司机室则可用作乘务员室。两个司机室具有相同的结构与功能。

司机室布置了动车组的主要操控设备，对全车进行牵引、制动控制，同时控制全动车组的空调、车门和广播等设备，检测动车组运行信息并进行故障诊断，保证动车组高速、准时、安全地运行。

司机室的设计，除了保证正常的功能性要求外，还要尽可能地使整个司机室显得整洁、美观、平整、明快、舒适。

2. 动车组司机室的特点

司机室安装设备较多、设备结构复杂，为了拓展可利用空间，将气密隔墙至操纵台的空间设计为设备舱，安装布置了一些不常操作的设备，如司机室空调相关设备、气压开关管路等。

司机操纵台位于司机正前方，前窗玻璃的下方。左右对称布置矮边柜，在右柜司机方便操作部位设置第二操作区。司机室内行车过程中需要操作的设备全部布置在操纵台区域，非行车时司机操作的设备布置在第二操作区。

为了方便操作，同时也为了能扩大司机放脚周围的面积，司机控制器采用小型化设计。操作手柄轴带动凸轮旋转，接通相应的触点，使对应的挡位线加压，向 TCMS 中央控制装置输出控制信号。

为了方便不同的人对列车进行操控，采用高度及前后位置可调整的司机座椅；司机座椅设在司机室中间靠近操纵台的位置。为了使整个司机室显得更加宽敞明亮，司机室电气柜全部采用矮柜结构，分布在操纵台的左右两侧。

中国标准动车组司机室的设计充分考虑了司机视野的开阔性；前窗坐姿视野符合 UIC651 标准要求，保证了司机视线开阔，具体分析如图 8-2-1 所示。

按照 UIC561 标准要求，司机坐姿驾驶时，高度方向可以观察到车钩前 15 m 地面信号及车钩前 10 m 距地面 6.3 m 高的信号；水平方向可以观测到左右 2.5 m 的信号。动车组司机室视野坐姿驾驶时，完全满足 UIC561 标准要求。

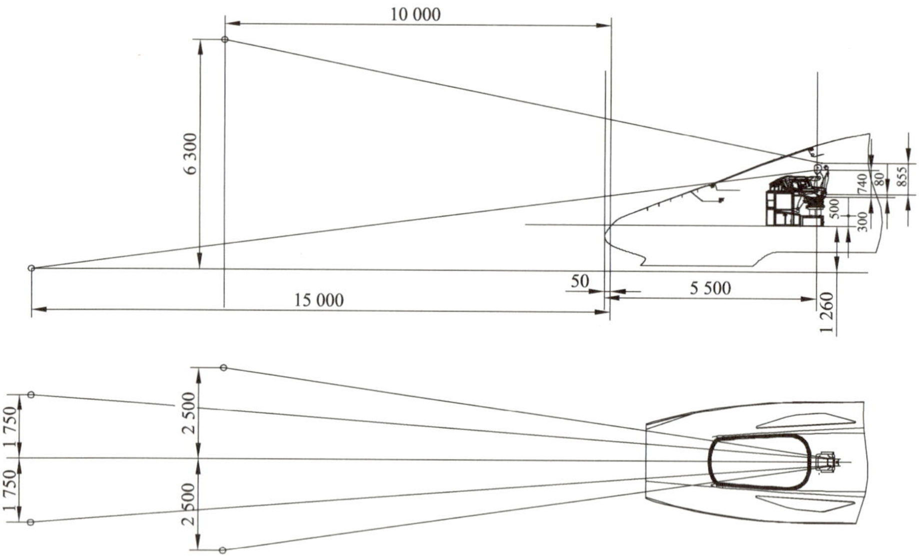

图 8-2-1　司机室前方视野分析

3. 司机室的布局认知

CR400AF 型动车组司机室布置在 01、08 车，采用单司机驾驶模式，主要由操纵设施和驾驶配套设施组成。操纵设备主要包括显示器、仪表、指示灯、开关按钮、通信电话、司机控制器等，集中安装在操纵台上；驾驶配套设施主要包括电器边柜、雨刮器、风笛、前照灯、遮阳帘、座椅等。

司机室主要布置有司机台、司机座椅、空调和照明等装置。司机座椅居中设置，左右对称布置矮边柜，在司机台柜方便操作部位设置第二操作区。司机室驾驶设施如图 8-2-2～图 8-2-4 所示。

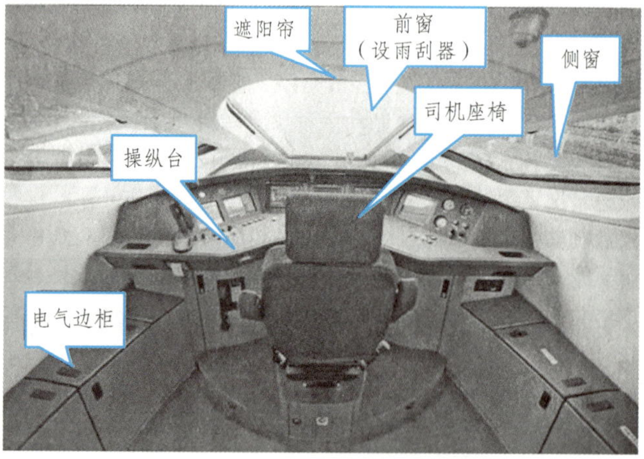

图 8-2-2　司机驾驶室设施总体布置 1

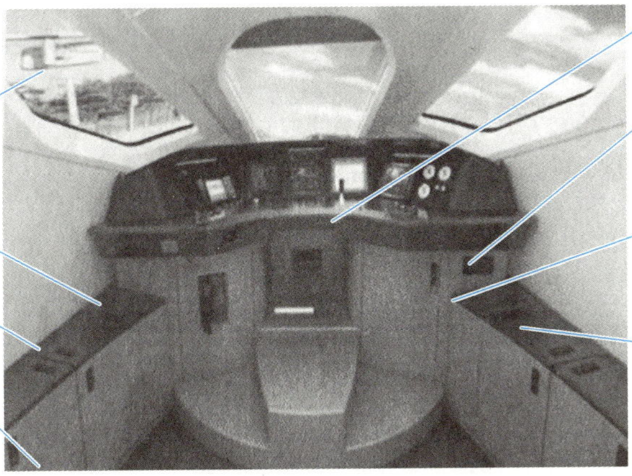

图 8-2-3　司机驾驶室设施总体布置 2

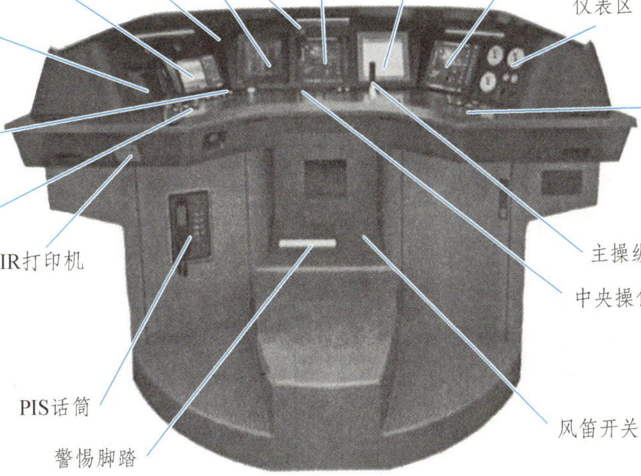

图 8-2-4　司机驾驶室设施总体布置 3

三、实训要求

1. 实训时间

教学课时为 2 课时。

2. 实训形式

学生每 5 人组成一个工作小组，各小组根据实训课程任务制订实训实施方案，每个小组有一名组长，组长协助老师指导本组学生进行实训。

3. 实训注意事项

（1）未经教师或管理员允许不得擅自操作。

（2）需严格按照上电顺序上电。

4. 工器具材料准备

（1）防护用品：防滑鞋、绝缘手套、工作服等。

（2）个人用品：笔、笔记本等。

四、实训作业步骤

1. 司机操纵台

CR400AF型动车组司机室操纵台是动车组司机驾驶动车组的主要操纵区域，下面通过图文说明的方式（见表8-2-1），使初学者掌握各开关、按钮、仪表、指示灯及显示屏的操作方法。

表8-2-1 司机操纵台说明

工序	附图	名称	说明
1		司机室灯开关	调节挡司机室灯扳键开关，分为三挡，从前到后依次为“强光”“弱光”和“关”位
2		前照灯开关	前照灯扳键开关，分为三挡，从前到后依次为“远光”“近光”和“关”位
3		手动过分相按钮	带有防护盖、指示灯按钮。按下此按钮后，蓝色背光指示灯点亮并断开主断路器VCB
4		遮阳帘开关	自复式旋转开关。用于调整遮阳帘的升、降

续表

工序	附图	名称	说明
5	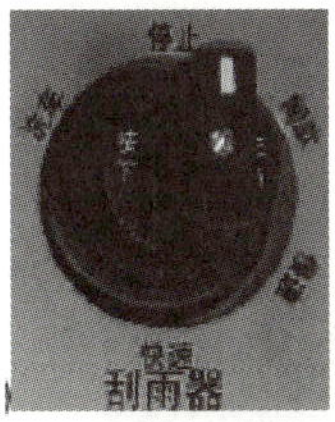	雨刮器开关	控制雨刮器的工作频率。按下此按钮后，进行前窗玻璃的清洗
6		前窗玻璃加热	带有指示灯的按钮。按下此按钮后，指示灯点亮，前窗开始加热，持续10 min后自动停止
7		停放制动施加按钮	带有防护盖、指示灯的按钮。按下此按钮后，红色背光指示灯点亮，施加停放制动。停放制动缓解后，红色背光指示灯熄灭
8		停放制动缓解按钮	带有指示灯的按钮。按下此按钮后，白色背光指示灯点亮，缓解停放制动。停放制动施加后，白色背光指示灯熄灭
9		清洁制动按钮	带有指示灯的按钮。按下后，白色背光指示灯点亮，实施清洁制动；松开按钮后，白色指示灯熄灭，停止清洁制动
10		保持制动按钮	带有防护盖、指示灯的按钮。按下此按钮后，绿色背光指示灯熄灭，缓解保持制动；松开按钮后，绿色背光指示灯点亮，恢复保持制动

续表

工序	附图	名称	说明
11		比例制动按钮	带有指示灯的按钮。按下此按钮后，黄色背光指示灯点亮，操作司控器手柄进行制动时，进入比例制动模式
12		司机警惕手动按钮	自复式按钮。按下此按钮后，重置报警周期
13		司机警惕脚踏板	自复式踏板。踩踏或释放后重置报警周期
14	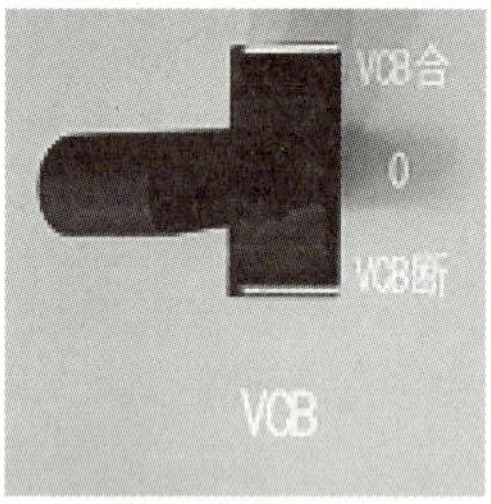	VCB 开关	自复式扳键开关，两挡。向前，闭合主断路器；向后，断开主断路器
15	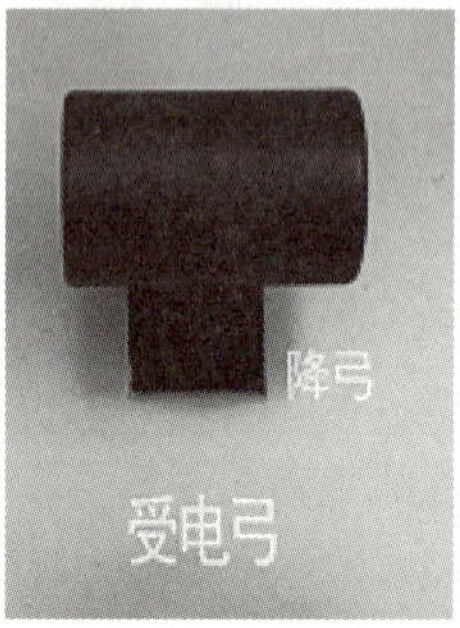	受电弓开关	自复式扳键开关，两挡。向前，进行升弓操作；向后，进行降弓操作
16	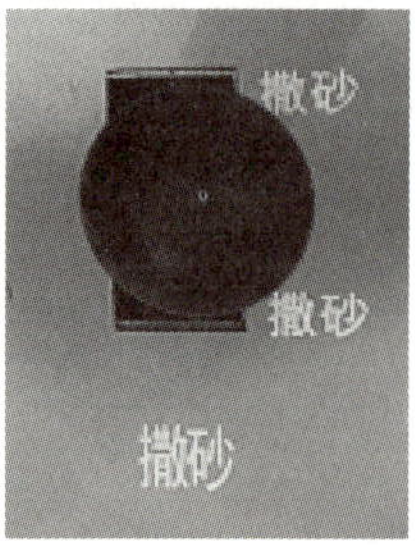	撒砂开关	自复式扳键开关，两挡。向前，单车撒砂；向后，多车撒砂

续表

工序	附图	名称	说明
17	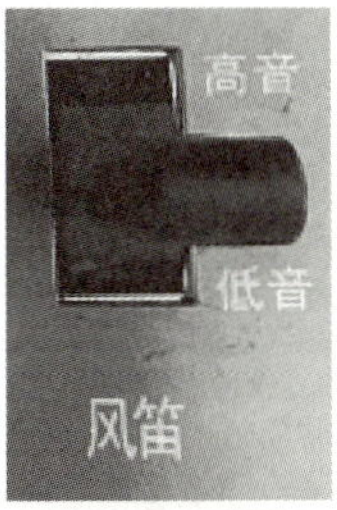	风笛开关	自复式扳键开关，两挡。向前，高音风笛鸣响；向后，低音风笛鸣响
18	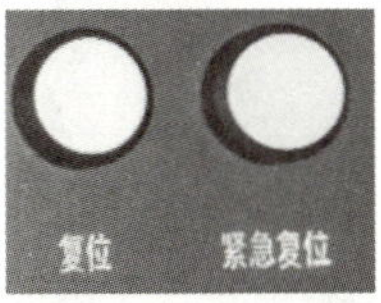	复位按钮	进行故障处置时操作
		紧急复位按钮	通过与司控器手柄配合，复位紧急制动 EB、UB
19		乘客报警旁路按钮	带有防护盖、指示灯的按钮。按下此按钮后，红色背光指示灯熄灭，缓解因拉动“乘客紧急制动”手柄产生的制动
20	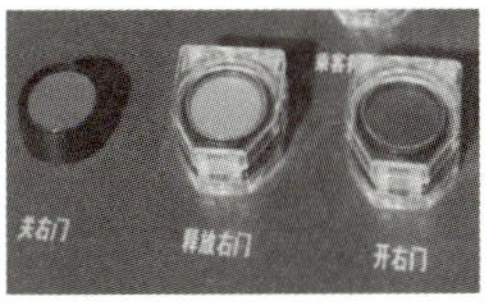	释放右门按钮	带有防护盖、指示灯的按钮。按下此按钮后，黄色背光指示灯点亮，释放动车组右侧全部车门
		开右门按钮	带有防护盖、指示灯的按钮。按下此按钮后，红色背光指示灯点亮，集控打开动车组右侧全部车门
		关右门按钮	自复位按钮。按下此按钮后，关闭动车组右侧全部车门
21	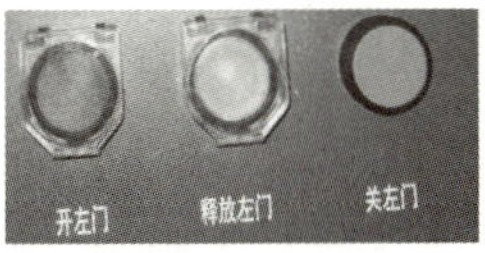	释放左门按钮	带有防护盖、指示灯的按钮。按下此按钮后，黄色背光指示灯点亮，释放动车组左侧全部车门
		开左门按钮	带有防护盖、指示灯的按钮。按下此按钮后，红色背光指示灯点亮，集控打开动车组左侧全部车门
		关左门按钮	自复位按钮。按下此按钮后，关闭动车组左侧全部车门
22		紧急断电按钮	自锁式按钮。按下此按钮后，立即断开 VCB、降下受电弓

续表

<table>
<tr><th>工序</th><th>附图</th><th>名称</th><th>说明</th></tr>
<tr><td>23</td><td>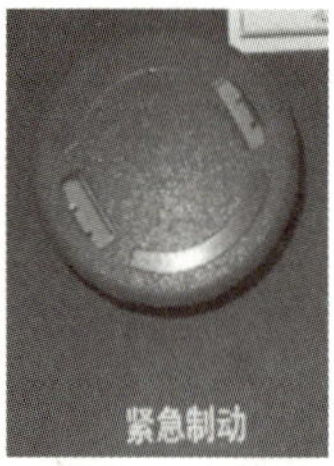</td><td>紧急制动按钮</td><td>自锁式按钮。按下此按钮后，立即产生紧急制动 UB</td></tr>
<tr><td>24</td><td>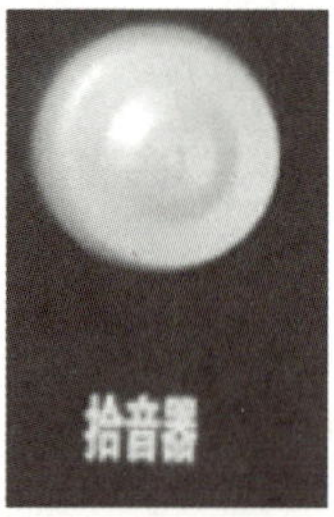</td><td>拾音器</td><td>EOAS 数据系统的声音采集设备</td></tr>
<tr><td rowspan="2">25</td><td rowspan="2">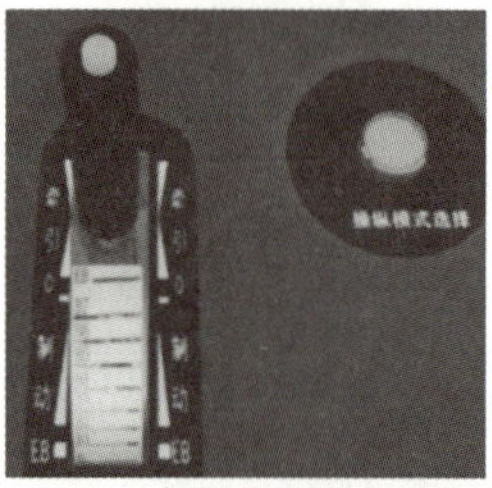</td><td>司控器手柄</td><td>操纵动车组的牵引、制动</td></tr>
<tr><td>操纵模式选择</td><td>用于“速度模式”与“级位模式”间操纵模式的切换</td></tr>
<tr><td>26</td><td>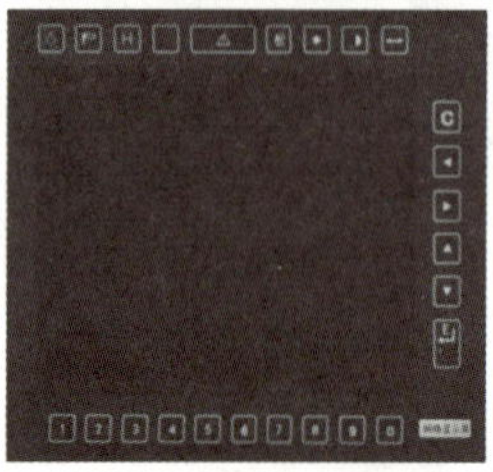</td><td>左、右 HMI</td><td>车载信息监控装置显示屏</td></tr>
<tr><td rowspan="2">27</td><td rowspan="2">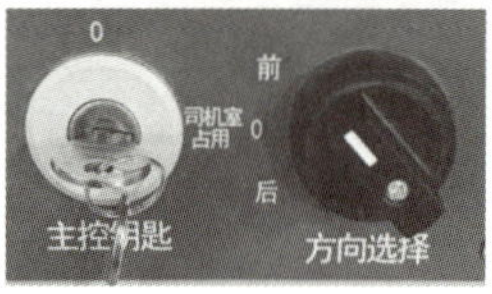</td><td>主控钥匙</td><td>司机室占用控制</td></tr>
<tr><td>方向选择开关</td><td>转换开关，三挡。用于动车组运行方向控制</td></tr>
</table>

五、实训考核标准（见表8-2-2）

表 8-2-2　实训考核标准

项　目	标　准	配分	得分
司机室布局考核	能简述动车组司机室布局	30 分	
司机操纵台考核	能简述司机操纵台的主要设备	30 分	
司机操纵台设备功能	能简述司机室操纵台各设备的功能	40 分	

六、思考题

（1）CR400AF 型动车组司机室包含哪些设备？
（2）CR400AF 型动车组司机室操纵台有哪些设备？其功能是什么？

任务三　动车组车顶设备认知

一、实训目的

通过对本任务的学习，使初学者对动车组车顶设备有初步的认识。以 CRH380B 型动车组车顶模型、实物和教学课件为学习载体，通过教学使学生熟悉动车组车顶设备的组成与功能。

二、专业知识

1. 动车组高压系统构成及设备分布

高压系统由受电弓、真空断路器、接地保护开关、避雷器、高压隔离开关、电压互感器、电流互感器、高压接头、高压电缆等组成。高压设备连接采用高压设备箱整体密封结构，除受电弓和网侧避雷器外的其他高压设备均安装在车下高压设备箱内，车顶高压电缆采用内绝缘直接电缆跨接，如图 8-3-1 所示。

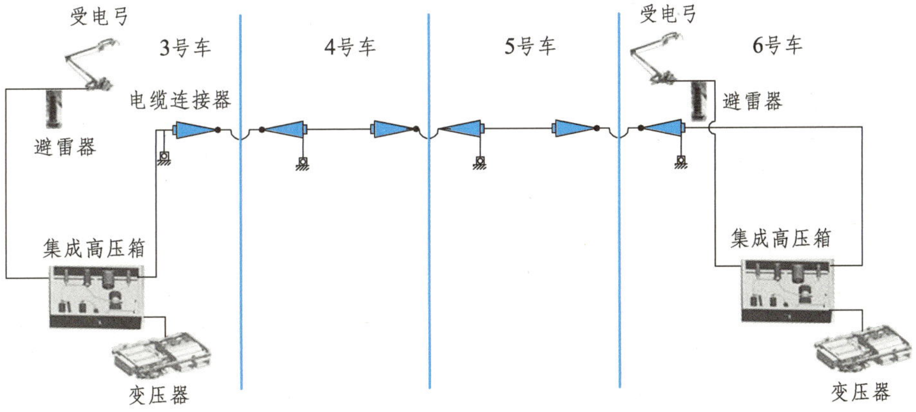

图 8-3-1　动车组高压系统设备配置

真空断路器置于受电弓后级，受电弓故障时可通过真空断路器隔离。真空断路器可控制两个高压单元，工作时仅需一个真空断路器动作。受电弓侧故障可通过断路器隔离，主干路故障可通过真空断路器保护，某一个高压单元故障可通过隔离开关切除。

2. 动车组高压系统原理

隔离开关可隔离对应的高压单元；通过真空断路器可对故障受电弓、电压互感器、电流互感器等进行隔离；每个高压单元通过电流、电压互感器进行检测，实施过压、过流保护；每个高压单元设置 2 个避雷器，实现高压回路过电压两级保护。高压系统原理如图 8-3-2 所示。

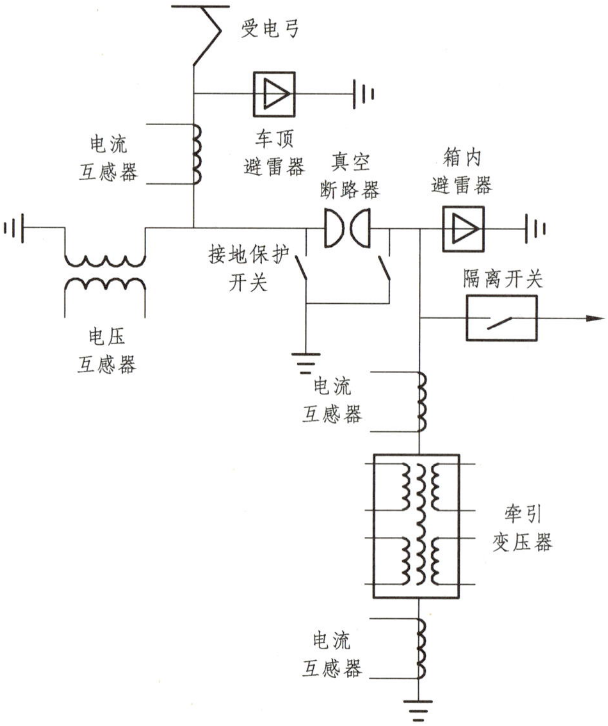

图 8-3-2　动车组高压系统原理

三、实训要求

1. 实训时间

教学课时为 2 课时。

2. 实训形式

学生每 5 人组成一个工作小组，各小组根据实训课程任务制订实训实施方案，每个小组有一名组长，组长协助老师指导本组学生进行实训。

3. 实训注意事项

（1）未经教师或管理员允许不得擅自操作。

（2）需严格按照上电顺序上电。

4. 工器具材料准备

（1）防护用品：防滑鞋、绝缘手套、工作服等。

（2）个人用品：笔、笔记本等。

四、实训作业步骤

在动车组设备维护与检修演练场内，以动车组车顶设备模型、多媒体教学课件为载体，掌握动车组车顶设备的基本组成及各组成设备的功能。

CRH380B 型动车组车顶设备主要由受电弓、避雷器、电压互感器、主断路器、接地开关、电流互感器、隔离开关等组成，如图 8-3-3 所示。

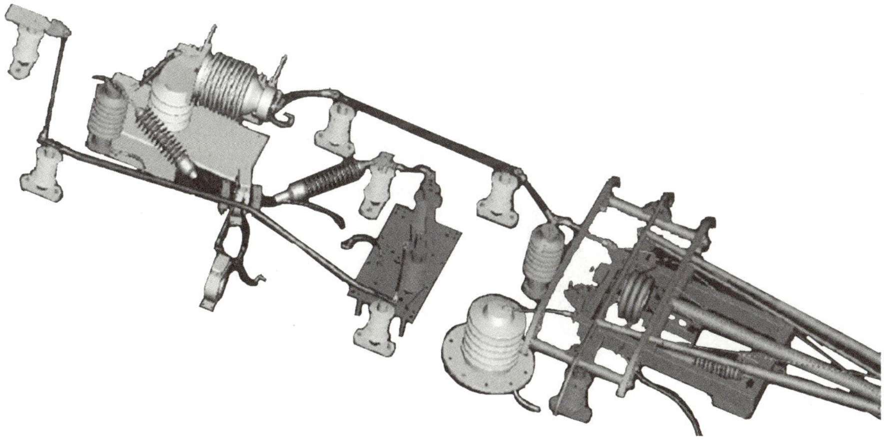

图 8-3-3　动车组车顶设备组成

1. 受电弓

CRH380B 型动车组采用 CX 型主动控制的单臂受电弓，如图 8-3-4 所示。该产品符合 EN50206-1 标准，弓头为单滑板受电。气动控制测板及受电号控制器（PCU）安装在车内。受电弓控制器的电气接口为 DC 110 V，通过 MVB 总线与本车终端单元进行通信。

图 8-3-4　CX 型主动控制的单臂受电弓

2. 避雷器

避雷器安装在受电弓的右后方，用于保护列车及后段的电气系统，防止过压通过接触线进入列车（如闪电过压）。位于变压器原边前段的避雷器用于吸收主变压器不能承受的开关产生的电压。避雷器符合 EN60099-5 要求，如图 8-3-5 所示。

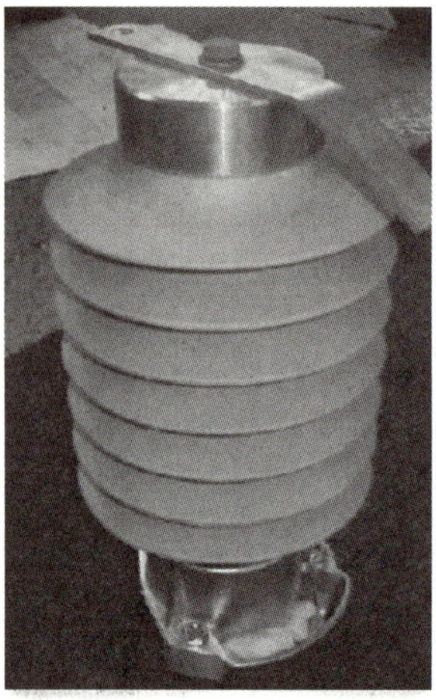

图 8-3-5　避雷器

3. 电压互感器

电压互感器位于受电弓与主断路器之间，其主要作用是检测接触网电压，将检测的信号提供给列车网络控制系统及相应的牵引变流器，以便相应系统进行控制与保护。电压互感器符合 EN60044-2 和 EN60044-2/A1 要求，如图 8-3-6 所示。

图 8-3-6　电压互感器

4. 主断路器

CRH380 型动车组采用 BVACN99 型主断路器。主断路器设计成单极真空断路器，内置有弹簧式压缩空气作动器以及真空电弧放电室，如图 8-3-7 和图 8-3-8 所示。主断路器通过电磁阀线圈得电，压缩空气推动作动器后关闭，主触点闭合的同时，开启弹簧被锁住。开启过程通过电磁触发（通过切断保持电流）。主断路器从总风管获得压缩空气。在列车整备时，可以从辅助空气压缩机获取压缩空气。

5. 电流互感器

电流互感器安装在 Tc 车的车顶，在变压器上安装有回流电流互感器，如图 8-3-9 所示。电流互感器的主要作用是将检测的电流信号提供给列车网络控制系统，以便对列车进行控制与保护。

图 8-3-7　主断路器

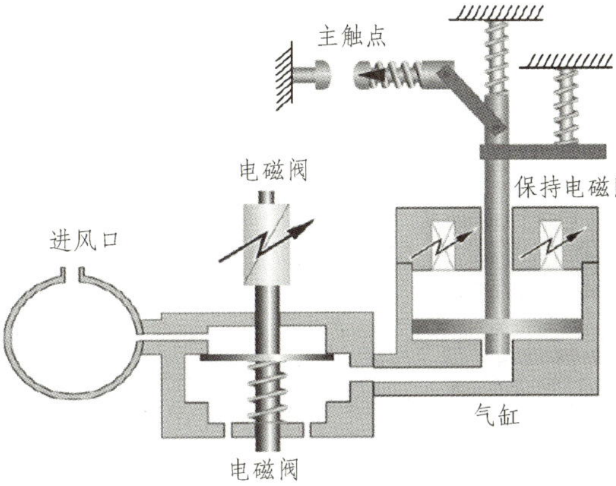

图 8-3-8　主断路器原理

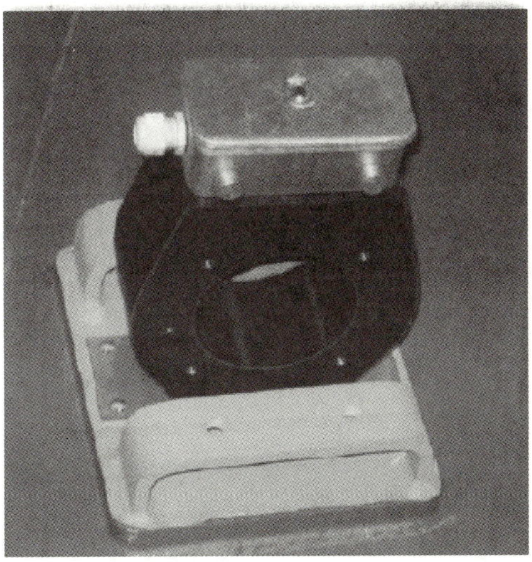

图 8-3-9　电流互感器

6. 隔离开关

隔离开关安装在 Tc 车的车顶，其主要作用是在牵引单元或者车顶高压电缆出现故障时，隔离相应的牵引单元，如图 8-3-10 所示。正常状态下隔离开关处于闭合状态。隔离开关的断开与闭合由压缩空气驱动。

图 8-3-10　隔离开关

五、实训考核标准（见表8-3-1）

表 8-3-1　实训考核标准

项　目	标　准	配分	得分
动车组车顶设备布置	能简述动车组车顶设备布置	20 分	
动车组车顶主要设备	能简述动车组车顶主要设备	20 分	
动车组车顶主要设备的功能	能简述动车组车顶主要设备的功能	60 分	

六、思考题

（1）动车组车顶设备都有哪些？

（2）动车组车顶设备的功能是什么？

任务四　动车组牵引变压器、变流器认知

一、实训目的

通过对本任务的学习，使初学者对动车组牵引变压器、变流器有初步的认知。以动车组牵引变压器、变流器模型、实物和教学课件为学习载体，通过教学使学生熟悉动车组牵引变压器、变流器的相关功能。

二、专业知识

1. 牵引变压器的结构及原理

牵引变压器是动车组上的重要部件，用来把接触网上取得的 25 kV 高压电变换为供给变流器及其他电器工作所适合的电压。

变压器中最主要的部件是铁心和绕组，它们构成了变压器的本体。变压器的铁心既是磁路，又是套装绕组的骨架。按照铁心的结构，变压器可分为芯式和壳式两种。芯式结构的绕组装配和绝缘比较容易，所以电力变压器常常采用芯式结构。壳式变压器的机械强度较好，常用于低压、大电流的变压器或小容量电流变压器。

绕组是变压器的电路部分，用纸包或纱包的绝缘扁线或圆线绕成。其中，输入电能的绕组称为原边绕组，输出电能的绕组称为牵引绕组，它们通常套装在同一芯柱上。

原边、牵引绕组具有不同的匝数，通过电磁感应作用，原边绕组的电能可传递到牵引绕组，且使原边、牵引绕组具有不同的电压和电流。原边、牵引绕组的电压分别与绕组的匝数成正比，电流分别与绕组匝数成反比。牵引变压器如图 8-4-1 所示。

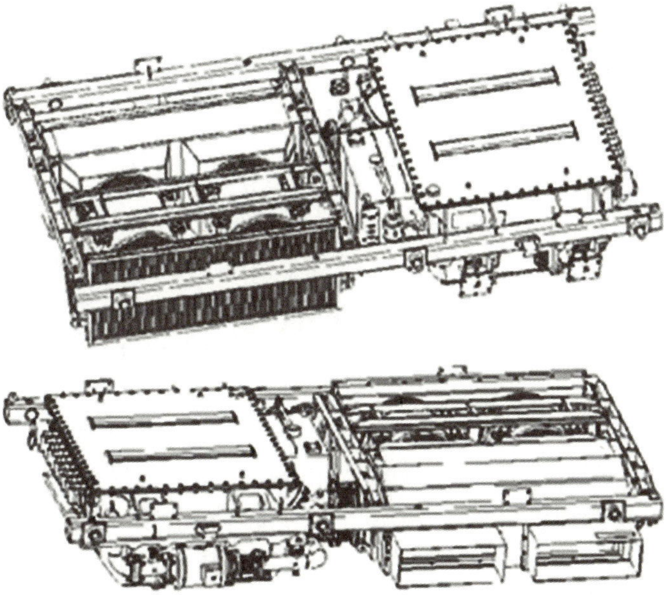

图 8-4-1　牵引变压器外观

2. 牵引变流器的结构及功能

动车组都采用交-直-交电力传动系统。即受电弓通过电网接入 25 kV 的高压交流电，输送给牵引变压器，降压成 1 500 V 的交流电。降压后的交流电再输入牵引变流器，通过一系列的处理，变成电压和频率均可控制的三相交流电，输送给牵引电机，通过电机的转动而牵引整个列车，如图 8-4-2 所示。

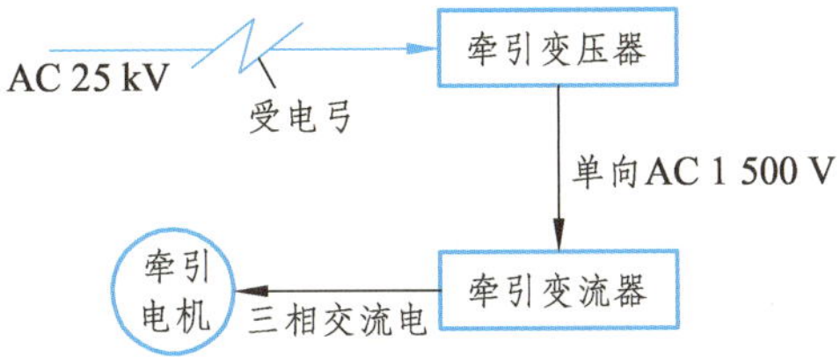

图 8-4-2　牵引系统示意图

牵引变流器主要用于控制牵引电机及辅助电路电源。牵引变流器由单相交流变为直流电力的整流器部分、直流电流变为三相交流以驱动电机的逆变器部分、吸收电压波动获得直流定压的中间直流电路部分、直流电流变为三相交流以供辅助设备的辅助逆变器部分等构成。以两辆动车（每辆动车安装一台变流器，两台变流器共用一个变压器）为一个基本单元，牵引传动系统关联如图 8-4-3 所示。

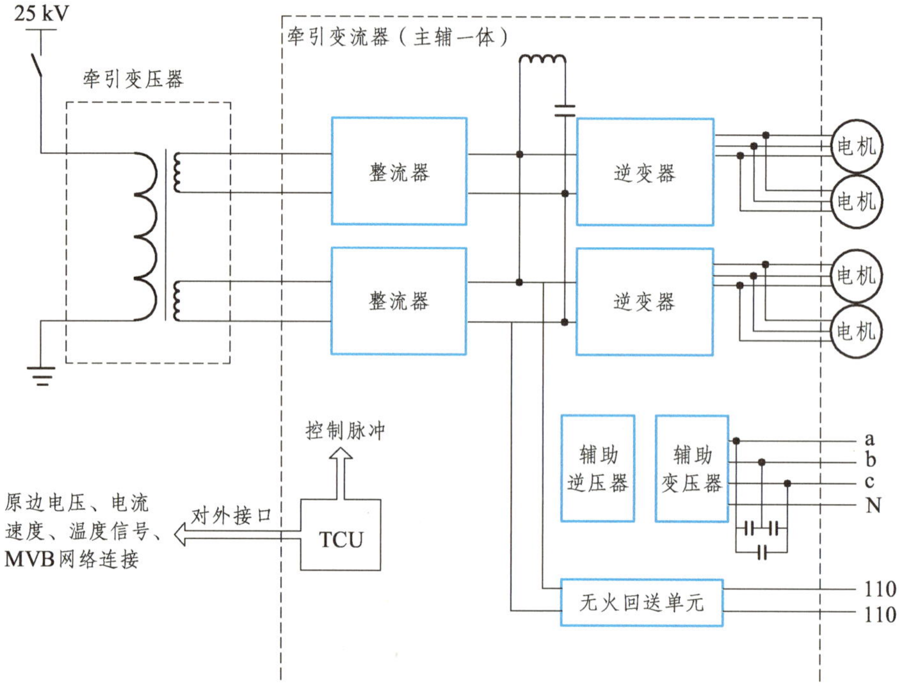

图 8-4-3　牵引传动系统关联

由受电弓将接触网单相交流 25 kV/50 Hz 的线电压，通过 VCB 与牵引变压器的 1 次侧绕组相连接。主电路由 VCB 来实施开闭。牵引变压器 2 次侧的 2 个牵引绕组分别在 1 次侧绕组的励磁作用下感应出 1 900 V（1 次侧为 25 kV 时）的电压，并输入牵引变流器的整流器部分。

每节动车搭载 1 台牵引变流器，在牵引运行时向牵引电机提供牵引力和制动时进行再生制动控制，此外还具有保护功能。

牵引电机使用三相鼠笼式感应电机，轴端设有速度传感器，用于向牵引变流器、制动控制装置发送转速信号（转子频率）。

三、实训要求

1. 实训时间

教学课时为 2 课时。

2. 实训形式

学生每 5 人组成一个工作小组，各小组根据实训课程任务制订实训实施方案，每个小组有一名组长，组长协助老师指导本组学生进行实训。

3. 实训注意事项

（1）未经教师或管理员允许不得擅自操作。

（2）需严格按照上电顺序上电。

4. 工器具材料准备

（1）防护用品：防滑鞋、绝缘手套、工作服等。

（2）个人用品：笔、笔记本等。

四、实训作业步骤

在动车组设备维护与检修演练场内，以动车组牵引变压器、变流器模型、多媒体教学课件为载体，掌握动车组牵引变压器、变流器的结构与功能。

1. 牵引变压器的设备构成

牵引变压器主要由变压器本体和冷却系统组成。其主要零部件如图 8-4-4 和表 8-4-1 所示。

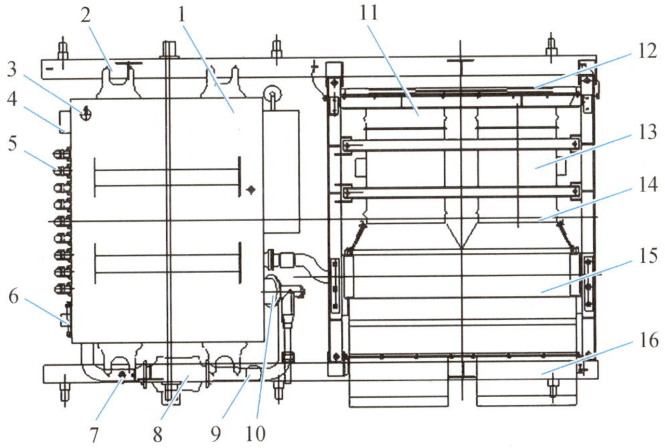

图 8-4-4　牵引变压器结构

表 8-4-1　牵引变压器主要零部件

工序	作业内容	作业标准	检查结果记录
1	变压器箱体		
	液位继电器		
	压力释放阀		
	低压端子		
	温度继电器		
	温度传感器		
	油泵		
	油流继电器		
	高压 A 端子/V 端子		

续表

工序	作业内容	作业标准	检查结果记录
2	过滤器		
	电动送风机		
	挠曲风道		
	油冷却器		
	出风道		

2. 牵引变流器的设备构成

牵引变流器装置包括整流器功率单元（2 台）、主逆变器功率单元（2 台）、辅助逆变器功率单元（1 台）等，具体构成如表 8-4-2 所示。

表 8-4-2 牵引变流器主要零部件

工序	作业内容	作业标准	检查结果记录
1	柜体		
2	整流器功率单元		
3	主逆变器功率单元		
4	DCU 装置		
5	充电电阻组件		
6	充电接触器		
7	短接接触器		
8	二次谐振电容器		
9	二次谐振电感器		
10	过压斩波电阻		
11	固定放电电阻		
12	四象限整流器输入电流传感器		
13	逆变器输出电流传感器		
14	斩波电流传感器		
15	中间直流回路电压传感器		
16	辅助逆变器功率单元		

五、实训考核标准（见表8-4-3）

表 8-4-3 实训考核标准

项　目	标　准	配分	得分
动车组牵引变压器的结构及原理	能简述动车组牵引变压器的结构及原理	50 分	
动车组牵引变流器的结构及原理	能简述动车组牵引变流器的结构及原理	50 分	

六、思考题

（1）动车组牵引变压器的作用是什么?

（2）动车组列车为什么要使用牵引变流器?

任务五　动车组转向架与牵引缓冲装置认知

一、实训目的

通过对本任务的学习，使初学者了解、掌握动车组转向架、牵引缓冲装置的结构及功能。以动车组转向架、牵引缓冲装置模型、实物和教学课件为学习载体，通过教学使学生熟悉动车组转向架和牵引缓冲装置的相关功能。

二、专业知识

轮轴组成包括车轮、车轴、制动盘、齿轮箱（仅 M 车）等。车轴均为空心结构，内孔直径 ϕ30 mm，可通过其进行超声波探伤；车轮新轮直径为 ϕ920 mm，磨耗到限为 ϕ850 mm。动车车轴中部安装齿轮箱，拖车车轴上安装有 3 个轴装制动盘。动车车轮为直腹板结构，并通过螺栓两侧安装轮装制动盘。拖车车轮为直腹板结构，并安装有降噪板或降噪块以减少轮轨噪声。动、拖车轮对如图 8-5-1 所示。

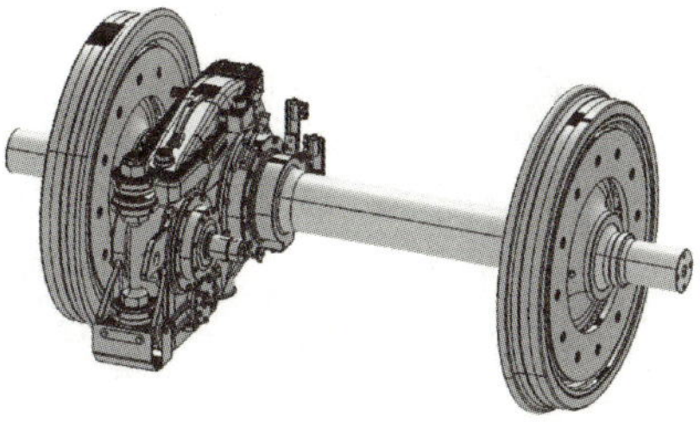

（a）动车轮对

（b）拖车轮对

图 8-5-1　动车组轮对

一系悬挂及轴箱组成为轴箱转臂式定位结构，由轴箱体、轴箱轴承、轴箱弹簧、一系垂向减振器、定位节点等组成。轴箱体上部为双圈螺旋钢弹簧，前端与构架间设置垂向减振器以吸收车辆振动能量，后部通过橡胶定位节点与构架连接。轴箱体采用铸钢材质，为分体式结构，上下箱体通过螺栓连接，更换轮对时可拆除轴箱下半部分。轴箱轴承采用自密封轴承。轴箱端部设置有速度传感器、接地装置等，不同轴位安装的部件不同。轴箱与构架间设有提吊装置，可防止构架异常抬升，同时起到吊装轮对的作用。一系悬挂及轴箱组成如图 8-5-2 所示。

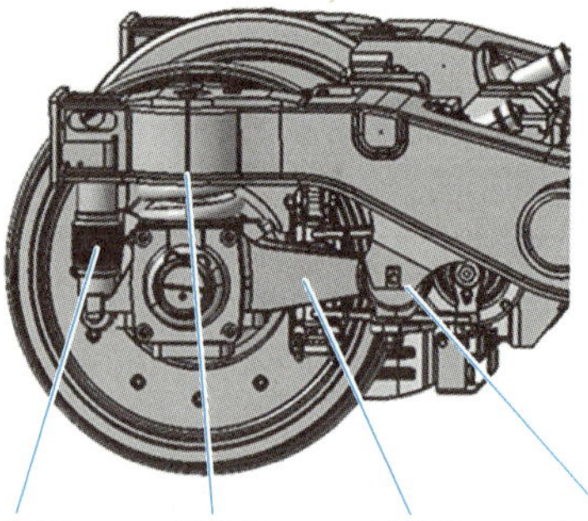

图 8-5-2　一系悬挂及轴箱组成

二系悬挂采用四点支撑，即每个转向架设置两个高度阀、一个差压阀。二系悬挂装置由空气弹簧、抗侧滚扭杆、二系横向油压减振器、单侧双抗蛇行减振器、自动高度调整装置、横向止挡等组成。当车体与构架间高度变化一定程度时，高度调整装置将作动，对空簧进行充气或排气，从而控制空簧高度。牵引方式采用单牵引拉杆方式，由中心销与牵引拉杆组成，牵引拉杆整体锻造。中心销上部与车体连接，侧面设整体提吊吊耳，可与构架横向止挡座配合，起到提吊作用。在转向架构架上设有垂向止挡，当空气弹簧异常过充时，牵引拉杆将与止挡相碰，从而防止过充对车辆的危害。当车轮磨耗到一定程度后，可在空气弹簧下部进行加垫以调整车体高度。二系悬挂如图 8-5-3 所示。

图 8-5-3　二系悬挂

动车转向架上设置有驱动装置，采用架悬式安装，并斜对称布置。牵引电机通过螺栓安装在构架上，前端在车轴上方设有止落结构。齿轮箱采用整体式铝合金箱体，为单级传动，一侧通过轴承安装在车轴上，另一侧通过垂直吊杆安装在构架上。吊杆采用饼状垂直吊杆结构，两端均设有橡胶减振及锁紧结构，上下均可调节和拆装。牵引电机与齿轮箱间通过挠鼓形齿联轴节连接，由两个半联轴节组成，分别与电机输出轴和齿轮箱输入轴连接，易于拆装。驱动装置安装如图 8-5-4 所示。

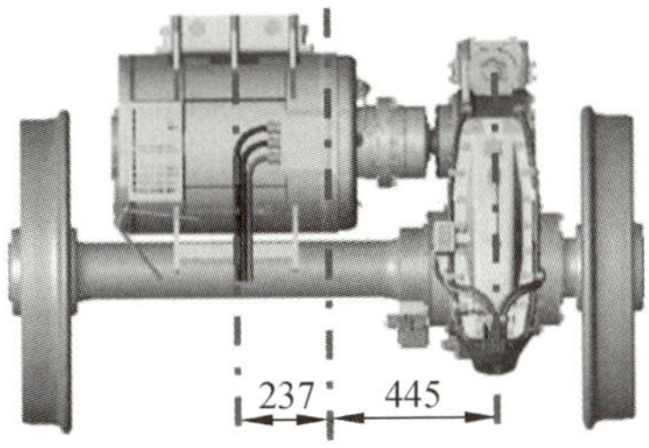

图 8-5-4　驱动装置

动车每个转向架设 4 套轮盘制动装置，制动夹钳为气动式，闸片与制动盘间隙可调整。拖车每个转向架设 6 套轴盘制动装置。除 1、8、9、16 车 1 位转向架外，其他拖车转向架中间制动盘处设停放制动装置，即制动夹钳带停放制动功能，总计共 24 套。当需要手动缓解停放功能时，可通过设置于转向架两侧的手制动缓解装置进行缓解。每个制动夹钳在转向架两侧均有缓解装置，以便于操作。闸片与夹钳的接口统一，可互换。在转向架上设置有踏面清扫装置，其端部的研磨子与车轮踏面摩擦，从而起到稳定轮轨黏着的作用。具体如图 8-5-5 所示。

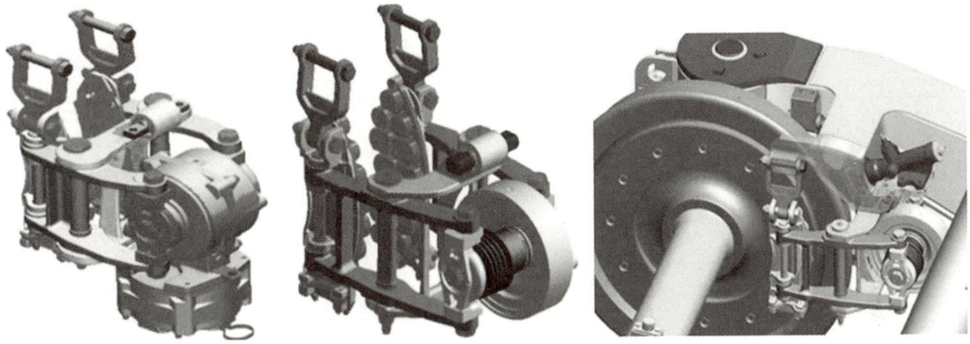

（a）停放制动夹钳　（b）普通夹钳　（c）动车夹钳、踏面清扫安装

图 8-5-5　三点吊挂式制动夹钳

三、实训要求

1. 实训时间

教学课时为 2 课时。

2. 实训形式

学生每 5 人组成一个工作小组，各小组根据实训课程任务制订实训实施方案，每个小组有一名组长，组长协助老师指导本组学生进行实训。

3. 实训注意事项

（1）未经教师或管理员允许不得擅自操作。

（2）需严格按照上电顺序上电。

4. 工器具材料准备

（1）防护用品：防滑鞋、绝缘手套、工作服等。

（2）个人用品：笔、笔记本等。

四、实训作业步骤

1. 动车组转向架结构（见表 8-5-1）

表 8-5-1　动车组转向架结构

工序	作业内容	作业标准	检查结果记录
1	检查动车组构架		
2	检查轮对轴箱定位装置		
3	检查二系悬挂装置		
4	检查牵引装置		
5	检查基础制动装置		
6	检查驱动装置		
7	检查轴端装置		
8	检查辅助装置		

2. 前端车钩缓冲装置（见表 8-5-2）

表 8-5-2　前端车钩缓冲装置

工序	作业内容	作业标准	检查结果记录
1	检查连挂系统		
2	检查缓冲系统		
3	检查安装吊挂系统		
4	检查后压溃管		
5	检查连接环		

3. 中间车钩缓冲装置（见表 8-5-3）

表 8-5-3　中间车钩缓冲装置

工序	作业内容	作业标准	检查结果记录
1	检查安装座		
2	检查钩尾销		
3	检查拉环橡胶轴承		
4	检查缓冲系统		
5	检查连接环		
6	检查风管连接器		

五、实训考核标准（见表8-5-4）

表 8-5-4　实训考核标准

项　目	标　准	配分	得分
动车转向架的结构和功能	能简述动车转向架的结构和功能	25 分	
拖车转向架的结构和功能	能简述拖车转向架的结构和功能	25 分	
动车组牵引缓冲装置的分类	能简述动车组牵引缓冲装置的分类	10 分	
前端车钩缓冲装置的结构与功能	能简述前端车钩缓冲装置的结构与功能	20 分	
中间车钩缓冲装置的结构与功能	能简述中间车钩缓冲装置的结构与功能	20 分	

六、思考题

（1）动车组转向架的结构组成有哪些？

（2）动车组缓冲装置分为哪几种？其结构组成有哪些？

任务六　动车组行车安全装备认知

一、实训目的

通过对本任务的学习，使初学者了解、掌握动车组行车安全装备的结构及功能。以动车组行车安全装备的模型、实物和教学课件为学习载体，通过教学使学生熟悉动车组行车安全装备的相关功能。

二、专业知识

1. CTCS-3 级列控系统

CTCS-3 级列控系统基于 GSM-R 无线通信实现车地信息双向传输，无线闭塞中心生成行车许可，轨道电路实现列车占用检查，应答器实现列车定位，并具备 CTCS-2 级功能。

CTCS-3 级列控系统由列控车载设备和地面设备组成。

列控车载设备主要由车载安全计算机、轨道电路信息读取器、应答器信息接收单元、列车接口单元、记录单元、人机界面、GSM-R 无线通信单元等部件组成。

列控地面设备由列控中心、临时限速服务器、ZPW-2000 系列轨道电路、应答器、无线闭塞中心（RBC）、GSM-R 接口设备等组成。

CTCS-2/CTCS-3 级区段临时限速服务器集中管理列控限速调度命令，具备列控限速调度命令的存储、校验、撤销、拆分、设置、取消等管理功能，具备列控限速设置时机的辅助提示功能。

CTCS-3 级区段应答器提供线路数据、临时限速、过分相、定位、级间转换、公里标、车站名、无线闭塞中心切换等信息。应答器组设置、报文定义及组间距离等应满足列控车载设备的控车要求。

CTCS-3 级列控车载设备按 CTCS-3 级控车时的模式有完全监控、引导、目视行车、调车、休眠、隔离和待机等模式；CTCS-3 级列控车载设备按 CTCS-2 级控车时的模式有完全监控、部分监控、引导、目视行车、调车、休眠、隔离、待机和机车信号等模式。

CTCS-3 级列控车载设备有 7 种模式。

（1）完全监控模式是列车的正常运行模式。列控车载设备根据控车数据自动生成目标距离模式曲线，司机依据人机界面显示的列车运行速度、允许速度、目标速度和目标距离等信息控制列车运行。

（2）引导模式是在进站或出站建立引导进路后，列控车载设备按照最高限速 40 km/h 控车的模式。

（3）目视行车模式是司机控车的固定限速模式，限速值为 40 km/h。列控车载设备显示停车信号或位置不确定时，在停车状态下司机按规定操作转入目视行车模式。

（4）调车模式是动车组进行调车作业的固定限速模式，限速值为 40 km/h。司机按压专用按钮使列控车载设备转入调车模式。只有在列车停车时，司机才可以选择进入或退出调车模式。CTCS-3 级控车时，只能在车站内转入调车模式。

（5）休眠模式是非本务端车载设备不监控列车运行，但仍执行列车定位、记录等级转换等功能的模式。

（6）隔离模式是列控车载设备控制功能停用的模式。列车停车后，根据规定，司机操作隔离装置使列控车载设备转入隔离模式。

（7）待机模式是列控车载设备上电后的默认模式。列控车载设备自检和外部设备测试后，自动处于待机模式。在待机模式下，列控车载设备正常接收轨道电路及应答器信息。

2. CTCS-2 级列控系统

CTCS-2 级列控系统基于轨道电路和点式应答器传输行车许可信息，采用目标距离连续速度控制模式监控列车运行。CTCS-2 级列控系统由列控车载设备和地面设备组成。

列控车载设备主要由车载安全计算机、轨道电路信息读取器、应答器信息接收单元、列车接口单元、记录单元、人机界面等部件组成。

列控地面设备由列控中心、临时限速服务器、ZPW-2000 系列轨道电路、应答器等设备组成。

CTCS-2 级区段应答器提供线路数据、临时限速、级间转换等信息。应答器组设置、报文定义及组间距离等应满足列控车载设备的控车要求。装备 CTCS-2 级列控车载设备的动车组应装设 LKJ 设备。

CTCS-2 级列控车载设备的控车模式有完全监控、部分监控、引导、目视行车、调车、隔离和待机 7 种模式。

（1）完全监控模式是列车的正常运行模式。列控车载设备根据控车数据自动生成目标距离模式曲线，司机依据人机界面显示的列车运行速度、允许速度、目标速度和目标距离等信息控制列车运行。

（2）部分监控模式是列控车载设备接收到轨道电路允许的行车信息，而缺少应答器提供的线路数据或限速数据时使用的模式。在部分监控模式下，限速值为 45 km/h。

（3）引导模式是在进站或出站建立引导进路后，列控车载设备按照最高限速 40 km/h 控车的模式。

（4）目视行车模式是司机控车的固定限速模式，限速值为 40 km/h。列控车载设备显示停车信号停车后，司机按规定操作转入目视行车模式。

（5）调车模式是动车组进行调车作业的固定限速模式，限速值为 40 km/h。司机按压专用按钮使列控车载设备转入调车模式。只有在列车停车时，司机才可以选择进入或退出调车模式。

（6）隔离模式是列控车载设备控制功能停用的模式。列车停车后，根据规定，司机操作隔离装置使列控车载设备转入隔离模式。

（7）待机模式是列控车载设备上电后的默认模式。列控车载设备自检后，自动处于待机模式。在待机模式下，列控车载设备正常接收轨道电路及应答器信息。

动车组行车安全装备主要包括 ATP、CIR 等。其中，ATP 的主要功能有防超速、应答器信息接收、轨道电路信息接收、列车速度距离计算、制动指令输出、防止列车溜逸等；CIR 主要用于与车站调度员联控通话，并具有接收列车进路预告信息及调度命令的功能。

3. ATP 车载设备的组成与功能

ATP 车载设备主要有车载计算机、轨道电路信息接收模块 STM、人机界面 DMI、应答器接收模块 BTM、速度传感器、应答器天线、轨道电路天线等，设备组成如图 8-6-1 和图 8-6-2 所示。

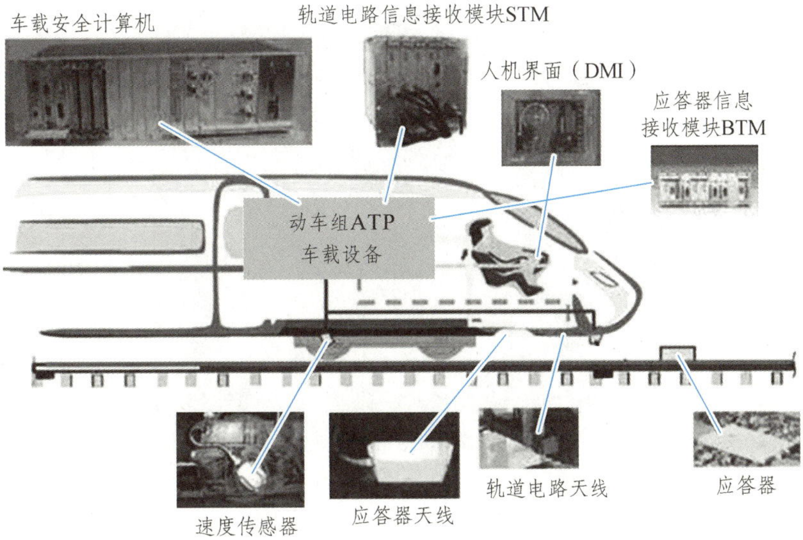

图 8-6-1　ATP 车载设备组成

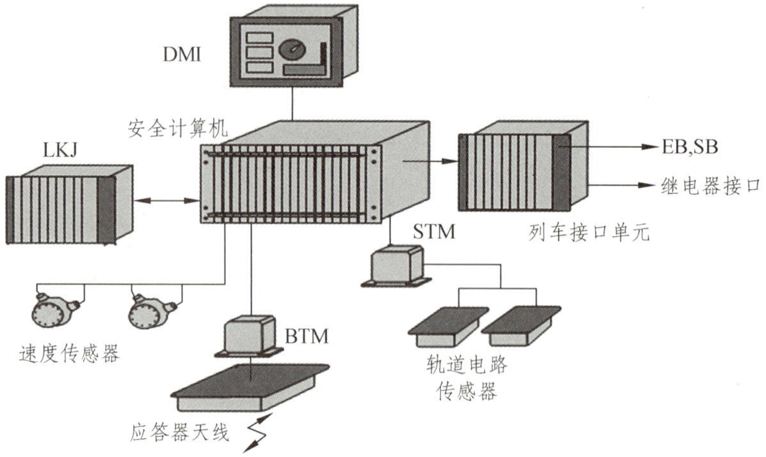

图 8-6-2　ATP 车载设备系统结构

1）车载安全计算机（VC）

VC 基于两个处理器，实时比较安全等级——SIL4 级。为了提高系统的可用性，采用第三个处理器。该处理方式基于两个不同应用处理器同时执行应用软件，并采用故障-安全检测器对这些处理器的输出进行比较。如果输出相同，检测器将给出相关输出；若存在任何差异，检测器将输出设置为限制状态。

2）应答器信息接收模块（BTM）

一个 BTM 模块包含电源板、接收板、传输板和接口板，如图 8-6-3 和图 8-6-4 所示。BTM 是一个采用 2 取 2 技术的故障-安全模块。它通过应答器信息接收天线接收地面应答器的信息，并通过一个专用信息接口和安全计算机同步。同时，它还提供了通过应答器中点的确切时间。这一时间足够精确，能够让 ATP 车载设备在几厘米的准确范围内进行列车定位校准。

图 8-6-3　应答器信息接收模块（BTM）

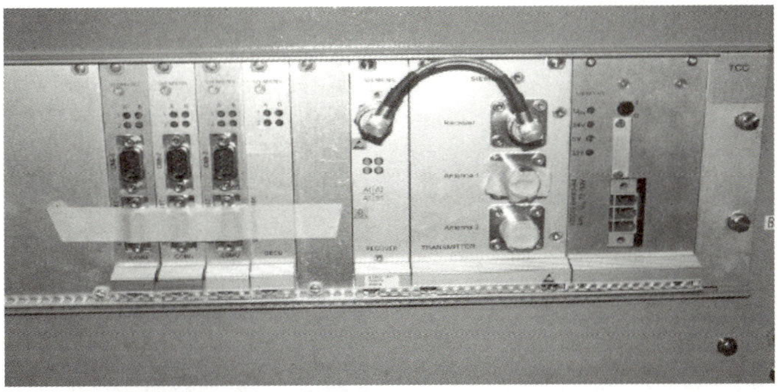

图 8-6-4　应答器信息传输模块（BTM）

3）连续信息接收模块（STM）

STM 模块是安全模块，可接收 ZPW-2000 系列轨道电路 4 信息、8 信息、18 信息等传统移频轨道电路信息，如图 8-6-5 和图 8-6-6 所示。STM 及时传输地面轨道电路信息给安全计算机（VC）和列车运行监控记录装置。

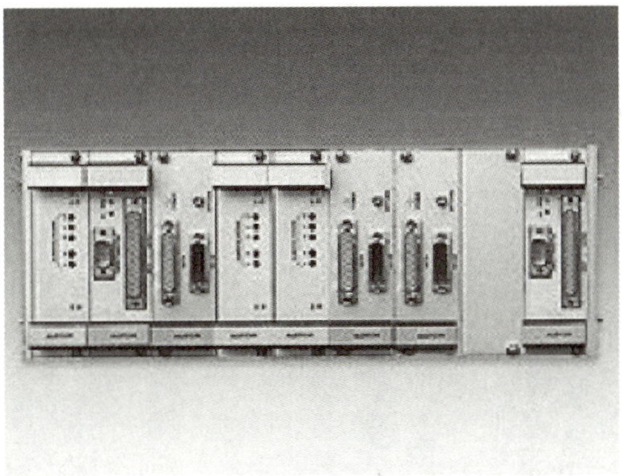

图 8-6-5　连续信息接收模块（STM）

图 8-6-6　轨道电路信息接收模块（STM）

4）人机界面（DMI）

司机操纵界面 DMI 配备有带按钮的液晶显示器，屏幕尺寸为 10 英寸，显示单元安装在驾驶室，便于设备通风，且避免阳光直射，如图 8-6-7 所示。ATP 具备独立的输入手段，全部信息通过 ATP 车载设备输入，但非安全信息也可由列车运行监控记录装置提供。

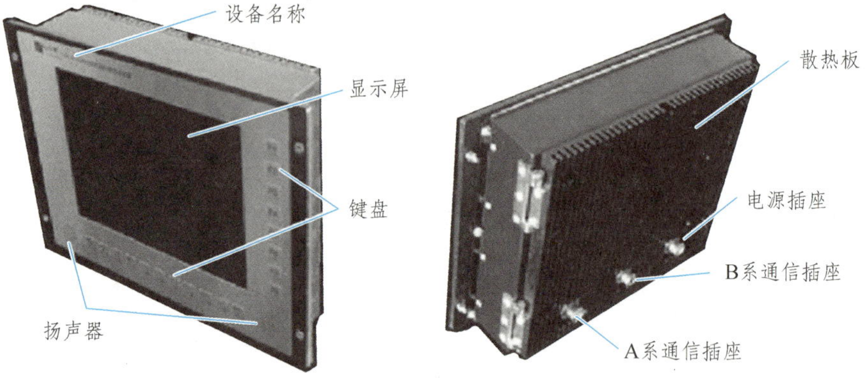

图 8-6-7　人机界面（DMI）

5）记录单元（DRU）

内部记录器 DRU 主要用于设备状态和故障信息以及各种事件的记录，如图 8-6-8 所示。事件包括司机对 ATP 设备的操作、轨道电路信息、ATP 与机车的信息交换等，维修人员可通过专用计算机或 IC 卡等进行数据下载。

图 8-6-8　记录单元（DRU）

6）速度传感器

ATP 车载设备的测速系统要求配置两套速度传感器，这两套速度传感器需要独立于机车配置，但可以为机车及其他车载设备提供速度通道，如图 8-6-9 所示。

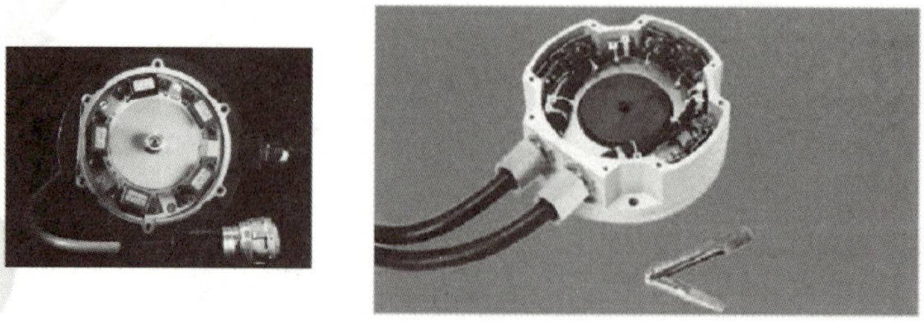

图 8-6-9　速度传感器

4. CIR 车载设备的组成与功能

机车综合无线通信设备（CIR）是中国铁路下一代铁路无线通信系统中的机车设备，具有功能强大、标准化程度高、操作灵活的特点。CIR 具有 GSM-R 和 450 MHz 两种工作模式，在两种模式下均能完成列车调度通信、车次号传送、调度命令传送、列尾风压信息传送等功能。在 GSM-R 模式下，可利用预留的数据接口实现机车将来可能扩展的数据传送功能，具有极强的功能扩展性。CIR 由主机、操作显示终端（简称“MMI”）、送受话器、扬声器、打印终端、天线及连接电缆等组成，如图 8-6-10 所示。

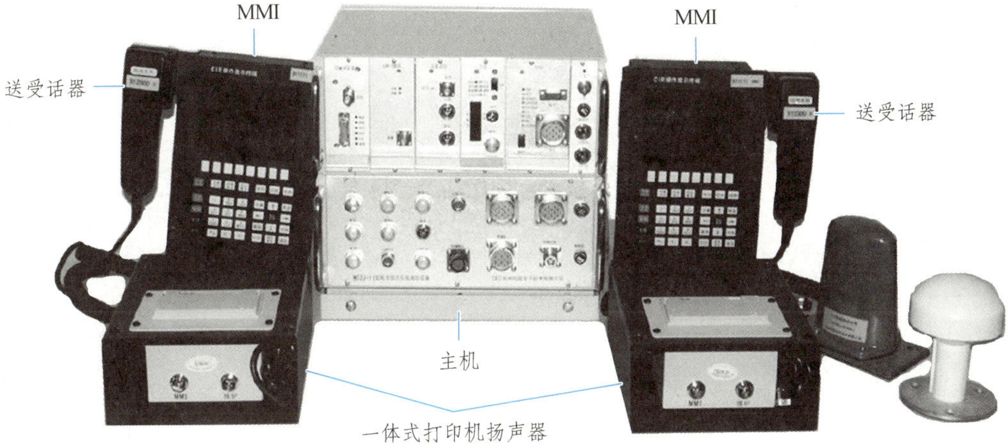

图 8-6-10　CIR 设备组成

CIR 主机包括电源单元、电池单元、GSM-R 语音单元、GSM-R 数据单元、GPS 单元、记录单元、主控单元、450 MHz 机车电台单元、数据接口单元等，如图 8-6-11 所示。

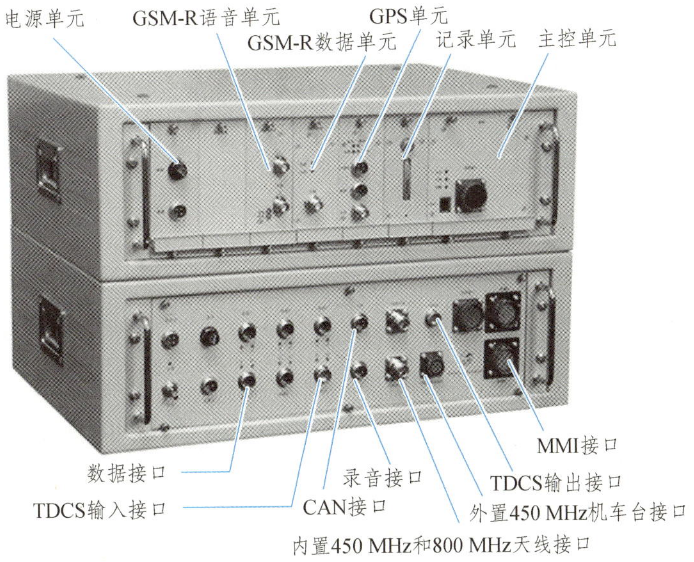

图 8-6-11　CIR 主机组成

CIR 操作显示单元（MMI）包括液晶显示屏以及功能按键，如图 8-6-12 所示。

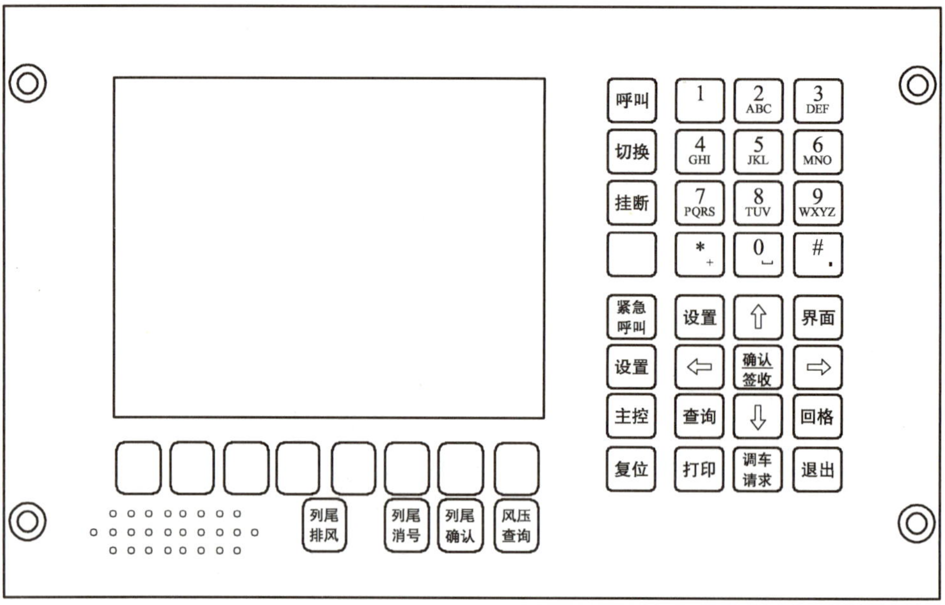

图 8-6-12　横向式 MMI 面板示意图

图 8-6-12 中空白部分为 5.7 英寸彩色液晶显示屏，显示 CIR 当前的工作状态以及按键操作的结果。操作按键部分主要分为功能键和拨号键，各按键功能定义如下：

报警按键用于发送 800 MHz 二次防护报警信息。

紧急呼叫按键用于发起 GSM-R 铁路紧急呼叫。

呼叫按键在完成拨号后按该键进行呼叫，在副控状态下按该键呼叫另一个操作终端。

切换按键用于呼叫等待时通话间的切换、快捷线路选择等。

挂断按键用于挂断通话。

数字及字母按键用于拨号、输入车次号、输入机车号、快捷项目选择等。

设置按键用于进入设置界面。

界面按键用于调度通信、调度命令等不同界面之间的切换。

查询按键用于查询调度命令等信息。

回格按键用于删除已输入的字符。

打印按键用于打印调度命令等信息。

调车请求按键用于发送调车请求信息。

[退出]按键用于返回上级界面。

[⇦]、[⇧]、[⇨]、[⇩]按键用于移动光标、调节音量、翻页、调节亮度等。

[复位]按键应能对整机进行重新启动。

[主控]按键实现副控状态到主控状态的切换。

[确认签收]按键用于确定选择信息、调度命令签收等。

[列尾排风]、[列尾消号]、[列尾确认]、[风压查询]按键用于完成列尾规定的功能。

八个功能按键根据工作模式定义按键功能，用于调度通信的呼叫。

MMI 主界面如图 8-6-13 所示。

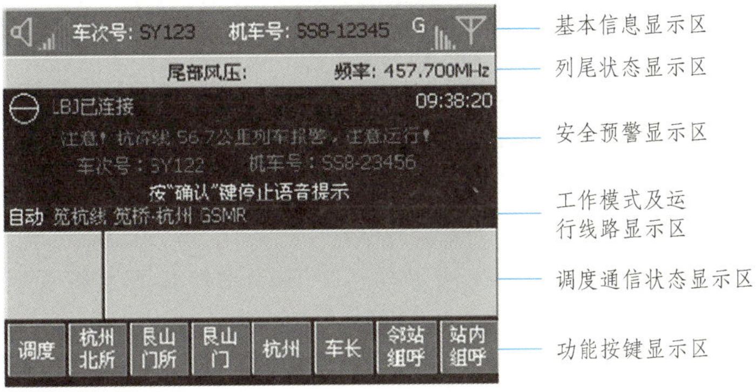

图 8-6-13　MMI 主界面

三、实训要求

1. 实训时间

教学课时为 2 课时。

2. 实训形式

学生每 5 人组成一个工作小组，各小组根据实训课程任务制订实训实施方案，每个小组有一名组长，组长协助老师指导本组学生进行实训。

3. 实训注意事项

（1）未经教师或管理员允许不得擅自操作。

（2）需严格按照上电顺序上电。

4. 工器具材料准备

（1）防护用品：防滑鞋、绝缘手套、工作服等。

（2）个人用品：笔、笔记本等。

四、实训考核标准（见表8-6-1）

表 8-6-1 实训考核标准

项 目	标 准	配分	得分
动车组行车安全装备	能简述动车组行车安全装备的组成	20 分	
ATP 的功能	能简述 ATP 的功能	40 分	
CIR 的功能	能简述 CIR 的功能	40 分	

五、思考题

（1）动车组列车为什么要装备 ATP?ATP 的主要组成部分及其功能是什么?

（2）CIR 有哪些功能?

任务七 ATP 基本操作

一、实训目的

通过对本任务的学习，使初学者能熟练掌握动车组运行监控设备 ATP 的基本操作。以 ATP 实物和教学课件为学习载体，通过教学使学生熟练操作 ATP。

二、专业知识

（1）在 CTCS-3 等级运行中，仅在完全、引导、冒进模式下执行自动过分相操作，其他模式下须执行手动过分相操作；在 CTCS-2 等级运行中，仅在完全模式下执行自动过分相操作，其他模式下须执行手动过分相操作。在 CTCS-3/CTCS-2 等级运行中，车载设备启机，司机应手动控制过分相。

（2）在 CTCS-2 等级下 UUS 码发车，车载设备接收到应答器数据从部分模式转为完全模式时，车载设备的车尾保持限速为 80 km/h，司机应根据 UUS 码区段线路限速情况，注意车尾保持限速。

（3）无论何种车型，启机或自动切机后，在执行制动测试前一定要缓解车辆输出的紧急制动。CR400AF 车型在 ATP 输出紧急制动 0.5 s 后车辆会追加紧急制动，在执行制动测试前须缓解车辆输出的紧急制动。

三、实训要求

1. 实训时间

教学课时为 2 课时。

2. 实训形式

学生每 5 人组成一个工作小组，各小组根据实训课程任务制订实训实施方案，每个小组有一名组长，组长协助老师指导本组学生进行实训。

3. 实训注意事项

（1）未经教师或管理员允许不得擅自操作。

（2）需严格按照上电顺序上电。

4. 工器具材料准备

（1）防护用品：防滑鞋、绝缘手套、工作服等。

（2）个人用品：笔、笔记本等。

四、实训作业步骤

1. 操作流程（见图 8-7-1）

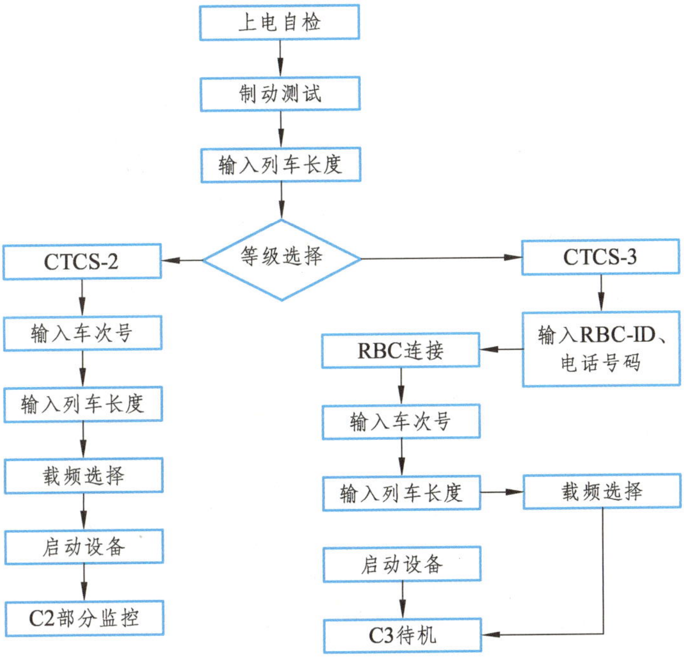

图 8-7-1　操作流程

2. 操作步骤

1）CTCS-2 级启动操作步骤（见表 8-7-1）

表 8-7-1　CTCS3-300S 型列控车载设备 CTCS-2 级启动操作过程

工序	项目	操作条件	操作步骤	图示	注意事项
1	ATP 上电	注意确认配电盘内 ATP 电源开关在“工作”位	ATP 自检	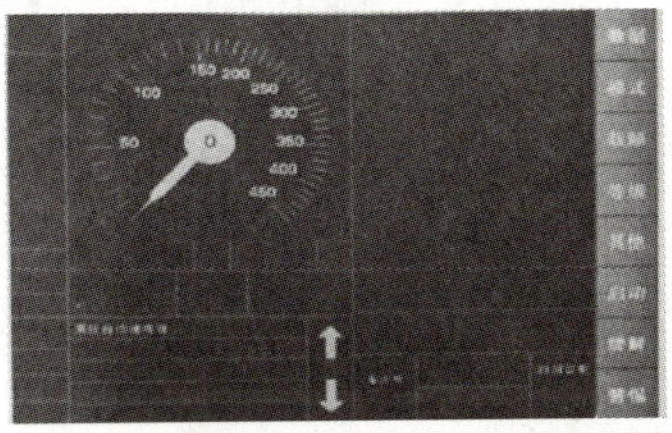	

续表

工序	项目	操作条件	操作步骤	图示	注意事项
2	车辆制动试验	确认列控车载设备无制动输出	自检完成后，进行制动机试验。试验完成后将制动手柄置“0”位		需先进行紧急复位
3	ATP 制动测试	进行 ATP 制动测试	DMI 提示执行制动测试，按压【确定】键	 	确认“制动测试成功”文本
4	司机号输入	制动测试完成后，车载设备自行弹出司机号输入窗口	按照 DMI 的提示进行司机号输入	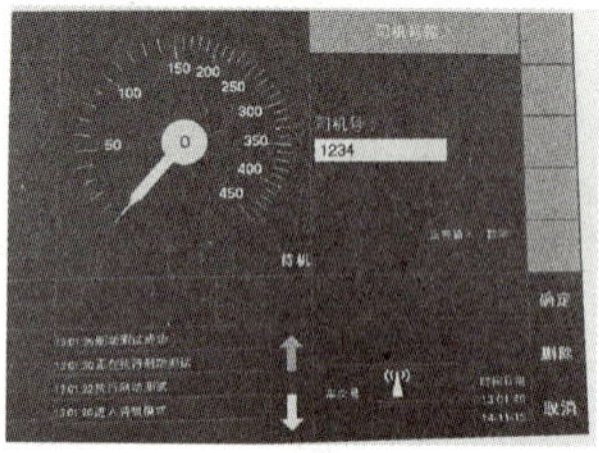	如需修改司机号，在列车数据输入完成后，列车停车且【司机号】按键可用时，可以通过按键选择进入司机号输入界面，进行司机号的修改
5	等级选择	车载设备自行弹出等级选择窗口	根据提示按压【CTCS-2 级】键、【确定】键	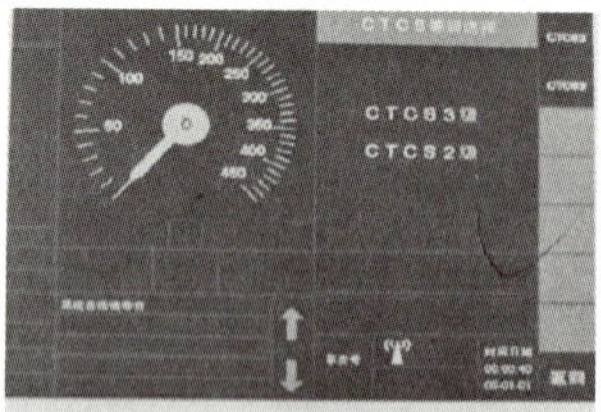 	

续表

工序	项目	操作条件	操作步骤	图示	注意事项
6	车次号输入	车载设备自行弹出车次号输入	司机按压固定功能键输入车次号	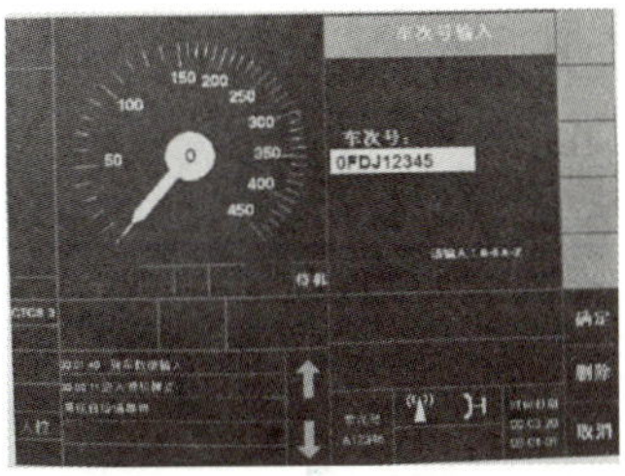	如需修改车次号，在列车数据输入完成后，列车停车时可以通过按键选择进行车次号输入界面，进行车次号修改
7	列车数据输入	自行弹出列车数据输入窗口	列车长度有两挡选择，分别为 8 辆和 16 辆，司机可通过按键选择车长	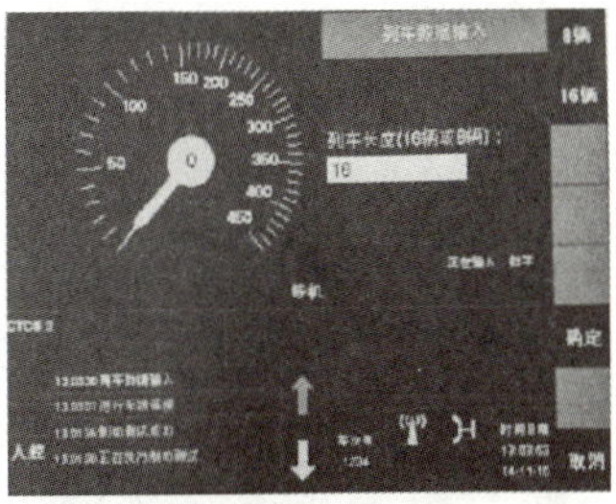	认真核对编组，DMI 显示的列车数据默认为 16 辆
8	载频选择	自行弹出列车载频输入窗口	按压【上行】键或【下行】键，进入载频确认界面，再按压【确定】键	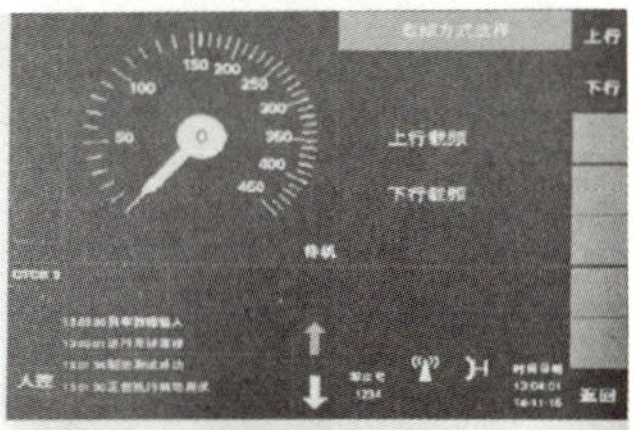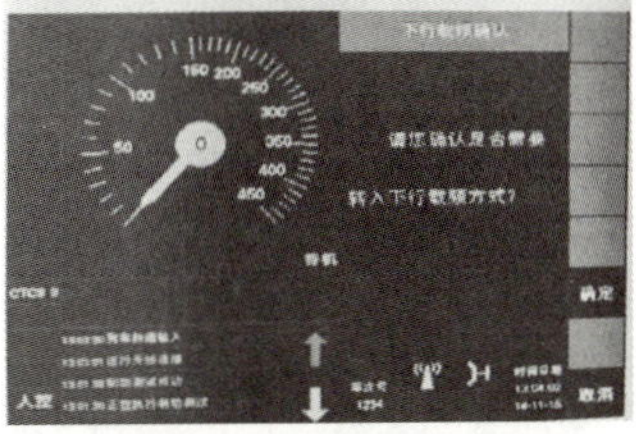	根据线路股道载频发码情况选择上、下行
9	任务启动	自行弹出启动确认窗口	按压【确定】键启动设备	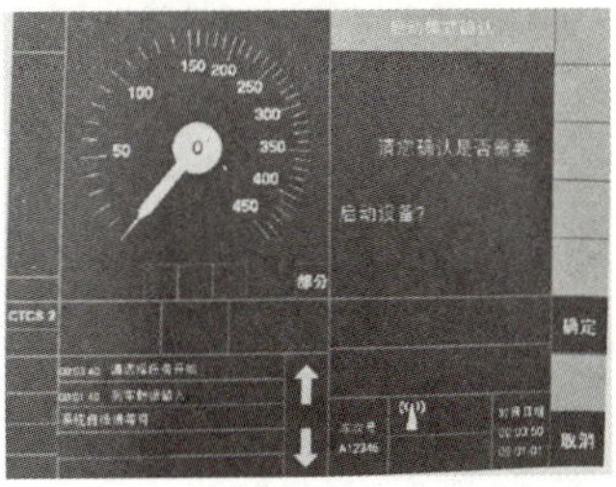	启动设备后进入【部分监控】模式，ATP 输出最大常用制动

续表

工序	项目	操作条件	操作步骤	图示	注意事项
10	任务启动	自行弹出等级确认窗口	按压【确定】键确认 CTCS-2 级	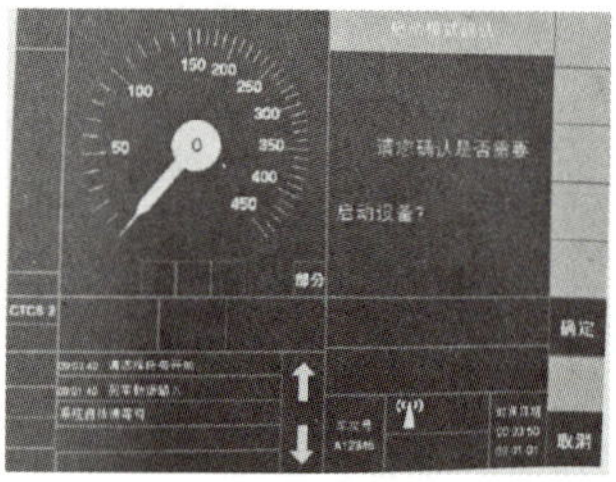	

五、实训考核标准（见表8-7-2）

表 8-7-2　实训考核标准

序号	考核项目	配分	得分
1	能进行紧急复位就进行制动试验	14 分	
2	ATP 进行制动试验后，手柄置“0”位	14 分	
3	能正确输入司机号	14 分	
4	能正确输入等级	14 分	
5	能正确输入车次号	14 分	
6	能正确选择列车长度	15 分	
7	能正确输入上、下行载频	15 分	

六、思考题

（1）CTCS3-300S 型列控车载设备 CTCS-2 级启动操作过程是什么？

（2）CTCS3-300S 型列控车载设备 CTCS-3 级启动操作过程是什么？

任务八　出库（段）作业

一、实训目的

（1）能遵守动车组列车出库（段）时的规定。

（2）能按照 CR400AF 型动车组列车出库（段）作业流程执行出库作业。

二、专业知识

CR400AF 型动车组制动试验前需满足下列条件：

（1）司机室需投入占用，并升弓送电，HMI 屏制动界面显示正常。

（2）停放制动监控环路 PBML 与紧急制动环路 EBL 未被旁路。

（3）停放制动处于施加状态。

（4）司机必须确认列车配置，即列车是单编组还是多编组。

（5）列车空气制动处于非紧急制动状态。

（6）ASC 设置为关闭，故障面板上各环路旁路开关在正常位置。

（7）总风压力处于正常工作压力 800 ~ 950 kPa。

动车组动车前使用车内广播设备预告，与随车机械师联系确认；与动车段（所）或车站联控，了解出段（所）径路；确认地面信号已开放，关门灯点亮，鸣笛（限鸣区段除外）动车，按规定的时刻出段（所）或车站出发，并严格执行确认呼唤（应答）制度。

按调车方式出段（所）时（装备 LKJ 的动车组，将 LKJ 转为规定工作状态；未装备 LKJ 的动车组，将 ATP 转为相应级别的调车模式），严格执行先联控后动车，由近及远确认信号，严守速度。按列车方式出段（所）时，确认行车凭证正确，按规定执行车机联控。

动车组调车作业时，司机应在运行方向的前端操作；在不得已情况下必须在后端操作时，应指派随车机械师或其他胜任人员站在动车组运行方向的前端指挥，发现危及行车或人身安全时，应立即使用紧急停车按钮（紧急制动装置）或通知司机停车。

在动车段（所）内运行遇 ATP 输出制动停车时，司机须与车站（段、所）联控确认后，方可继续运行。

遇雨雪冰霜等不良天气，由动车组段（所）内出库时，应选择适当地点施加制动，观察制动效果，确认制动状态。出段（所）后不得进行换弓作业，特殊情况下可根据随车机械师要求进行换弓操作。

三、实训要求

1. 实训时间

教学课时为 2 课时。

2. 实训形式

学生每 5 人组成一个工作小组，各小组根据实训课程任务制订实训实施方案，每个小组有一名组长，组长协助老师指导本组学生进行实训。

3. 实训注意事项

（1）未经教师或管理员允许不得擅自操作。

（2）需严格按照上电顺序上电。

4. 工器具材料准备

（1）防护用品：防滑鞋、绝缘手套、工作服等。

（2）个人用品：笔、笔记本等。

四、实训作业步骤

1. 操作流程（见图 8-8-1）

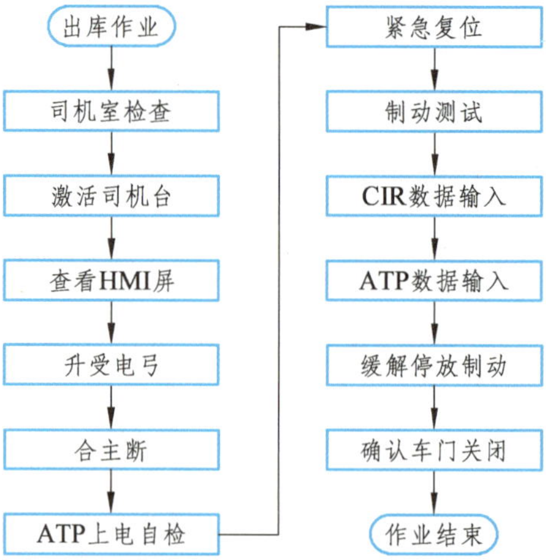

图 8-8-1　操作流程

2. 操作步骤（见表 8-8-1）

表 8-8-1　出库（段）作业操作步骤

工序	操作步骤	注意事项	图示
1	确认动车组型号、编组正确，进入司机室。确认 EOAS 摄像头角度正确并插入 EOAS 转储卡	正确插入转储卡	
2	确认司机室内各仪表、指示灯显示正确。司控器手柄、方向选择开关均在“0”位	确认司控器手柄处于“0”位	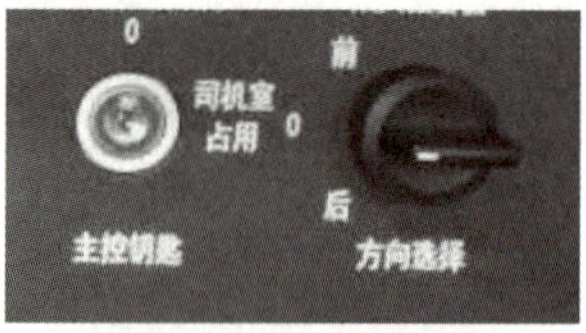 

续表

工序	操作步骤	注意事项	图示
3	确认“紧急断电”按钮位置正确	手动左旋按钮，确认按钮不能转动，处于复位状态	
4	确认“紧急制动”按钮位置正确	手动左旋按钮，确认按钮不能转动，处于复位状态	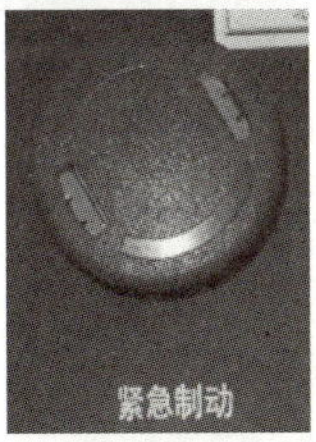
5	确认“转换开关盘 1”内部分开关位置正确	【蓄电池】、【司机警惕装置旁路】、【列车无线控制】均处于“垂直”位	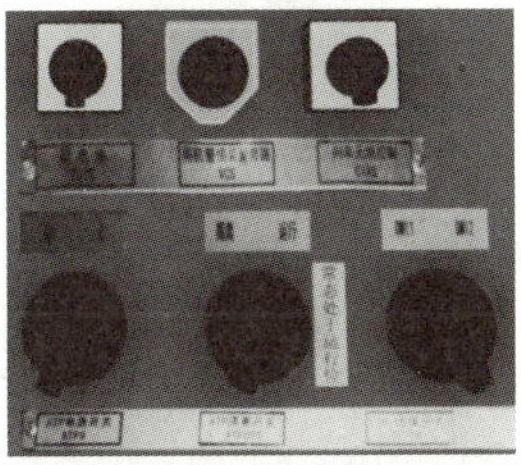
6	确认“转换开关盘 2”内开关位置正确	除【救援】开关处于“垂直”位外，其余各开关均应处于“非红点”位（向左倾斜）	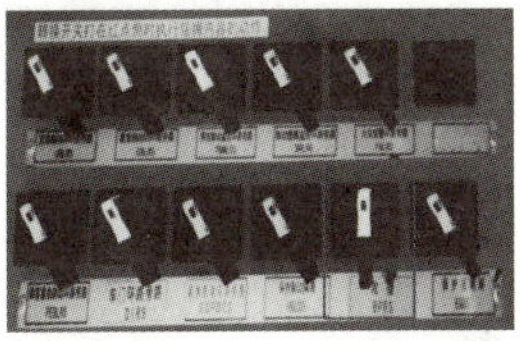
7	确认“司机室配电盘 1”内开关位置正确	【救援装置】、【保护接地】空开为断开位，其余空开为“闭合”位	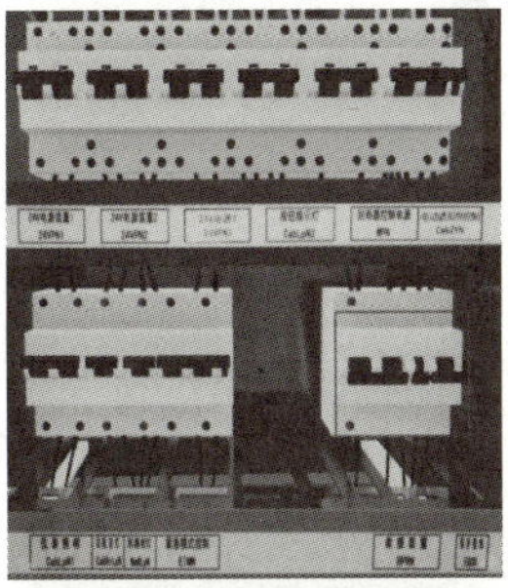
8	确认“司机室配电盘 2”内【联解控制】在断开位，其余开关在闭合位		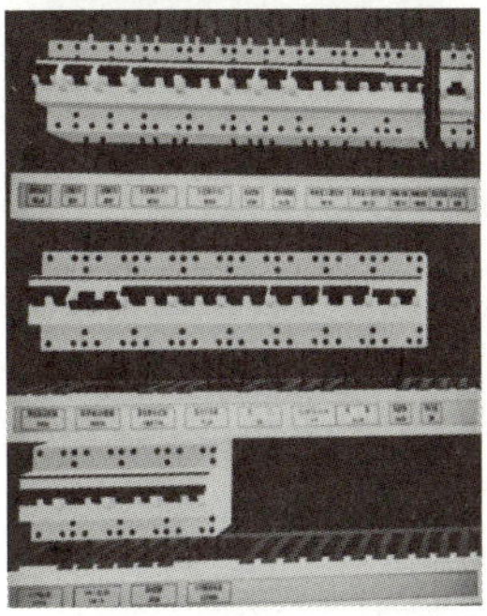

续表

工序	操作步骤	注意事项	图示
9	确认“司机室配电盘 3”内上部转换开关，除【受电弓选择】开关外，其余转换开关均在“非红点”位	确认【机车电源】、【机车电源 1】在“断开”位，其余空开均在“闭合”位	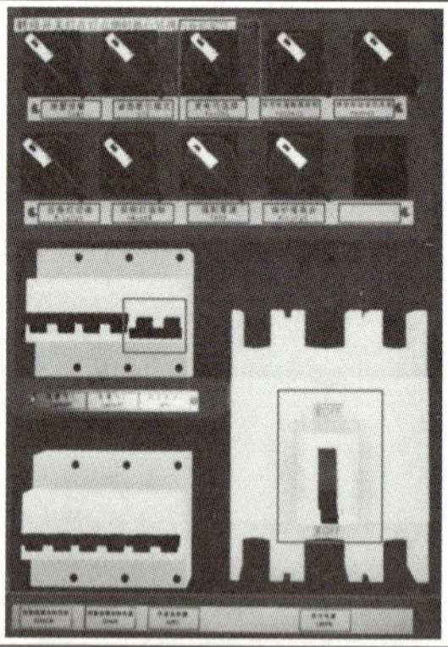
10	插入主控钥匙，将主控钥匙下压，旋至“司机室”占用位，激活司机室	主控钥匙下压后方能转动	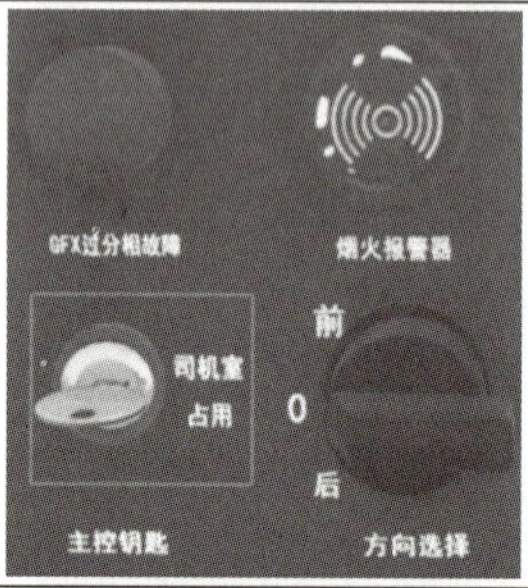
11	打开“转换开关盘 1”，左旋“蓄电池”旋钮至“开”位保持 3 s	操作蓄电池前必须插入主控钥匙，占用司机室	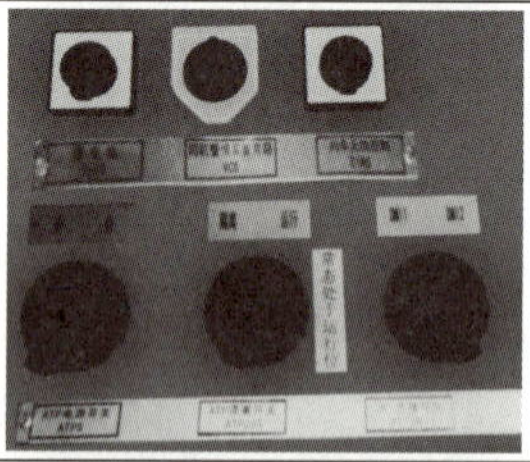
12	下压【方向选择】开关，旋转至“前”位	【方向选择】开关在各位置均设有内部卡槽，需下压后转动，到位后自动抬起	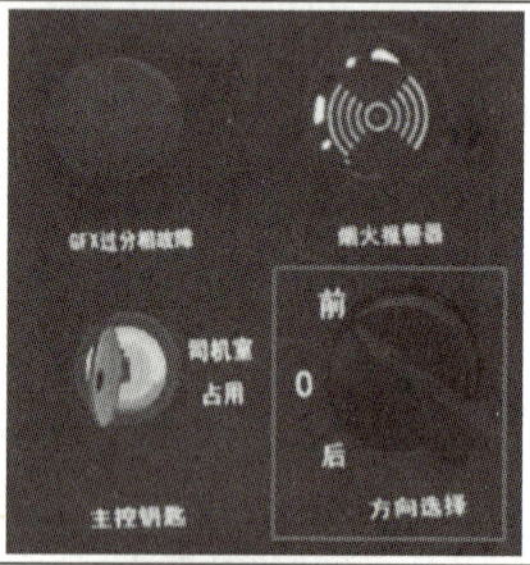
13	确认操纵台停放制动按钮红灯亮		
14	确认操纵台上各指示灯、仪表显示正常，确认蓄电池电压不低于 96 V	动车组占用司机室后，自动处于紧急制动状态	

续表

工序	操作步骤	注意事项	图示
15	查看故障信息，发现有影响升弓的故障信息，根据车载信息装置的提升，通知动车段调度及随车机械师	查看故障信息时，应重点检查是否存在高压、牵引、接地故障	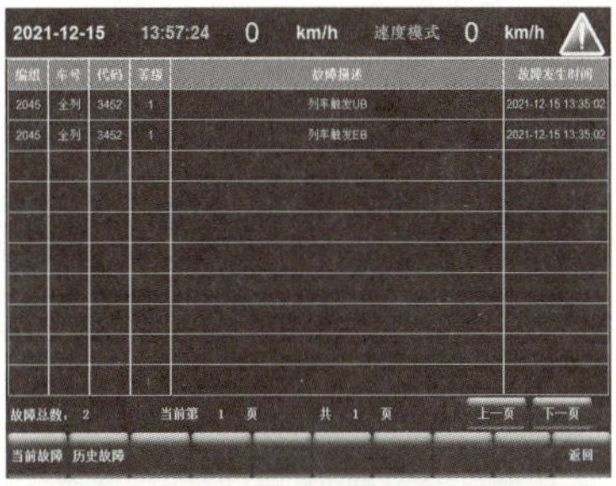
16	左侧 HMI 屏显示牵引界面，右侧 HMI 屏显示制动界面，确认停放制动施加		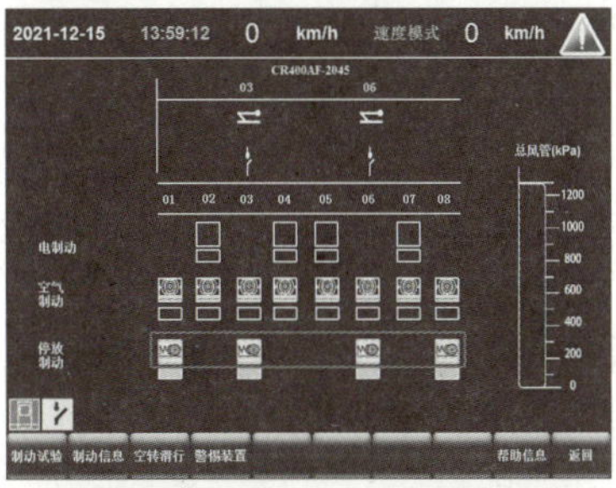
17	确认接地开关 EGS 在断开位。点击【维护】、【登录】、【列车供电】进入		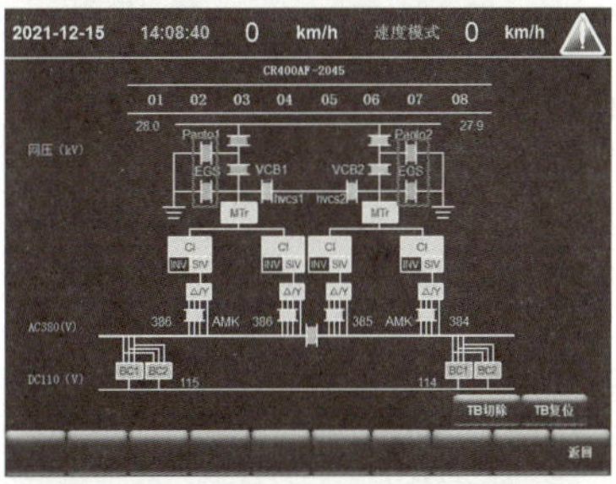
18	确认功率选择。点击【设备控制】、【线路选择】界面，确认“功率选择”处于“最大”位		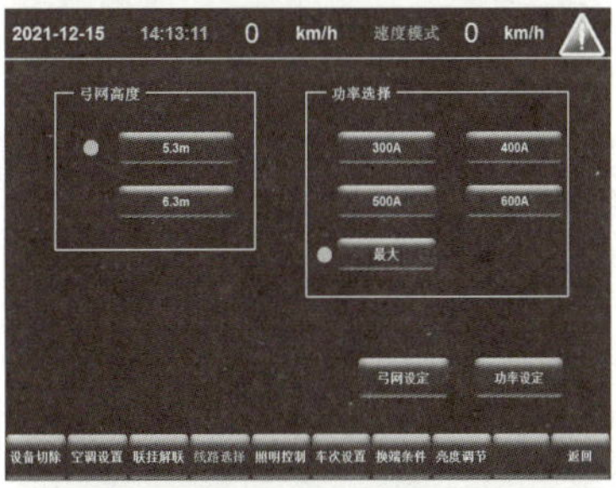
19	点击【设备控制】、【设备切除】界面，查看动车组有无设备切除		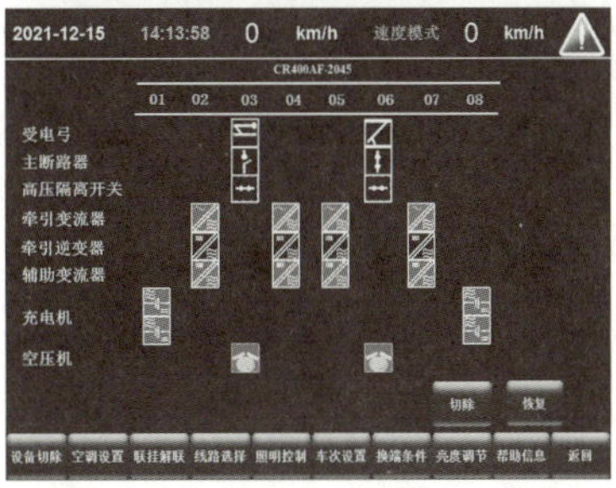

续表

工序	操作步骤	注意事项	图示
20	根据机械师的要求选择相应的受电弓，动车组默认为后弓，操作受电弓开关至升弓位并保持 3 s	如需升前弓，需通过 HMI 屏切除后弓	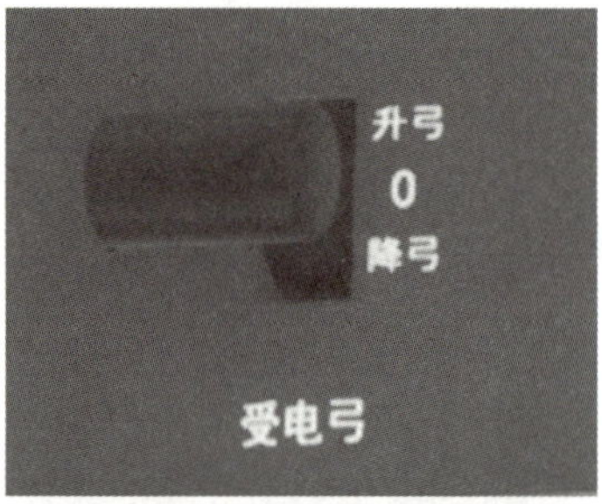
21	通过 HMI 牵引界面确认受电弓升起，网压在正常范围内		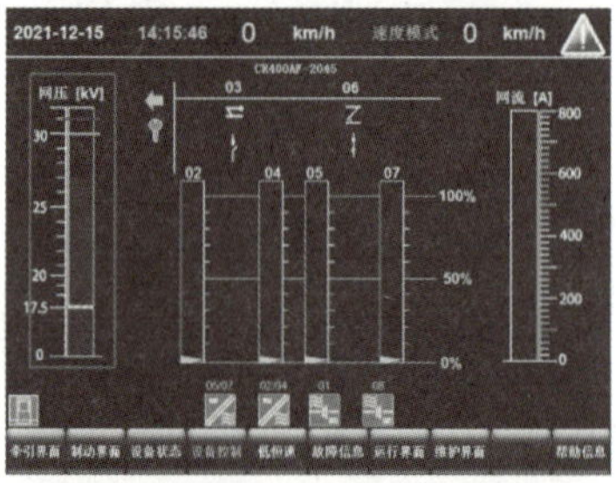
22	主断路器标识变为“蓝色”，闭合主断路器，在左侧 HMI 牵引主界面确认辅助变流器及充电机正常工作（显示绿色）		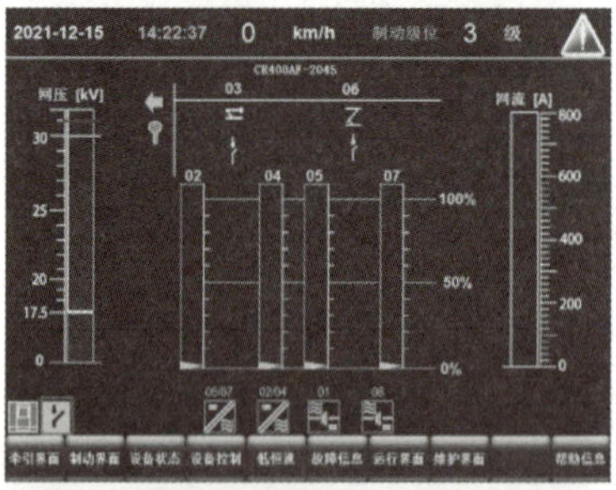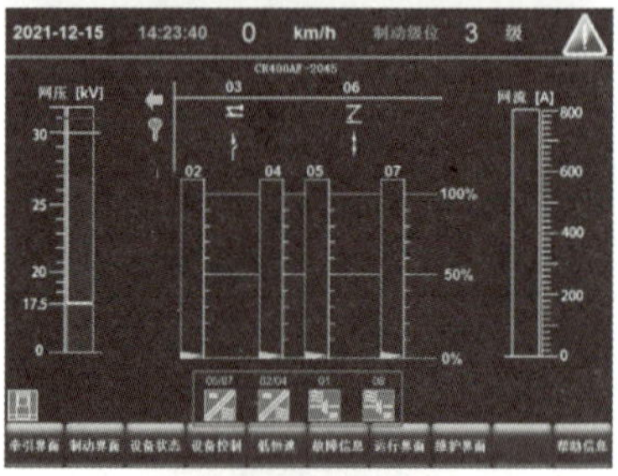
23	打开“转换开关盘 1”，右旋“ATP 电源”旋钮至“开”位		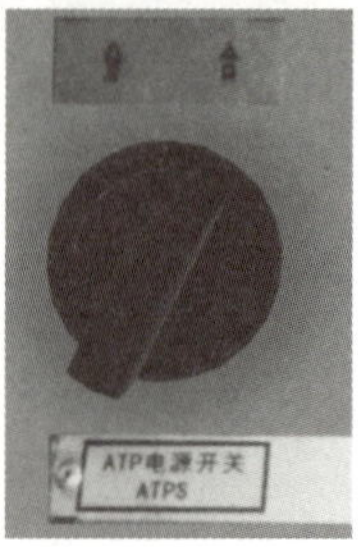

续表

工序	操作步骤	注意事项	图示
24	ATP 自检时，司控器手柄处于制动区，操作“紧急复位”按钮复位紧急制动	司控器手柄置“0”位，通过制动缸压力表确认风压在150 kPa左右（保持制动压力）	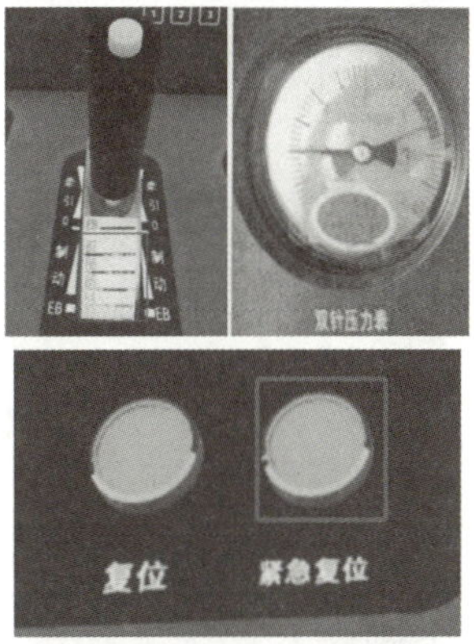
25	进行机车综合无线通信设备（CIR）数据输入		
26	确认 ATP 处于【待机模式】后，在左侧 HMI 进行菜单引导制动试验	菜单式引导制动试验需在左侧 HMI 屏进行	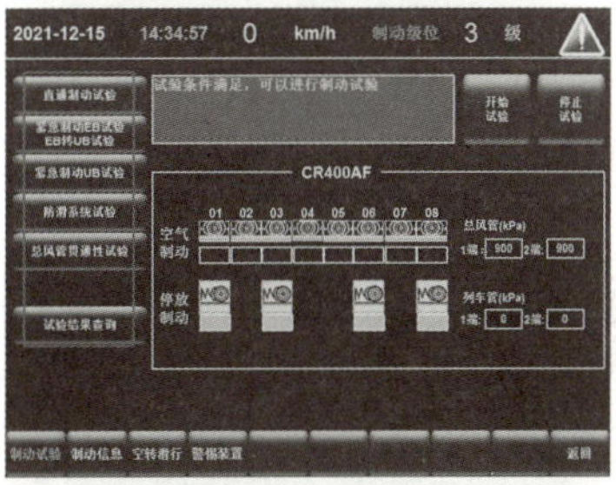
27	制动试验结束后，确认空气制动有效（制动界面蓝色框）	司控器手柄置“0”位，确认双针压力表制动缸压力在150 kPa左右（保持制动压力）	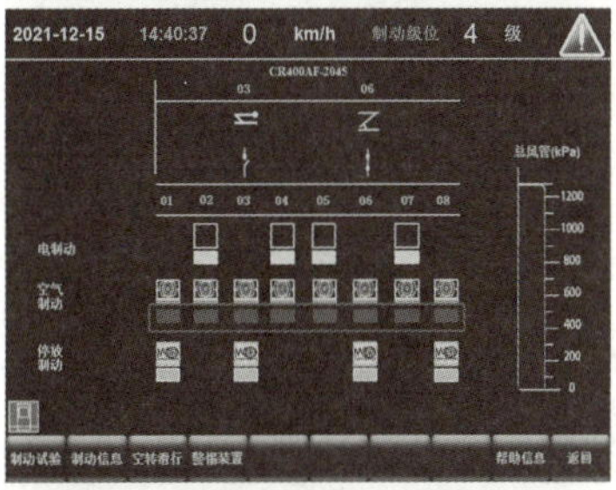
28	进行 ATP 数据输入		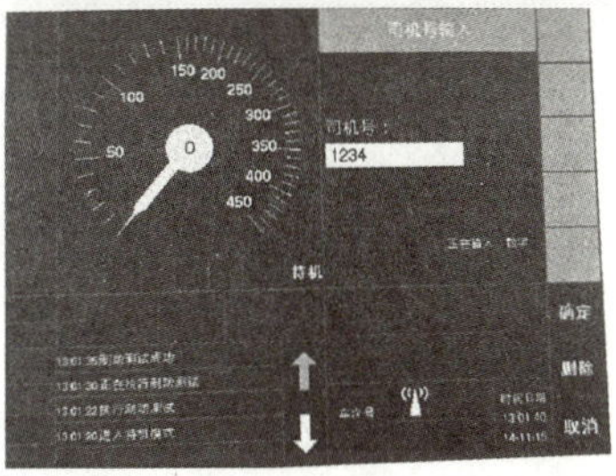

续表

工序	操作步骤	注意事项	图示
29	ATP 进行制动测试输出紧急制动后，司机须操作司控器手柄置常用制动区并按压“紧急复位”按钮，缓解紧急制动	复位后须将司控器手柄置“0”位	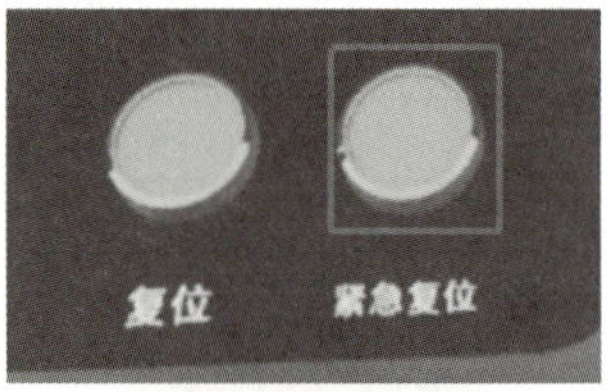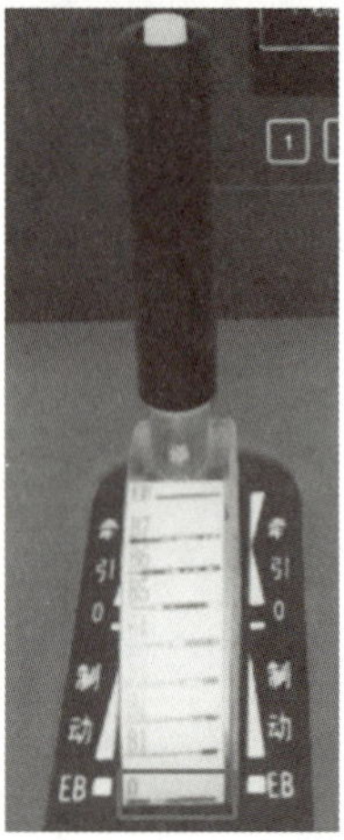
30	ATP 进入【C2/部分】模式后，确认司控器手柄在“0”位，通过 HMI 屏确认动车组处于“速度模式”	司机室占用后，默认处于【速度模式】	
31	操作司控器手柄至 B7 级，按压【停放缓解】按钮，缓解停放制动，通过右侧 HMI 制动主界面确认停放制动缓解		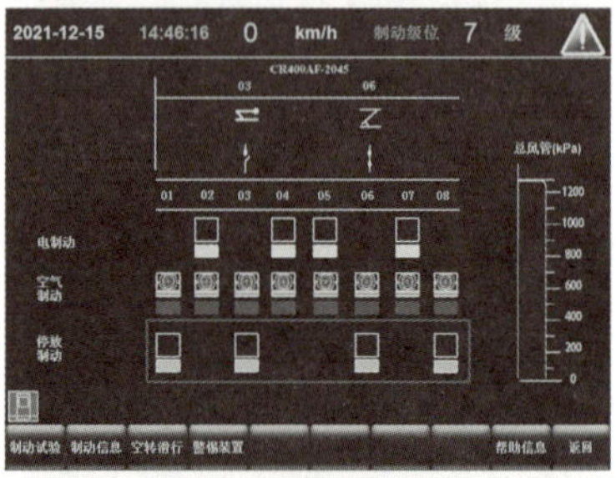
32	确认动车组左/右侧车门均关闭，完成开车前准备工作	车厢号码右侧的“绿点”表示无超员预警	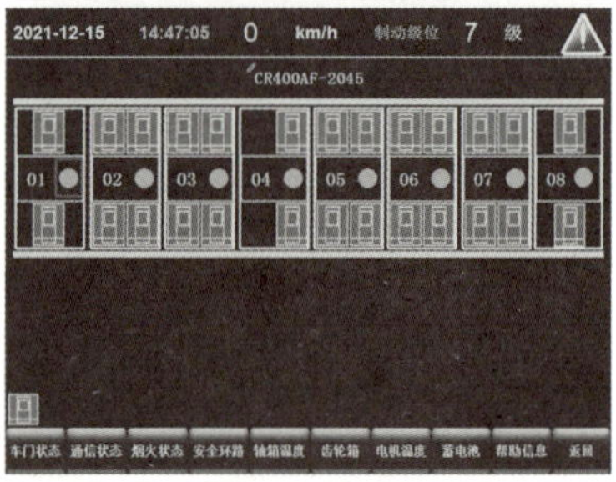

五、实训考核标准（见表8-8-2）

表 8-8-2　实训考核标准

序号	考核项目	配分	得分
1	能确认方向开关、司控器手柄位置	6 分	
2	能确认“紧急断电”“紧急制动”按钮处于断开状态	6 分	
3	能确认转换开关盘和配电盘内空开状态	6 分	
4	占用司机室，转动方向开关	6 分	
5	占用司机室，闭合蓄电池开关	6 分	
6	能确认停放制动施加状态	6 分	
7	激活司机台后，在 HMI 屏查看故障信息	6 分	
8	在 HMI 屏确认接地开关 EGS 断开状态	7 分	
9	在 HMI 屏确认功率选择	6 分	
10	在 HMI 屏查看有无设备切除	7 分	
11	升弓后，在 HMI 屏确认受电弓升起状态及网压	7 分	
12	闭合主断路器后，在 HMI 屏牵引主界面确认辅助变流器及充电机状态	6 分	
13	ATP 自检时，司控器手柄处于制动区	6 分	
14	在左侧 HMI 屏做制动试验	7 分	
15	缓解停放制动后，在 HMI 屏确认	6 分	
16	在 HMI 屏确认车门状态	6 分	

六、思考题

（1）CR400AF 型动车组紧急制动如何缓解？

（2）CR400AF 型动车组制动试验有哪几种？前提条件有哪些？

（3）CR400AF 型动车组动车段内接车作业流程以及相关注意事项是什么？

任务九　接发车作业

一、实训目的

（1）能遵守动车组列车接发车作业时的规定。

（2）能按照 CR400AF 型动车组列车接发车作业流程进行作业。

二、专业知识

1. 设置列控车载设备参数

（1）对 CIR、GSM-R 手持终端注册列车车次；选定 CIR 设备运行区段（线路）和工作模式；装备 LKJ 的动车组，将 IC 卡数据载入 LKJ，正确输入 LKJ 参数。

（2）在 CTCS-0/1 级区段的车站始发开车，按 LKJ 方式行车；在 CTCS-2/3 级区段的车站始发开车，选择 C2 级【部分监控】模式开车。

（3）确认操纵台各仪表、显示屏显示正常，各开关、手柄位置正确，司机室各门窗处于锁闭状态。

2. 发车作业

（1）确认行车凭证和开车时间，车门关闭后，准确呼唤，按规定车机联控，鸣笛起动列车。

（2）始发站提前进行发车准备，确认操纵台各仪表、显示屏显示正常，各开关、手柄位置正确，复核 CIR、LKJ 参数和 ATP 等级、模式设置正确，缓解停放制动，司机室各门窗处于锁闭状态；CRH3C、CRH380B/BL/BG、CRH380BJ、CRH380CL、CRH5 型动车组开车前按出站限制速度提前设定恒速值。

（3）起车时，主控（牵引）手柄在“1”位（最小牵引位，下同）稍作停留，再根据目标速度选择适当级位，做到起车稳、加速快。上坡道起车时，不具备保持制动功能的动车组，可先将牵引手柄置适当级位后，再缓解制动

（4）装备 LKJ 的动车组，在规定的地点进行 LKJ 数据对标（按压【开车】键）。按列控车载设备方式行车，确认模式转换。

3. 按规定对登乘动车组司机室人员进行登记

司机按登乘动车组司机室管理办法，将登乘人员姓名、职务、单位、登乘区段在司机手账上登记，并向机务段调度室汇报；动车组司机室必须严格控制登乘人数，除特殊情况外，登乘人数不得超过 2 人。

三、实训要求

1. 实训时间

教学课时为 2 课时。

2. 实训形式

学生每 5 人组成一个工作小组，各小组根据实训课程任务制订实训实施方案，每个小组有一名组长，组长协助老师指导本组学生进行实训。

3. 实训注意事项

（1）未经教师或管理员允许不得擅自操作。

（2）需严格按照上电顺序上电。

4. 工器具材料准备

（1）防护用品：防滑鞋、绝缘手套、工作服等。

（2）个人用品：笔、笔记本等。

四、实训作业步骤

1. 操作流程（见图 8-9-1）

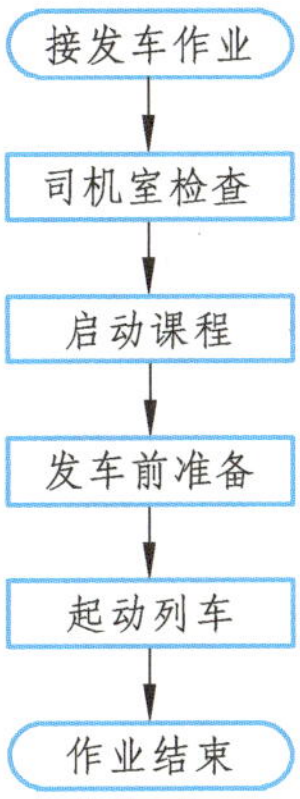

图 8-9-1　操作流程

2. 操作步骤

1）司机室检查（见表 8-9-1）

表 8-9-1　司机室检查

序号	检查项目	图示
1	确认司机室内各仪表、显示器外观良好，检查外门状态、前照灯状态、雨刮器开关在“停止”位、司控器手柄和方向开关均在“0”位	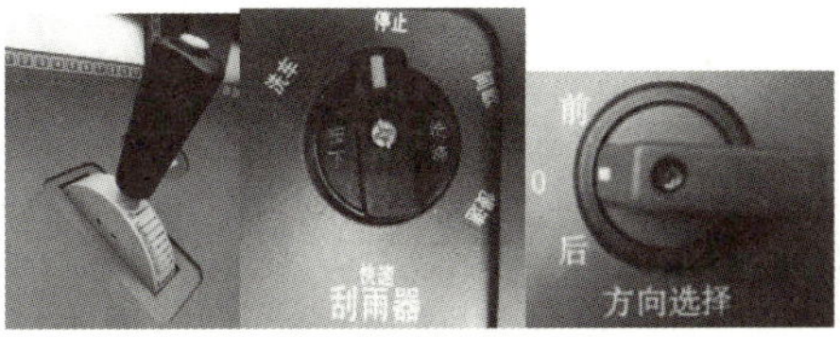
2	确认“紧急断电”按钮未按下	
3	确认“紧急制动”按钮未按下	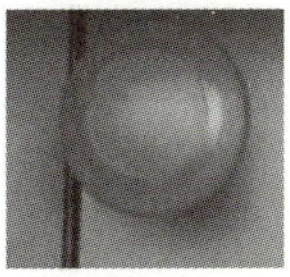
4	确认“停放施加”指示灯常亮，若不亮则按压“停放施加”按钮，施加停放制动，并通过 HMI 屏制动主界面确认各车停放制动均已施加	

续表

序号	检查项目	图示
5	确认转换开关盘内开关均在非旁路位，确认配电盘除【保护接地】、【救援装置】、【机车电源】、【联解控制】空开在“断开”位，其余均在闭合位	
6	检查通信设备正常工作	

2）起动列车（见表 8-9-2）

表 8-9-2　起动列车

序号	操作	图示
1	确认 HMI 屏受电弓升起、主断路器闭合、无故障信息	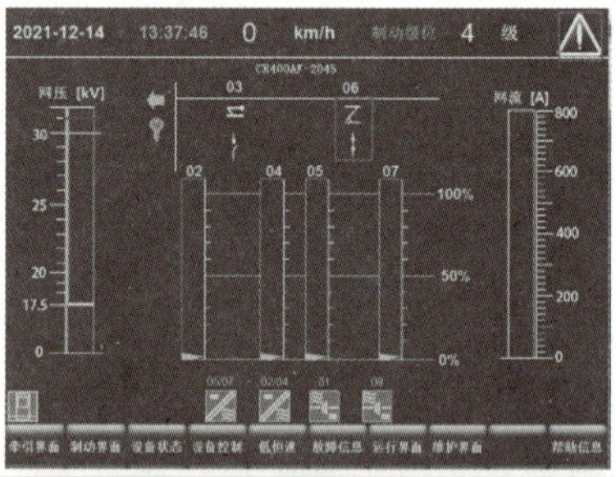
2	确认动车组左/右侧车门全部关闭（绿点表示无超员报警），驾驶台门关闭指示灯亮	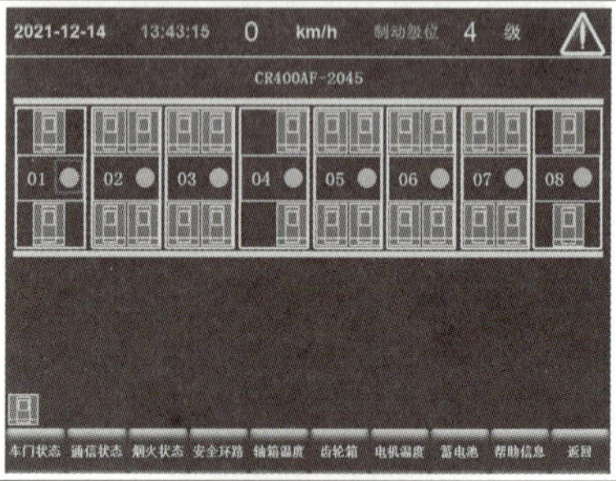
3	将方向开关打至“前”位	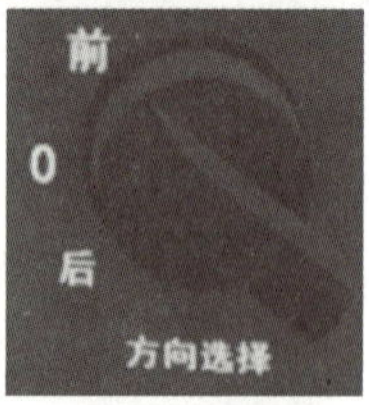
4	按压“停放缓解”按钮，白色指示灯常亮，缓解停放制动	

续表

序号	操作	图示
5	推动牵引手柄起动列车，牵引手柄在“K2”位（最小牵引位）稍作停留，再根据目标速度选择适当级位，做到起车稳、加速快。上坡道起车时，不具备保持制动功能的动车组，可先将牵引手柄置适当级位后，再缓解制动	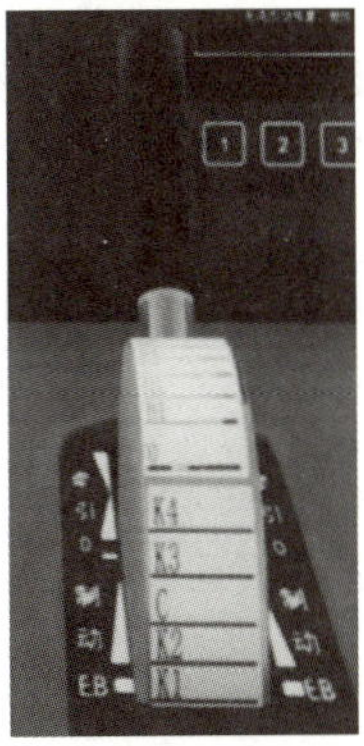

五、实训考核标准（见表8-9-3）

表 8-9-3　实训考核标准

序号	考核项目	配分	得分
1	能确认方向开关、司控器手柄位置	12 分	
2	能确认“紧急断电”“紧急制动”按钮是否处于断开状态	12 分	
3	能确认转换开关盘和配电盘内空开状态	15 分	
4	起动前，停放制动处于缓解状态时按压“停放施加”按钮施加停放制动	12 分	
5	起车前确认受电弓、主断路器状态	12 分	
6	起车前将方向开关打至“前”位	12 分	
7	起车前缓解停放制动	12 分	
8	操作牵引手柄时在 K2 位（最小牵引位）停留	13 分	

六、思考题

（1）CR400AF 型动车组列车的接发车作业流程是什么?

（2）CR400AF 型动车组列车在接发车作业时需遵守哪些规定?

任务十　途中运行作业

一、实训目的

（1）能遵守动车组列车在运行过程中的操作要求和相关注意事项。

（2）能按照 CR400AF 型动车组列车途中运行的相关操作流程进行作业。

二、专业知识

1. 操纵示意图、操纵提示卡

铁路局应根据担当牵引区段、动车组类型、区间运行时分等组织编制列车操纵示意图（见图 8-10-1），机务段负责编制作业指导书和操纵提示卡。

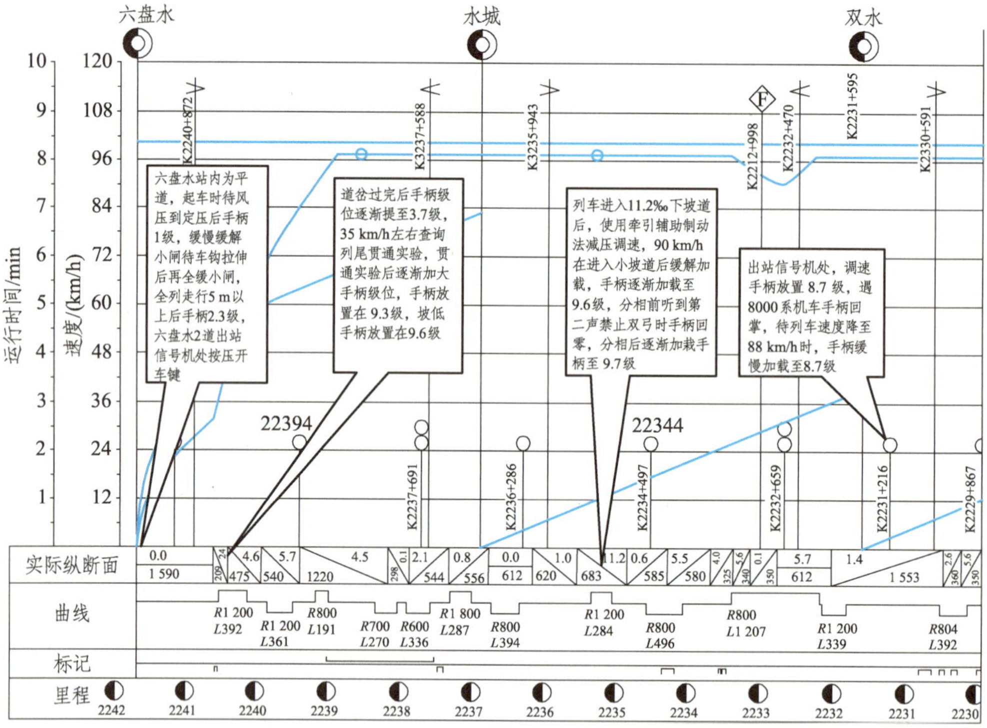

图 8-10-1　列车操纵示意图

列车操纵示意图应包括以下内容：

（1）列车运行速度曲线；（2）运行时分曲线；（3）线路纵断面和信号机（区间信号标志牌）位置；（4）站场平面示意图；（5）主控（牵引、制动）手柄级位变化、恒速功能使用地点；（6）区间限制速度及区段内各站道岔的限制速度；（7）接触网分相区地点；（8）区间中继站地点；（9）RBC 管辖范围；（10）级间切换点；（11）线路里程长短链地点；（12）通信模式转换及线路切换地点；（13）停车位置标地点。

列车操纵提示卡应包括以下内容：

（1）区间里程；（2）运行时分；（3）平均速度；（4）站场示意图，含到发线有效长度、停车位置标设置、道岔限速、站中心里程、股道有无接触网等内容；（5）主控（牵引、制动）手柄级位变化、恒速功能使用地点；（6）动车组过分相操作；（7）特殊困难区段操作（含通过困难分相最低速度要求）；（8）安全注意事项。

2. 操纵注意事项

（1）运行中应参照列车操纵示意图、提示卡操纵列车，严格执行确认呼唤和联控制度，做到“彻底瞭望、确认信号、准确呼唤、手比眼看”。

（2）服从命令，听从指挥，牢固树立安全、正点意识。遵守列车运行图规定的运行时刻和各项要求及限制速度。

（3）正常情况下，动车组司机在运行中必须在运行方向前端司机室操纵，行车安全装备必须全程运转，严禁擅自关机。非操纵端司机室门、窗及各操纵开关、手柄均应置于断开或锁闭位，关闭非操纵端司机室 CIR 等设备电源。

（4）动车组在始发前、更换动车组司机（同向换乘除外）、更换操纵端后、使用紧急制动停车后、途中解编或重联后开车前需进行简略制动试验。

（5）不得违规擅自切除动车组安全保护功能。安装司机警惕装置的动车组，按规定操作。

3. 运行中操纵要求

（1）列车起动后应根据目标速度及时加速，适时使用恒速功能，保持列车匀速运行。遇恒速功能作用不良时，调整主控（牵引）手柄级位，控制动车组按规定速度运行。

（2）正常情况下，增加或减少牵引力、制动力时，主控（牵引或制动）手柄应逐步进行。牵引、制动工况转换时应在“0”位（“切”位，下同）稍作停留。牵引“1”位（最小牵引位，下同）、制动“1”位（最小制动位，下同）与“0”位转换时，应在牵引“1”位、制动“1”位稍作停留。

（3）实施常用制动时，应结合列车速度、线路情况、目标速度、目标距离等条件，准确掌握制动时机和制动级位，在列车产生初步制动力后再逐步增加制动力，避免频繁往复操作制动手柄，保持列车均匀减速。

（4）列车运行中或未停稳前，严禁换向操作；中间站停车时，换向手柄不得置“0”位（CRH1 型动车组不得按压“倒车”按钮）

三、实训要求

1. 实训时间

教学课时为 2 课时。

2. 实训形式

学生每 5 人组成一个工作小组，各小组根据实训课程任务制订实训实施方案，每个小组有一名组长，组长协助老师指导本组学生进行实训。

3. 实训注意事项

（1）未经教师或管理员允许不得擅自操作。

（2）需严格按照上电顺序上电。

4. 工器具材料准备

（1）防护用品：防滑鞋、绝缘手套、工作服等。

（2）个人用品：笔、笔记本等。

四、实训作业步骤

1. 操作流程（见图 8-10-2）

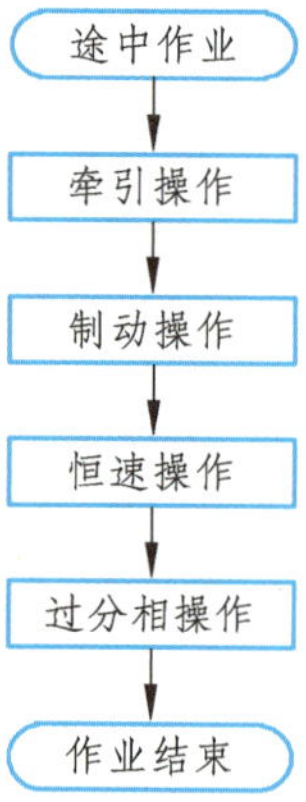

图 8-10-2　操作流程

2. 操作步骤

1）牵引操作（见表 8-10-1）

表 8-10-1　牵引操作

<table>
<tr><th>序号</th><th>操作步骤及说明</th></tr>
<tr><td>1</td><td>通过操作司控器手柄在 K1～K4 位实现牵引运行过程中牵引级位的增减（级位模式）或目标速度的增减（速度模式），其中 C 位为“保持”位。
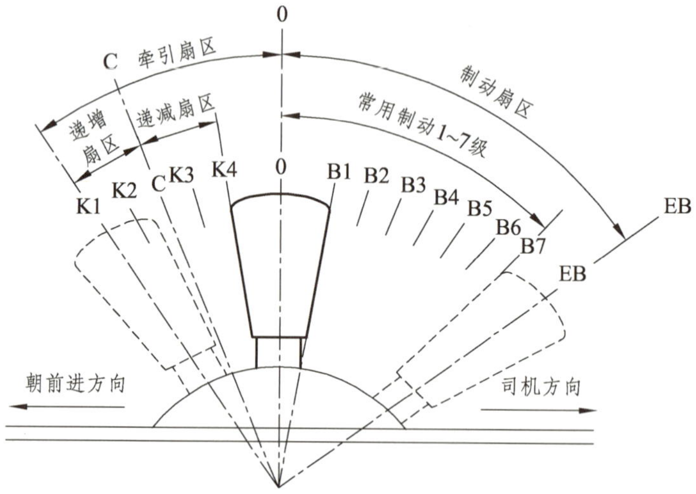

司控器原理图</td></tr>
<tr><td>2</td><td>在站起车时，应先将司控器手柄置“C”位后，再将司控器手柄置“K2”位，逐级有停留</td></tr>
<tr><td>3</td><td>起车后通过操作司控器手柄置“K1”或“K2”位逐渐进行提速，平稳加速，以免因旅客坐卧未稳，造成摔伤；如需下调设定速度，将司控器手柄由“C”位置“K3”或“K4”位。</td></tr>
</table>

续表

<table>
<tr><th>序号</th><th>操作步骤及说明</th></tr>
<tr><td>3</td><td>司控器级位/速度模式 K1～K4 变化速率值表
<table>
<tr><th>模式</th><th>速度模式</th><th>级位模式</th><th>洗车模式</th><th>连挂模式</th><th>调车模式</th></tr>
<tr><td>K1</td><td>5 km/h/s、25 km/h/s
（10 s 后斜率变为 25 km/h/s）</td><td>+1 级/s</td><td>+2 km/h/s</td><td>+2 km/h/s</td><td>+5 km/h/s</td></tr>
<tr><td>K2</td><td>1 km/h/s</td><td>+0.1 级/s</td><td>+1 km/h/s</td><td>+1 km/h/s</td><td>+1 km/h/s</td></tr>
<tr><td>K3</td><td>−1 km/h/s</td><td>−0.1 级/s</td><td>−1 km/h/s</td><td>−1 km/h/s</td><td>−1 km/h/s</td></tr>
<tr><td>K4</td><td>5 km/h/s、25 km/h/s
（10 s 后斜率变为 25 km/h/s）</td><td>−1 级/s</td><td>−2 km/h/s</td><td>−2 km/h/s</td><td>−5 km/h/s</td></tr>
<tr><td>备注</td><td>最高 350 km/h</td><td>牵引 0～
8 级</td><td>最高
5 km/h</td><td>最高
2 km/h</td><td>最高 25 km/h
或 10 km/h</td></tr>
</table></td></tr>
<tr><td>4</td><td>动车组运行途中，牵引手柄无须逐级提升或降低，可根据加减速需要自由操控</td></tr>
<tr><td>5</td><td>司控器手柄置“0”位时，则车辆开始“惰行”</td></tr>
</table>

2）制动操作（见表 8-10-2）

正常情况下，增加或减少制动力时，制动手柄应逐步进行。

在实施常用制动时，应结合列车速度、线路情况、目标速度、目标距离等条件，准确掌握制动时机和级位，在列车产生初步制动力时再逐步增加制动力，避免频繁操作制动手柄，保持列车均匀减速。

表 8-10-2　制动操作

<table>
<tr><th>序号</th><th>操作步骤及说明</th><th>制动类型</th></tr>
<tr><td>1</td><td>通过司控器手柄施加常用制动</td><td rowspan="3">常用制动</td></tr>
<tr><td>2</td><td>将司控器手柄置于常用制动挡位“B1～B7”施加（1～7 级）常用制动</td></tr>
<tr><td>3</td><td>将司控器手柄置“0”位，常用制动缓解</td></tr>
<tr><td>4</td><td>通过操作司控器手柄置“EB”位，施加紧急制动 EB</td><td rowspan="2">紧急制动 EB</td></tr>
<tr><td>5</td><td>将手柄置“0”位，缓解紧急制动 EB</td></tr>
<tr><td>6</td><td>按下司机室操作台紧急制动蘑菇头，施加紧急制动 UB</td><td rowspan="2">紧急制动 UB</td></tr>
<tr><td>7</td><td>旋出紧急制动蘑菇头，将司控器手柄置制动位，施加停放制动，按压“紧急复位”按钮，紧急制动 UB 缓解</td></tr>
<tr><td>8</td><td>按下司机室操作台“停放施加”按钮，施加停放制动</td><td rowspan="2">停放制动</td></tr>
<tr><td>9</td><td>按下司机室操作台“停放缓解”按钮，停放制动缓解（总风压力低于 500 kPa，停放制动会自动施加）</td></tr>
<tr><td>10</td><td>为防止坡道起动时溜车，保持制动在动车组静止时自动施加</td><td>保持制动</td></tr>
</table>

续表

序号	操作步骤及说明	制动类型
11	司控器手柄置牵引位，当牵引力、列车速度或牵引施加时间任一条件满足时保持制动可自动缓解。保持制动施加状态下，可按下司机室操作台“保持制动”按钮，缓解保持制动，松开“保持制动”按钮，保持制动施加。 司机室边柜增设“保持制动切除”旋钮开关，用于故障或试验工况，手动切除保持制动	
12	为改善冰雪潮湿天气下制动盘和闸片的摩擦系数，可按下司机室操作台“清洁制动”按钮，施加清洁制动，此时每辆车均施加 70 kPa±20 kPa 的空气制动力	清洁制动
13	清洁制动按钮为自复位按钮，松开按钮后，清洁制动停止施加	
14	设置比例制动模式，以便在轮轨黏着不利的条件下（如雨天、冬天、早上第 1 趟车），充分利用轮轨黏着力。 比例子模式触发条件如下： （1）施加常用制动期间按下比例制动施加按钮，则进入比例子模式，自动施加比例制动。 （2）未施加常用制动，按下比例制动按钮后松开，则进入比例子模式；如 10 s 内施加了常用制动，则仍处于比例子模式，并自动施加比例制动；如 10 s 内未施加常用制动，则退出比例子模式，不施加比例制动。 （3）施加常用制动且速度低于 25 km/h 时，始终处于比例子模式，并施加比例制动，与比例制动按钮状态无关。 （4）施加紧急制动 EB 时，始终处于比例子模式，并施加比例制动，与比例制动按钮状态无关	比例制动
15	动车组停车后，自动取消比例制动模式	

3）恒速操作（见表 8-10-3）

表 8-10-3　恒速操作

序号	操作步骤及说明
1	操纵模式为速度控制模式时，通过司控器手柄设定目标速度，通过 HMI 显示屏主界面确认目标速度及动车组当前速度。 
2	速度到达设定目标速度后司控器手柄置“C”位，动车组即以当前速度恒速运行
3	操纵模式为级位控制模式时，动车组牵引运行到达目标速度后，手柄置“0”位，操作“操纵模式选择”按钮，切换到速度控制模式后司控器手柄置“C”位，动车组即以当前速度恒速运行；若操纵模式切换操作过程中动车组运行速度偏离目标速度，切换到速度模式后按照速度控制模式操作进入目标速度恒速运行

4）过分相操作（见表 8-10-4）

过分相分为自动过分相和手动过分相两种方式。在过分相时，为了防止损伤动车组电气设备，采用惯性通过无电区。

表 8-10-4　过分相操作

序号	操作步骤及说明	过分相类型
1	在经过乘务区段第一个电分相区时，须验证能否正常自动过分相。每次过分相前，司机都要做好手动断电准备，发现在断电标前VCB 不能自动断开，应立即手动断电	自动过分相
2	车辆经过过分相提醒标志，在进入分相区前司机会在该分相区公里标处看到“断”字菱形提示板，通过 HMI 显示屏确认主断必须处于断开状态	
3	车辆进入无电区，在 HMI 屏上确认网压降至 5 kV 以下	
4	车辆通过无电区后，在 HMI 屏上显示网压恢复至正常网压范围内	
5	离开分相区，看到“合”字菱形提示板后，车辆主断路器自动闭合	
6	运行中每次过分相后应对操纵台各仪表显示进行检查确认	
7	通过第一过分相时，司控器手柄必须由牵引区回至“0”位，之后在“C”位停留，不必回至“0”位（运行中司控器手柄在“速度模式”下手柄回至“0”位后，将退出当前恒速控制，若要再次提手柄牵引时，设定的速度为当前运行速度）	
8	列车运行至过分相绝缘区前，司机应提前确认受电弓升起的车号（3 号或 6 号），估算头车距升弓车厢的距离，及时将司控器手柄退回“0”位	手动过分相
9	列车运行至过分相无电区时，司机要集中精力，加强瞭望，并结合当时的列车运行速度，操作“手动过分相”按钮，并保持 2 s 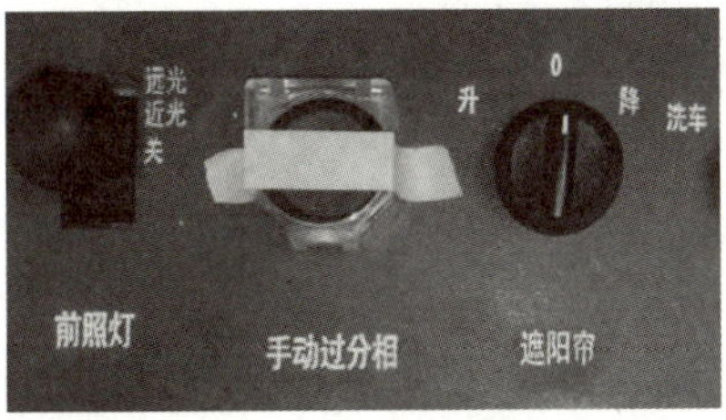	
10	确认手动过分相灯亮，通过 HMI 显示屏确认主断路器断开	
11	车辆进入无电区，在 HMI 屏上确认网压降至 5 kV 以下	
12	车辆通过无电区后，在 HMI 屏上显示网压恢复至正常网压范围内	
13	离开分相区，车辆主断路器自动闭合	
14	运行中每次过分相后应对操纵台各仪表显示进行检查确认	

五、实训考核标准（见表8-10-5）

表 8-10-5　实训考核标准

序号	考核项目	配分	得分
1	起车时，按照 C、K2、K1 位的顺序操作手柄，并逐级停留	17 分	
2	正确操作制动手柄，保持列车均匀减速	17 分	
3	按压“操纵模式选择”按钮切换模式时，手柄回到“0”位	17 分	
4	在分相区前“断”字菱形提示板前，通过 HMI 屏确认主断处于断开状态	16 分	
5	通过第一分相区时，司控器手柄回到“0”位	17 分	
6	通过分相区后检查确认操纵台各仪表显示	16 分	

六、思考题

（1）CR400AF 型动车组过分相操作有哪几种？如何操作？

（2）CR400AF 型动车组默认为何种操纵模式？“速度控制模式”和“级位控制模式”如何转换？如何确认？

（3）CR400AF 型动车组在途中运行中需注意哪些事项？

任务十一　进站停车作业

一、实训目的

（1）能遵守动车组列车进站停车时的相关规定。

（2）能按照 CR400AF 型动车组列车进站停车的相关操作流程进行作业。

二、专业知识

列车进站停车时，应遵守下列规定：

（1）列车进站前，按规定进行车机联控或确认 CIR 进路预告信息，确认进站凭证、ATP 显示的允许运行速度值，控制列车的运行速度。

（2）列车进站后，根据列车编组确认停车位置。

（3）正常情况下，应稳定使用中级挡位以下的制动，随着速度的降低，逐级回到制动“1”位停车。

（4）一次稳准对标停车，停车后保持制动状态，确认站台方向，按规定执行开门操作。

（5）列车停留时，司机必须坚守岗位，不得擅自离开司机室。

（6）始发站、停车站、终到站在列车越过车站最外方道岔或停妥后，在司机手账上记录列车到、开时分。

三、实训要求

1. 实训时间

教学课时为 2 课时。

2. 实训形式

学生每 5 人组成一个工作小组，各小组根据实训课程任务制订实训实施方案，每个小组有一名组长，组长协助老师指导本组学生进行实训。

3. 实训注意事项

（1）未经教师或管理员允许不得擅自操作。

（2）需严格按照上电顺序上电。

4. 工器具材料准备

（1）防护用品：防滑鞋、绝缘手套、工作服等。

（2）个人用品：笔、笔记本等。

四、实训作业步骤

1. 操作流程（见图 8-11-1）

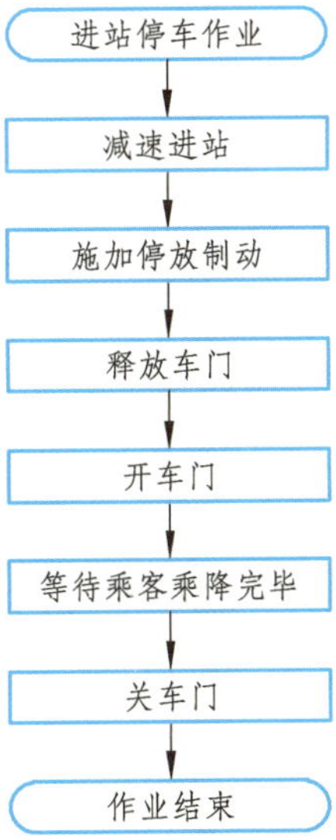

图 8-11-1　操作流程

2. 操作步骤（见表 8-11-1）

表 8-11-1　进站停车作业操作步骤

序号	操作步骤及说明
1	根据线路情况施加常用制动，减速进站并按动车组停车位置标停车
2	进站停稳后，按下“停放制动”按钮 3 s 施加停放制动
3	根据乘务长指令，按下“释放左门”或“释放右门”按钮释放站台一侧的列车车门
4	根据乘务长指令，按下“开左门”或“开右门”按钮打开站台一侧的列车车门
5	直接通过电台取得乘务长关门指令，并按下“关左门”或“关左门”按钮锁闭站台一侧列车车门
6	做好发车准备
注意：在速度低于 5 km/h 前，应检查非站台侧的侧门均在关闭状态，各按钮按压时需按压到底，并保持 1 s 以上	

五、实训考核标准（见表8-11-2）

表 8-11-2　实训考核标准

序号	考核项目	配分	得分
1	停车时对标	25 分	
2	停车后施加停放制动	25 分	
3	开门前释放车门	25 分	
4	接收乘务长指令后关闭车门	25 分	

六、思考题

（1）动车组列车进站停车时的操作流程是什么？

（2）动车组列车进站停车时应遵守哪些规定？

任务十二　入段（库）作业

一、实训目的

（1）能遵守动车组列车入段（库）作业时的相关规定。

（2）能按照 CR400AF 型动车组列车入段（库）作业的相关操作流程进行作业。

二、专业知识

（1）动车组列车终到站停车后，保持列车制动状态，按规定开启车门，与随车机械师交接司机室驾驶操纵设备技术状态，并在《动车组故障交接记录单》上签认。接到列车长关门通知后，关闭车门，确认行车凭证，按规定执行车机联控，鸣笛入段（所）。

（2）按调车方式入段（所）时，装备 LKJ 的动车组将 LKJ 转为规定工作状态，未装备 LKJ 的动车组选择 C2 级【调车】模式。按列车方式入段（所）时，在 CTCS-2/3 级区段，选择 C2 级【部分监控】模式发车。

（3）遇动车组通过检修、检测、清洗等设备时，应按相关规定，执行一度停车、联控、换弓、限速等要求。

（4）动车组入段（所）后应停放在指定地点，按规定办理防溜、交接手续。

（5）正确填写司机报单，按规定转储相关数据。

（6）退勤时，接受酒精含量测试，向机车调度员汇报本次值乘的安全及运行情况，对运行中发生的非正常情况按规定填写《机车运转关系事故概况报告》（机调-10），交回司机报单、司机手账、添乘指导簿、列车时刻表、运行揭示等行车资料和备品，办理退勤手续。

三、实训要求

1. 实训时间

教学课时为 2 课时。

2. 实训形式

学生每 5 人组成一个工作小组，各小组根据实训课程任务制订实训实施方案，每个小组有一名组长，组长协助老师指导本组学生进行实训。

3. 实训注意事项

（1）未经教师或管理员允许不得擅自操作。

（2）需严格按照上电顺序上电。

4. 工器具材料准备

（1）防护用品：防滑鞋、绝缘手套、工作服等。

（2）个人用品：笔、笔记本等。

四、实训作业步骤

1. 操作流程（见图 8-12-1）

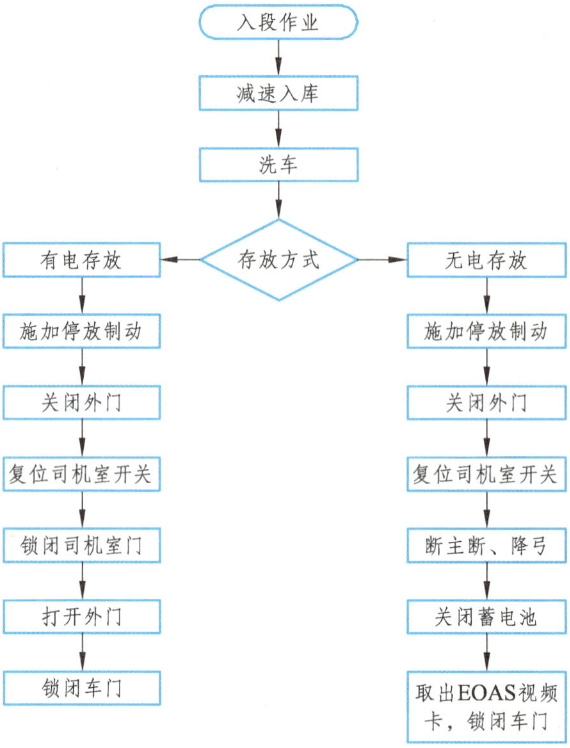

图 8-12-1　操作流程

2. 操作步骤

1）洗车（见表 8-12-1）

表 8-12-1　洗车操作步骤

序号	操作步骤及说明
1	动车组于洗车库前停稳后，施加停放制动
2	确认动车组当前升弓为后弓，否则断主断降后弓，换升后弓后合主断供电
3	在 HMI 显示屏牵引主界面下进入“低恒速”界面，操作“洗车模式”按钮后，操作“恒速设定”按键，HMI 显示屏上弹出“洗车模式未就绪，请等待”，当 HMI 显示屏上弹出“洗车准备就绪”后，进入洗车模式 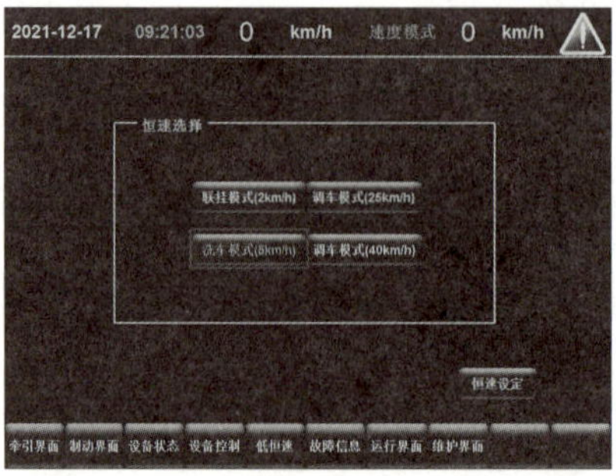

续表

序号	操作步骤及说明
4	操作动车组进入洗车库，此时动车组最高运行速度为 5 km/h
5	后弓进入洗车库前 20 m 停车，施加停放制动，确认前弓已离开洗车区域
6	断主断换升前弓后闭合主断路器，继续牵引运行至洗车结束，停车
7	在司机显示屏牵引界面-低恒速操作“恒速取消”按键以退出洗车模式

2）有电存放（见表 8-12-2）

“有电状态存放”适用于下列条件：

- 有执行空气调节或供暖的需要。
- 动车组停车较长时间并防止人员通过手动操作外门进入列车。

表 8-12-2　有电存放操作步骤

序号	操作步骤及说明
1	操作“停放施加”按钮施加停放制动，确认停放制动灯亮，通过 HMI 显示屏制动主界面确认各车停放制动均已施加
2	操作“关左门”或“关右门”按钮关闭外门，并通过 HMI 显示屏确认所有车门处于关闭状态
3	恢复操纵台及配电盘内所有开关到正常位
4	离开司机室，锁闭司机室门
5	在 01 或 00 车的内门控制板处操作四角锁芯从“红点”到“绿点”，拉动车内紧急把手，打开车门
6	在 01 或 00 车的内门控制板处操作“关门”按钮关闭车门 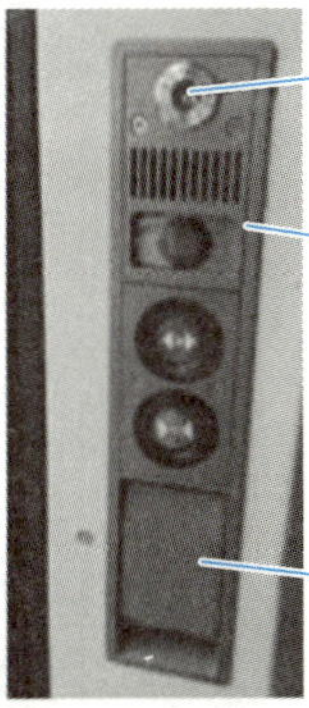
7	从塞拉门外侧翻转隔离锁的盖板，并通过四角钥匙将门扇上隔离锁旋转至红点（隔离）位，然后翻转安全锁的盖板，再通过外门钥匙将门扇上保险锁旋转至红点位来锁闭车门，使车门处于禁用状态

3）无电存放（见表 8-12-3）

“无电状态存放”适用于下列条件：

- 动车组长期不使用。

- 没有冻结或过热危险。
- 车辆内无易腐物体。
- 可通过手动操作外门进入列车。

表 8-12-3　无电存放操作步骤

序号	操作步骤	注意事项	图示
1	释放车门后，操作“关左（右）门”按钮，集控关闭全列车门		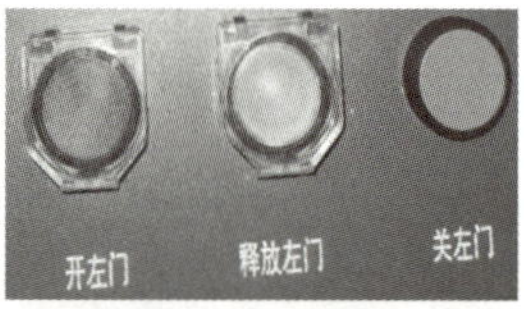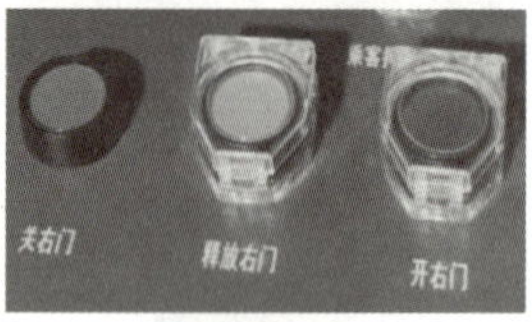
2	操作“停放制动”按钮，施加停放制动，确认停放制动红灯亮	操作“停放制动”按钮至少保持 3 s	
3	确认右侧 HMI 屏制动主界面停放制动施加		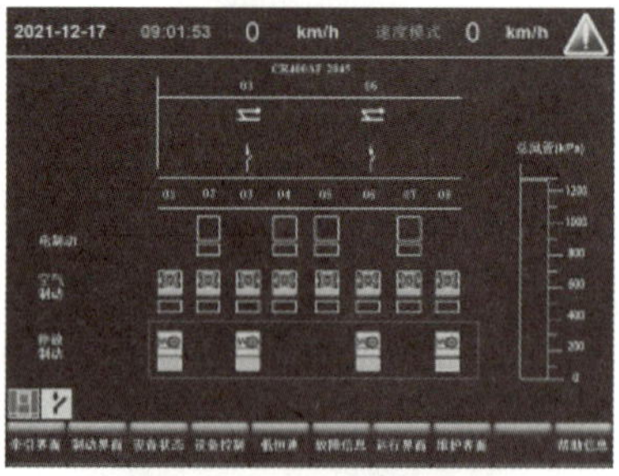
4	注销 CIR，列控车载设备系统 ATP 电源置“分”位	确认【列车无线控制】置“关”位	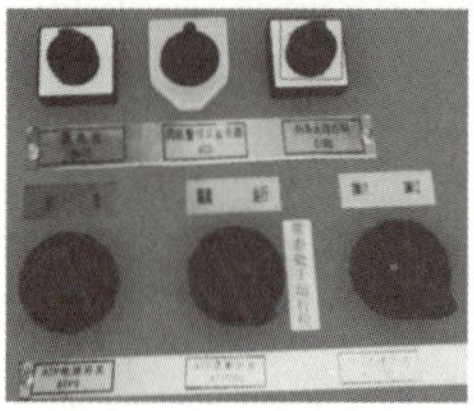
5	司控器手柄置“0”位		
6	进行断电、降弓操作。 （1）操作【VCB】扳键至“断”位并保持 3 s，确认 HMI 显示屏 VCB 断开； （2）操作【受电弓】扳键至“降弓”位并保持 3 s	（1）操作时，应确保位置到位并保持 3 s； （2）必须确认所有受电弓均已降下	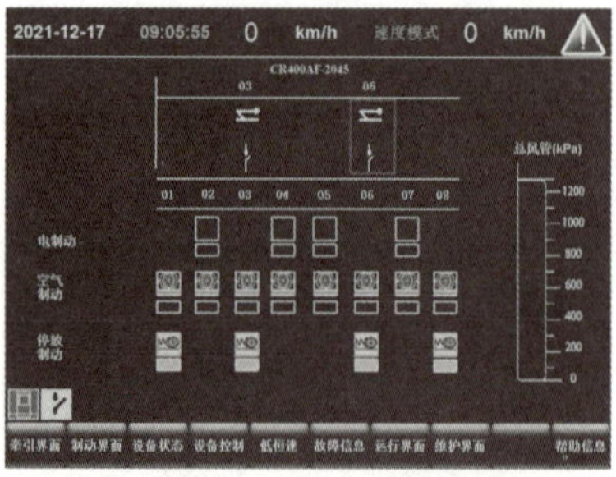

续表

序号	操作步骤	注意事项	图示
7	将【方向选择】开关置“0”位		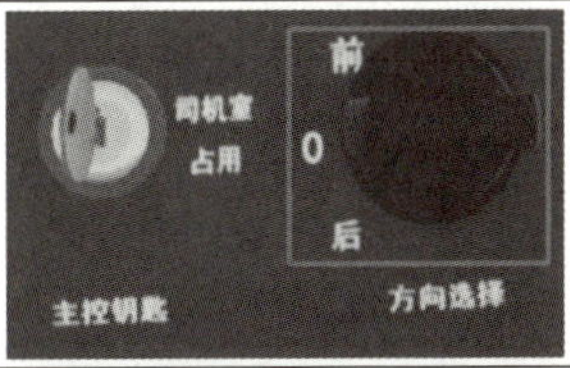
8	操作“转换开关盘 1”内【蓄电池】置“关”位并保持 3 s，充电机内部蓄电池接触器延时 30 s 后断开	断开蓄电池前应确保已施加停放制动。如果停放制动装置的应用条件无法确保，则司机需要采取措施防止出现列车的意外移动（如使用止轮器）	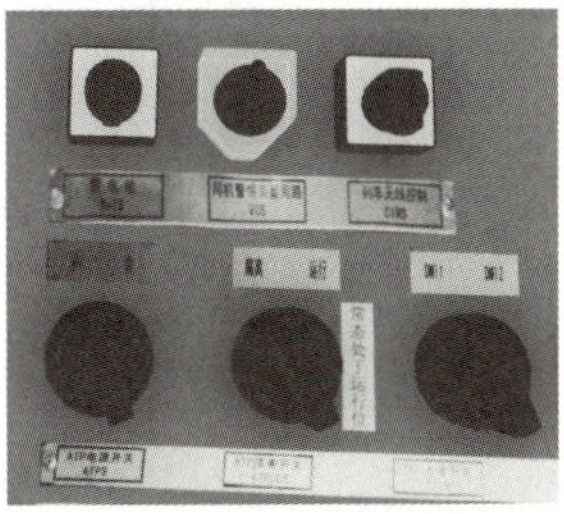
9	主控钥匙旋至“0”位	主控钥匙须下压后旋转	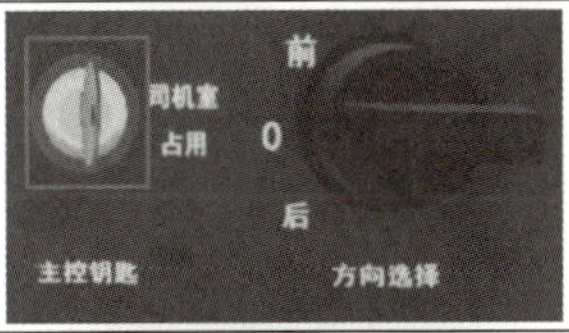
10	拔取 EOAS 视频卡，离开司机室，锁闭司机室门及塞拉门		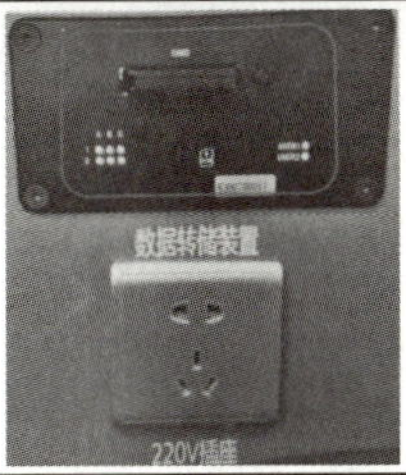

五、实训考核标准（见表8-12-4）

表 8-12-4　实训考核标准

序号	考核项目	配分	得分
1	停车后施加停放制动	10 分	
2	集控关门后在 HMI 屏上确认车门状态	10 分	
3	将司控器手柄置“0”位	10 分	
4	将【方向选择】开关置“0”位	10 分	
5	将 ATP 电源置“分”位	10 分	
6	进行断电、降弓操作	10 分	
7	确认受电弓已降下	10 分	
8	将【列车无线装置】置“关”位	10 分	
9	将主控钥匙置“0”位	10 分	
10	离开司机室锁闭司机室门及塞拉门	10 分	

六、思考题

（1）CR400AF 型动车组无电停留和有电停留的作业流程以及相关注意事项是什么？

（2）动车组列车入段（库）作业时应遵守哪些相关规定？

任务十三　非正常行车作业

一、实训目的

（1）能遵守动车组列车遇突发情况时的规定。

（2）能按照 CR400AF 型动车组列车非正常行车作业的相关操作流程进行作业。

二、专业知识

动车组救援动车组时需遵循以下规定：

（1）列车调度员接到救援申请，按规定发布调度命令封锁区间，并报告值班主任（值班副主任）。列车调度员将救援方案通知车站值班员和请求救援的动车组司机。担当救援的动车组列车需要跨区段担当救援任务时，列车调度员须通知机车调度员（动车组司机调度员）指派带道人员。

（2）列车调度员及时发布有关调度命令。担当救援的动车组司机接到救援命令后，必须认真确认。命令不清、停车位置不明确时，不准动车。向封锁区间发出救援动车组时，不办理行车闭塞手续，以列车调度员的命令，作为进入封锁区间的许可。救援列车的出发或返回，均应通知列车调度员及对方站（与本站为同一人办理时除外）。如事故现场设有临时线路所时，列车调度员（车站控制时为车站值班员）应于发车前，商得线路所车站值班员的同意。

（3）发生事故时，在事故调查组人员到达前，站长（副站长）应随乘发往事故地点的第一列救援列车到事故现场，负责指挥列车有关工作。

（4）在故障动车组前部救援时，担当救援的动车组按隔离模式进入区间，在接近被救援列车 2 km 时，以在瞭望距离内能够随时停车的速度运行，最高不超过 20 km/h，在距被救援列车不小于 300 m 处一度停车，与被救援列车联系确认后进行作业；在故障动车组尾部救援时，开放出站信号，担当救援的动车组按完全监控模式进入区间，在行车许可终点停车，与被救援列车联系确认后，按目视行车模式进入前方闭塞分区，以在瞭望距离内能够随时停车的速度运行，最高不超过 20 km/h，在距被救援列车不小于 300 m 处一度停车（行车许可终点距被救援列车不足 300 m 时除外），与被救援列车联系确认后进行作业。连挂前，司机须与列车调度员联系，在接到列车调度员已发布邻线限速 160 km/h 及以下的调度命令（妨碍邻线及组织旅客疏散时为已扣停邻线列车）的口头指示后，方可开始作业。

（5）被救援动车组转入或退出隔离模式不发布调度命令。当故障动车组处理后可继续运行时，列车调度员应根据司机请求，取消前发救援调度命令。

三、实训要求

1. 实训时间

教学课时为 2 课时。

2. 实训形式

学生每 5 人组成一个工作小组，各小组根据实训课程任务制订实训实施方案，每个小组有一名组长，组长协助老师指导本组学生进行实训。

3. 实训注意事项

（1）未经教师或管理员允许不得擅自操作。

（2）需严格按照上电顺序上电。

4. 工器具材料准备

（1）防护用品：防滑鞋、绝缘手套、工作服等。

（2）个人用品：笔、笔记本等。

四、实训作业步骤

1. 操作流程（见图 8-13-1）

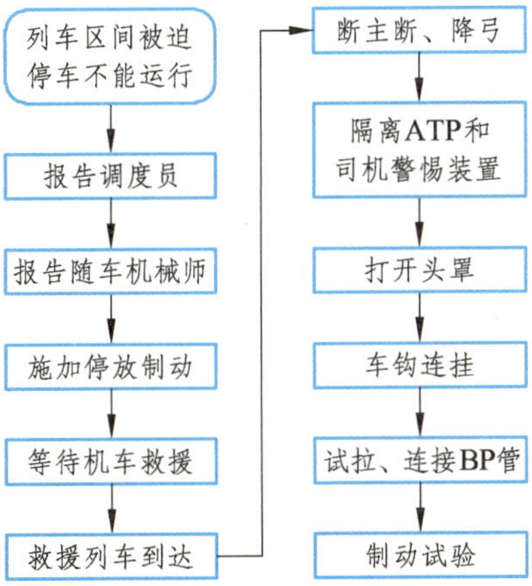

图 8-13-1　操作流程

2. 操作步骤（见表 8-13-1）

表 8-13-1　非正常行车作业操作步骤

序号	操作步骤及说明
1	列车出现故障，被迫停在区间不能运行
2	司机报告调度员，说明车次及停车位置，请求救援
3	司机报告随车机械师，并按照机械师指示施加停放制动，等待救援

续表

序号	操作步骤及说明
4	救援机车到达
5	被救援列车投入主控，连挂司控器手柄置 B7 位，确认停放制动已施加，保持被救援动车组制动状态，蓄电池电压在 105 V 以上。断开 VCB、降下受电弓，并将 ATP 隔离
6	确认司机室右侧的设备舱内【被救援】截断塞门已打开（塞门与管路平行位）。 司机室左侧设备舱内确认空气管开闭器手柄处于“闭”位。 确认车下【BP 救援】与【BP 救援转换装置】塞门处于打开位置 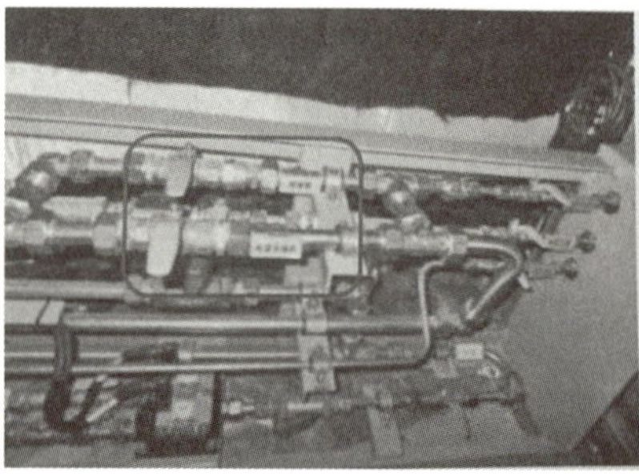 
7	闭合司机室内“司机室配电盘 2”内的【联解控制】断路器；将连挂端“转换开关盘 1”内【司机警惕装置旁路】开关右旋至“隔离”位 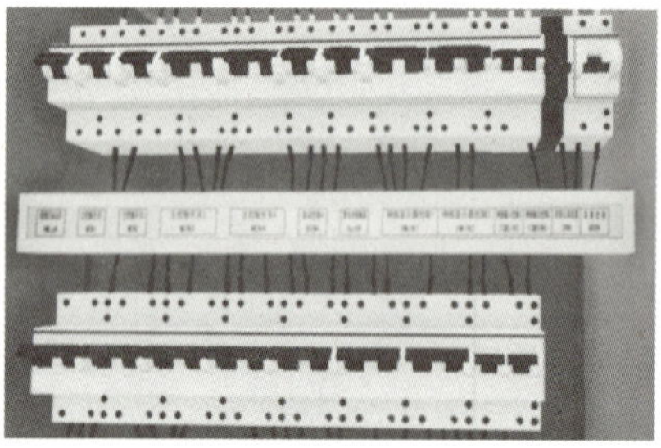 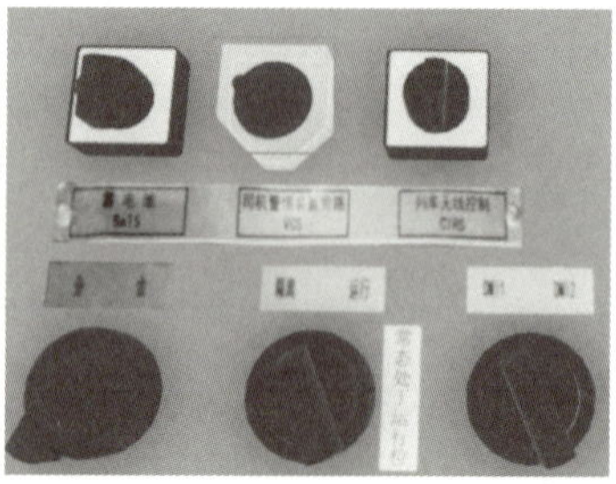
8	闭合“司机室配电盘 1”内【救援装置】断路器，并将司机室“转换开关盘 1”中的【救援】开关置“被救援”位 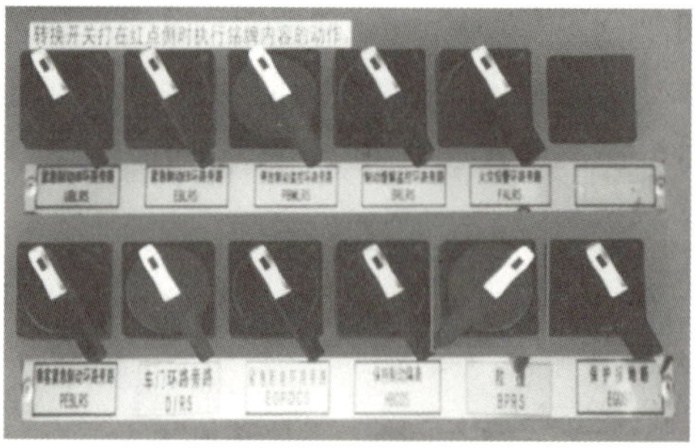

续表

<table>
<tr><th>序号</th><th>操作步骤及说明</th></tr>
<tr><td>9</td><td>闭合 2、4、5、7 车直流柜【预充电控制】断路器，连挂端操纵台上方向开关置“前”位。
点击 HMI 屏【维护界面】中的【回送救援】按键，确认画面中的【预充电控制】断路器和【发电状态】显示状态良好
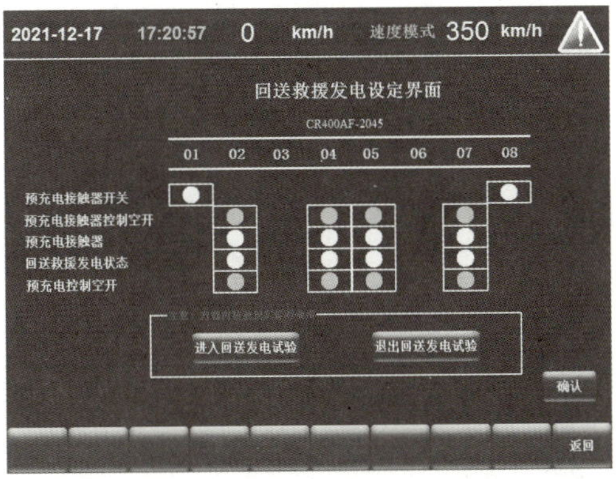
</td></tr>
<tr><td>10</td><td>打开头罩。
可采用三种方式打开头罩：
（1）点击 HMI 主界面上的【设备控制】按键后，再点击【连挂解联】按键，进入连挂解联监控界面。进入连挂界面后，点击【开始连挂】按键，列车进入连挂过程，直到“连挂准备就绪”显示绿色。
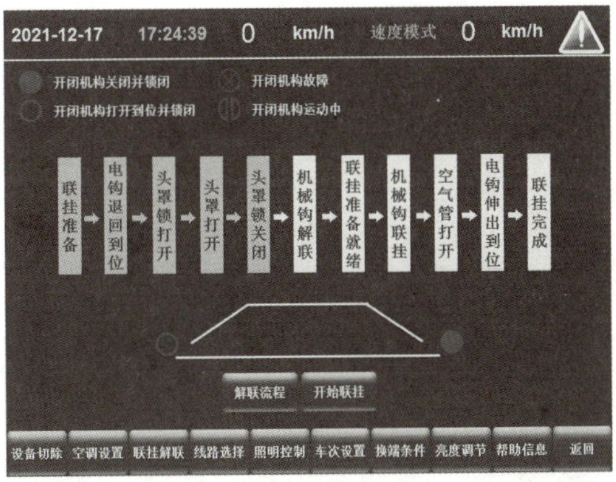

（2）确认总风压力大于 500 kPa，司机配电盘 1 内依次闭合【闭锁解除】、【电连接器解】、【罩开】，确认头罩打开以后，断开以上各开关。
（3）无电或无风状态下，将司机室左侧设备舱内的配管单元箱的【分割合并】、【头罩开 T1】、【头罩开 T2】3 个塞门关断（打到垂直位），排空塞门后侧的压缩空气，切断对头罩开关、头罩锁闭的供风，手动操作打开头罩。确认头罩打开后，操作打开以上 3 个塞门（打到平行位）</td></tr>
</table>

续表

序号	操作步骤及说明
10	
11	操作完毕后，车下人员确认头罩打开到位，检查机械车钩、电气连接器状态良好，确认电钩处于缩回位置
12	断开“司机室配电盘 2”内的【联解控制】断路器
13	操作机车停在被救援动车组约 3 m 的位置。 由于机车车钩类型及高度与被救援动车组不同，需采用过渡车钩模块连接。先将被救援动车组过渡车钩模块手动安装在救援连挂自动车钩上，待机车到达后，将机车过渡车钩模块与被救援动车组过渡车钩模块连接。 注意：过渡车钩模块放置于 01、08 车客室备品柜
14	车钩连挂。 操作机车低速运行到距离被救援动车组 1 m 处，车下确认过渡车钩高度。 操作机车以 2 km/h 的速度与被救援动车组车钩连挂，确认车钩连挂面贴合，连挂机构定位杆缩回车钩钩体内部，机械连挂指示指针与红色凹槽重合，连挂完毕 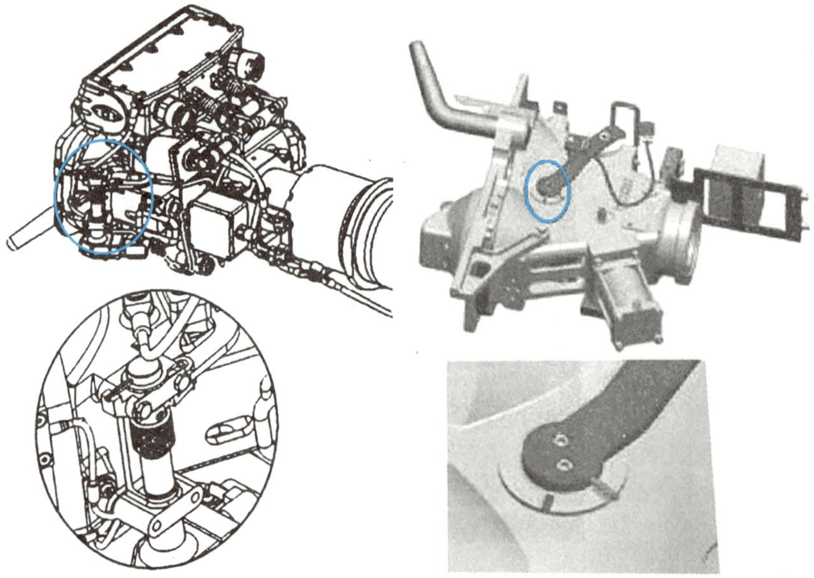

续表

<table>
<tr><th>序号</th><th>操作步骤及说明</th></tr>
<tr><td>15</td><td>试拉试验：操作机车以不高于 2 km/h 的速度进行试拉试验，确认车钩连接良好</td></tr>
<tr><td>16</td><td>BP 管连接。
将机车的制动橡胶软管（列车管）与被救援动车组过渡车钩上的制动橡胶软管对应连接，打开机车 BP 管折角塞门
</td></tr>
<tr><td>17</td><td>制动试验。
（1）被救援动车组确认停放制动施加，司控器手柄置于制动区（非 EB 位），按下紧急复位按钮，确认紧急制动 UB 环路闭合，司控器手柄置“0”位。
（2）操作机车缓解制动，给被救援动车组 BP 管充风，确认被救援动车组 BP 压力上升到 600 kPa，全车的 BC 压力下降（最终为 0），全列制动缓解。
（3）操作机车减压 170 kPa，被救援动车组通过 HMI 屏确认 BP 管压力减压值，确认全列的 BC 压力在 170 kPa 以上。
（4）操作机车缓解制动，给被救援动车组 BP 管充风，确认被救援动车组 BP 管压力上升至 600 kPa，全列制动缓解。
（5）操作机车施加紧急制动，被救援动车组通过 HMI 屏确认 BP 管压力降至 0，产生紧急制动，在被救援动车组 HMI 上确认全列的 BC 压力在 275 kPa 以上。
（6）产生紧急制动 30 s 后，确认被救援动车组停放制动施加，操作司控器手柄置于制动位，按下紧急复位按钮，确认紧急制动 UB 环路闭合，司控器手柄置“0”位</td></tr>
<tr><td>18</td><td>操作被救援动车组缓解停放制动</td></tr>
<tr><td>19</td><td>救援过程。
运行途中，随时通过司机室 HMI 屏或 BP 压力表确认 BP 压力在 550 kPa 以下时，HMI 显示屏上制动缸压力必须有显示（即制动作用）；BP 压力为 580 kPa 以上时，HMI 显示屏上制动缸压力必须显示为零，即缓解运行途中监控。被救援动车组蓄电池电压不低于 96 V，当回送救援速度达到 60 km/h 以上时，确认被救援动车组进入自发电模式。
若被救援动车组无法进行自发电，运行中蓄电池电压低于 96 V，通知司机在就近站停车，升弓供电，为蓄电池充电</td></tr>
</table>

五、实训考核标准（见表8-13-2）

表 8-13-2　实训考核标准

序号	考核项目	配分	得分
1	被迫停车后及时报告调度员	9 分	
2	被迫停车后及时报告随车机械师	9 分	
3	停车后施加停放制动	9 分	
4	被救援时断开主断、降弓	9 分	
5	能确认【救援断】、【BP 救援】、【BP 救援转换装置】塞门处于打开位	9 分	
6	闭合【联解控制】断路器	9 分	
7	将【救援】开关置“被救援”位	9 分	
8	在 HMI 屏确认【预充电控制】、【发电状态】显示状态良好	9 分	
9	打开头罩后，确认头罩打开到位	9 分	
10	进行试拉试验	9 分	
11	连挂后进行制动试验	10 分	

六、思考题

（1）CR400AF 型动车组被救援时的操作程序是什么?

（2）动车组列车遇突发情况时应遵守哪些规定?

任务十四　常见故障处理

一、实训目的

（1）能遵守 CR400AF 型动车组列车在进行故障处理时的相关规定。

（2）能按照 CR400AF 型动车组列车常见故障处理作业的相关操作流程进行作业。

二、专业知识

CR400AF 型动车组列车在进行故障处理时应遵守以下规定：

1. 故障处理前

1）诊断代码显示

CR400AF 型动车组一、二级故障信息集成在动车组 HMI 显示界面上，发生故障时，司机及随车机械师可通过 HMI 屏查看当前故障记录、历史故障记录及相应解决办法。故障排除后，该故障信息在当前故障信息页面不再显示。三级故障信息可采用 PTU 软件通过 WTD 下载。

① 弹屏故障查询。

发生弹屏故障时，HMI 屏在当前页面下方会弹出“故障发生信息”页面，并伴有声光报警，点击【确定】键后，弹出界面会隐藏，如图 8-14-1 所示。

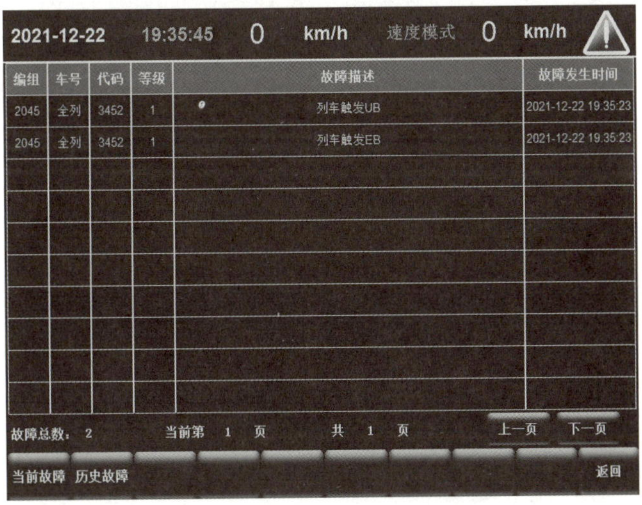

图 8-14-1　故障信息显示界面

② 当前故障查询。

二级故障通过点击主界面上的【故障信息】按键或者界面右上角的三角图标，可进入当前故障界面，对列车当前存在的故障进行查看。通过点击故障信息对应的故障代码或者故障代码所在行显示屏的任一位置，可查看相应的故障处理措施，如图 8-14-2 所示。

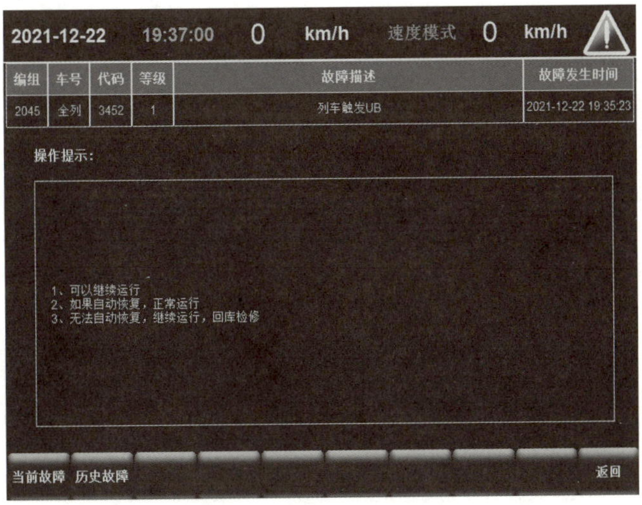

图 8-14-2　故障处理措施界面

③ 历史故障查询。

点击【历史故障】按键，可对列车的历史故障进行查看，如图 8-14-3 所示。

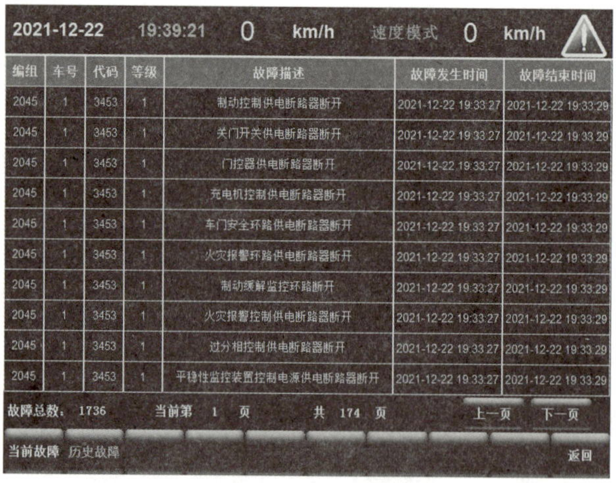

图 8-14-3　历史故障信息界面

2）诊断代码显示

故障处理时，在各 HMI 屏上查询故障信息权限一致，可在任一 HMI 屏上查询。

3）高度重视组合性故障

发生组合性故障时，往往可能存在严重的机械或电气故障，应高度警惕此类故障，严格按照应急指导手册进行检查确认。

2. 故障处理中

1）熟练掌握复位、切除等方法

CR400AF 型动车组采用的是列车网络通信控制技术，大量的复杂功能是依靠软件来实现的，很多故障也是通过对软件的复位及功能切换的方式消除或隔离，因此应熟练掌握 CR400AF 型动车组的相关复位、切换及切除方法。CR400AF 型动车组在进行断路器复位时，必须在断开断路器 10 s 以后再闭合，操作“复位”“紧急复位”等操作台自复位开关时必须保持 3 s 以上。

2）权衡处置方案

应急处理时应坚持安全第一的原则，同时兼顾时效性。很多故障可能导致列车运行性能降低，但仍可以维持运行，经过处理，也许可以恢复列车的运行性能，但也可能会因耗时过多，耽误行车时间而造成较大晚点，甚至有可能处理不当而造成故障扩大化。因此应按照“在确保安全的前提下，以最简单的处置方式维持进入前方站进行故障处理”的原则，综合各种情况，判断选择在前方车站采取处理措施，恢复性能，还是维持现状继续运行。应急处置时，随车机械师与发生局动车组调度、动车组司机保持沟通联系。应急处置时，随车机械师与发生局动车组调度、动车组司机保持沟通联系。

3）重联动车组故障处置原则

重联动车组配置成功后可视为一个整体，多数故障可以按照单车组的方法进行处理，即哪一列车组发生故障，按哪一列编组的应急处理措施执行；两列同时发生故障按照较为安全的应急措施执行。重联车在正常连挂方式下（即电气车钩和机械车钩均连接）经应急处理后如无法运行，应首先将电钩解开后各自激活，根据两组车的不同状态采用单组自走或互为救援故障车组。

4）其他注意事项

运行过程中操作升弓时，速度应不高于 200 km/h。

3. 故障处理后

动车组故障丧失移动能力无法处理时（如全列无法供电、全列无牵引、重大机械故障等）应立即请求救援。若动车组依然具有低速运行能力时，随车机械师应及时将运行限制条件通知司机，由司机报告发生所在铁路局列车调度员。

动车组继续运行时，需重点对故障车厢进行巡视，加强监控，如出现异常振动或异响，应立即通知司机停车，下车检查。

4. 基本操作项目

1）蓄电池接触器断电复位（大复位，见表 8-14-1）

表 8-14-1　蓄电池接触器断电大复位操作步骤

注意	（1）大复位断电前，车门可手动紧急解锁开门；大复位上电时，所有开启的车门将自动关闭。 （2）大复位前，司机通知列车长做好边门防护。 （3）大复位条件：同时满足停车状态、VCB 断开、无火警报警	
步骤	处理过程	
1	通知列车长并执行关门。 司机通知列车长，列车长通知乘客远离车门。 （1）司机施加制动。 （2）司机断开 VCB 并降弓。 （3）将【方向】开关置“0”位。 （4）操作“关门”按钮，确认全列塞拉门关闭	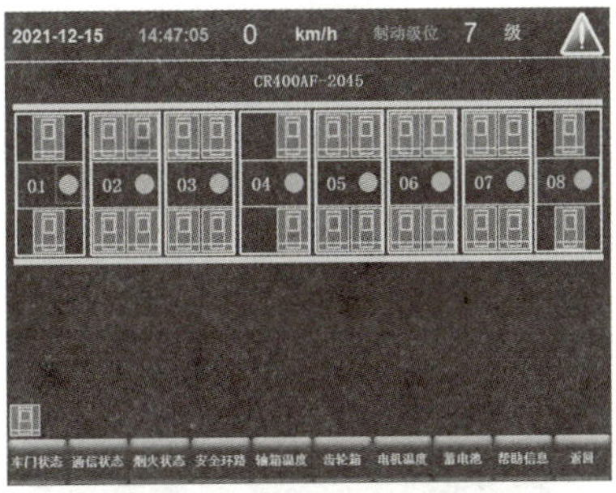
2	断、合蓄电池操作。 司机将主控钥匙旋转至“0”位，将转换开关盘 1 内【蓄电池】开关打至“关”位并保持 3 s，等待 HMI 屏设备断电。HMI 屏设备断电 5 s 后，将主控钥匙旋转至“司机室占用”位，将【蓄电池】开关打至“开”位并保持 3 s，重新投入蓄电池	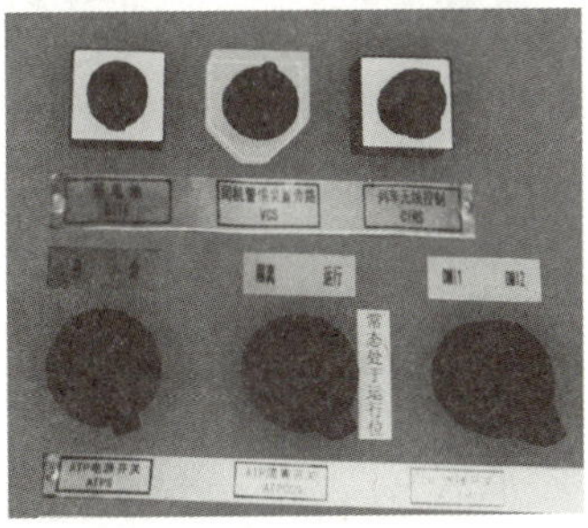
3	重新占用司机室后续操作。 司机重新占用司机室，将司控器置“EB”位，确认制动可用性	

2）小复位（见表 8-14-2）

表 8-14-2　小复位操作步骤

注意	小复位时需断开 VCB、降下受电弓
步骤	处理过程
1	操作小复位。 司机在主控端司机室操作断 VCB、降下受电弓，操作【VCB】开关置“VCB 断”位保持至少 8 s

3）牵引辅助复位（见表 8-14-3）

表 8-14-3　牵引辅助复位操作步骤

注意	小复位时需断开 VCB、降下受电弓	
步骤	处理过程	
1	操作复位。 按压主控端操纵台上的“复位”按钮并保持至少 3 s	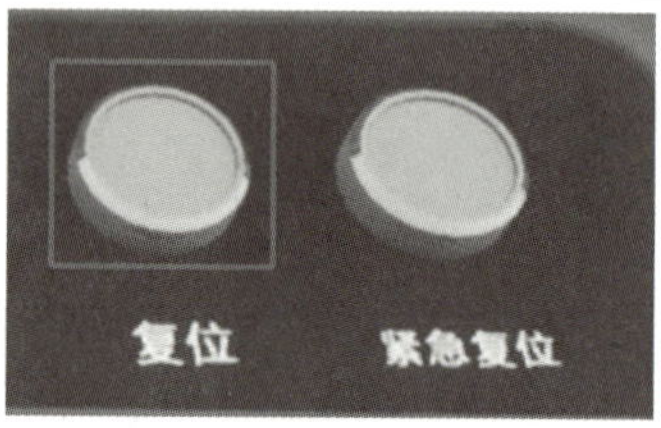

4）紧急复位（见表 8-14-4）

表 8-14-4　紧急复位操作步骤

注意	为防止在大坡道上溜车，紧急复位时司控器手柄置“B7”位	
步骤	处理过程	
1	施加停放制动。 司机按下主控端“停放施加”按钮并保持 3 s，通过 HMI 屏【制动主界面】或停放施加按钮指示灯确认全列车停放制动施加	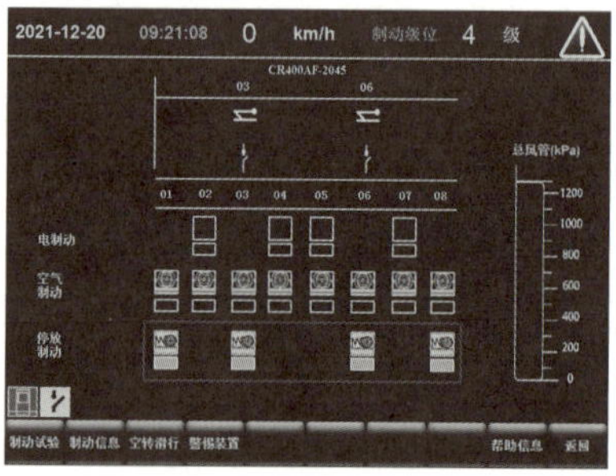
2	操作手柄。 司机施加常用制动（手柄置制动区）	
3	紧急复位。 按压主控端操纵台上的“紧急复位”按钮并保持至少 3 s，确认全列紧急制动缓解	

5）远程设备切除/恢复（见表 8-14-5）

表 8-14-5　远程设备切除/恢复操作步骤

注意	远程切除/恢复设备包括受电弓、VCB、高压隔离开关、牵引变流器、牵引逆变器、辅助变流器、充电机、空压机	
步骤	处理过程	
1	切除/恢复设备。 （1）司机在主控端司机室操作 VCB 断开。 （2）司机点击主界面上的【设备控制】，进入【设备切除】界面。选择要切除/恢复的设备，按下【切除/恢复】按键，即【选定设备】+【切除/恢复】。受电弓切除前，需降下受电弓，列车速度应小于 200 km/h	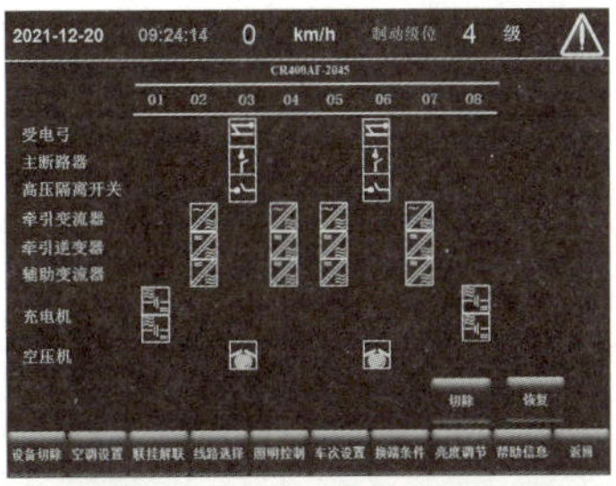
2	切除/恢复状态确认。 在 HMI 屏【设备切除】界面，确认相应设备的切除/恢复状态。 注：设备切除时，HMI 屏界面状态显示为	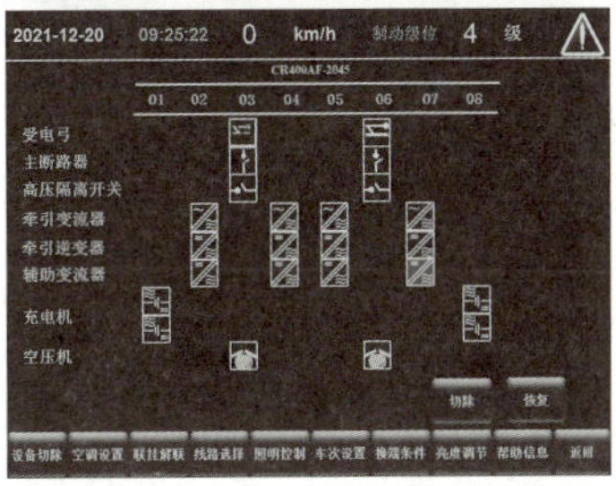

6）TCU 复位（见表 8-14-6）

表 8-14-6　TCU 复位操作步骤

步骤	处理过程	
1	司机操作断开 VCB	
2	进行 TCU 复位。 随车机械师断开故障车直流柜内【牵引变流器控制 1】断路器，10 s 后再闭合，操作完成后通知司机闭合 VCB	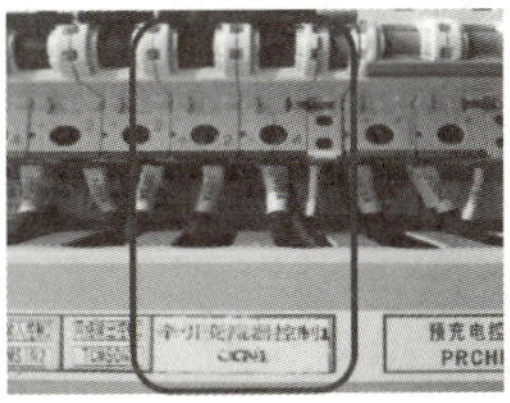

7）BC 复位（见表 8-14-7）

表 8-14-7　BC 复位操作步骤

步骤	处理过程	
1	司机操作断开 VCB	
2	进行 BC 复位。 随车机械师断开故障车直流柜内【充电机控制 1】或【充电机控制 2】断路器，10 s 后再闭合，操作完成后通知司机闭合 VCB	

8）BCU 复位（见表 8-14-8）

表 8-14-8　BCU 复位操作步骤

步骤	处理过程	
1	司机施加制动停车并施加停放制动	
2	进行 BCU 复位。 （1）随车机械师断开故障车直流柜内【制动控制 3】，5 s 后断开【制动控制 1】断路器。 （2）10 s 后闭合【制动控制 1】断路器，再经过 5 s 后闭合【制动控制 3】断路器，操作完成后通知司机进行制动试验	
3	进行制动试验。 司机通过主控端 HMI 屏进行“直通制动试验”“紧急制动 UB 试验”“紧急制动 EB 试验/EB 转 UB 试验”制动试验，恢复空气制动可用性	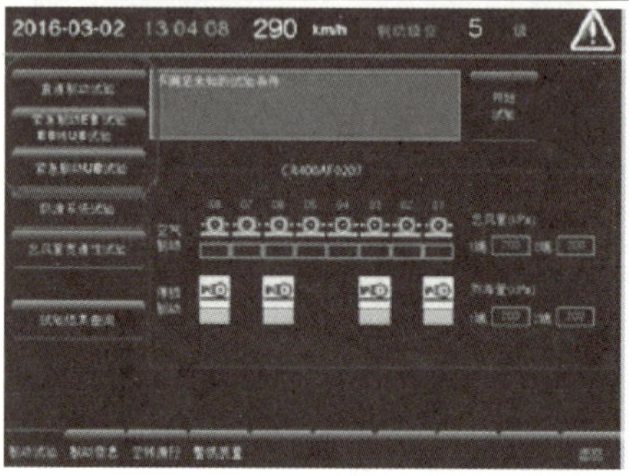

三、实训要求

1. 实训时间

教学课时为 2 课时。

2. 实训形式

学生每 5 人组成一个工作小组，各小组根据实训课程任务制订实训实施方案，每个小组有一名组长，组长协助老师指导本组学生进行实训。

3. 实训注意事项

（1）未经教师或管理员允许不得擅自操作。

（2）需严格按照上电顺序上电。

4. 工器具材料准备

（1）防护用品：防滑鞋、绝缘手套、工作服等。

（2）个人用品：笔、笔记本等。

四、实训作业步骤

1. 操作流程（见图 8-14-4）

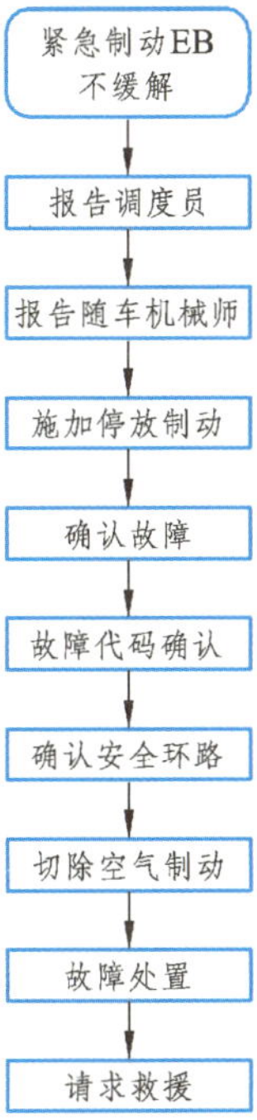

图 8-14-4　操作流程

2. 操作步骤（见表 8-14-9）

表 8-14-9　常见故障处理操作步骤

序号	操作步骤及说明	图示
1	列车遇紧急制动 EB 不缓解故障	
2	停车处理。 停车后，司机通过 HMI 屏【安全环路】界面确认 EB 紧急制动环路断开。司机将司控器手柄置“B7”位，通知随车机械师，并报告调度员	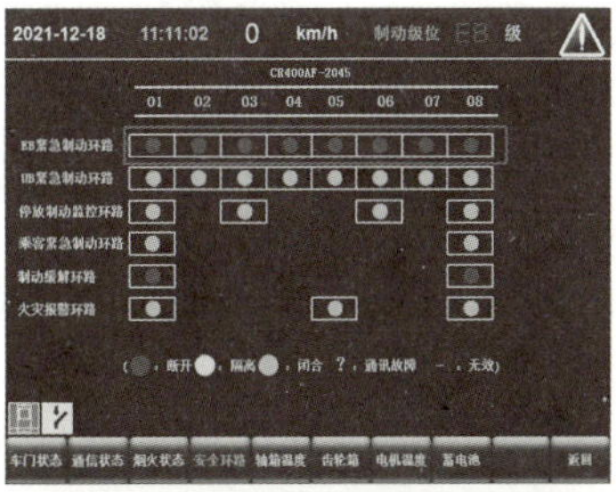
3	确认故障。 随车机械师确认 HMI 屏是否报出诊断代码。若报出诊断代码 604E，通知司机操作紧急复位。若紧急制动缓解，继续运行；若紧急制动不缓解，随车机械师将司机室右边柜转换开关盘 1 内【司机警惕装置旁路】开关置“旁路”位，再进行紧急复位，若能缓解紧急制动，继续运行	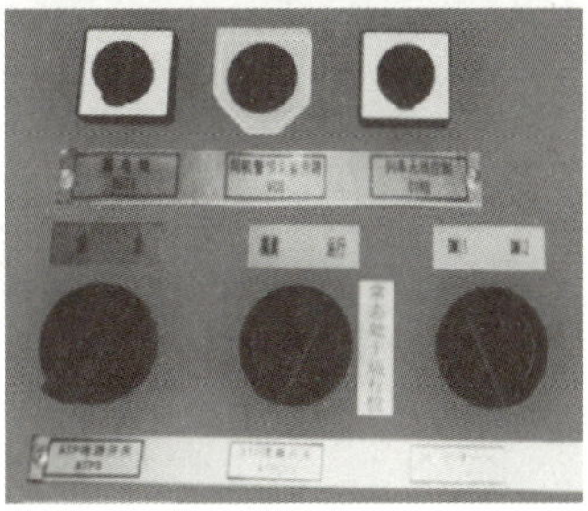

续表

序号	操作步骤及说明	图示
4	故障代码确认。 若报出诊断代码 500E，则通知司机报告调度员确认，如列车调度员确认地震预警解除但单车 EB 仍不缓解，随车机械师将占有端司机室配电盘 3 中的【地震预警隔离】开关置“隔离”位。 若未发生以上情况，则执行下一步	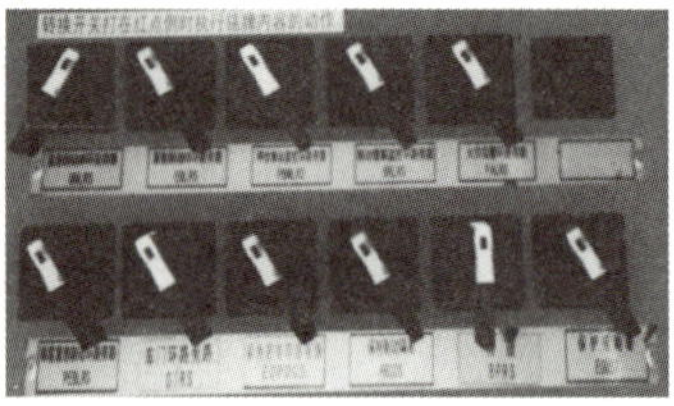
5	确认安全环路状态。 随车机械师通过 HMI 屏【安全环路】界面确认安全环路状态。 若出现单车紧急制动 EB 环路闭合，且单车紧急制动 EB 仍不缓解，随车机械师进行 BCU 复位，制动缓解正常后，正常行车；若 BCU 复位后仍不缓解或出现单车紧急制动 EB 环路断开，则执行第 6 步。 若出现全列紧急制动 EB 环路断开或全列紧急制动 EB 环路闭合且紧急制动不缓解现象，则执行第 7 步	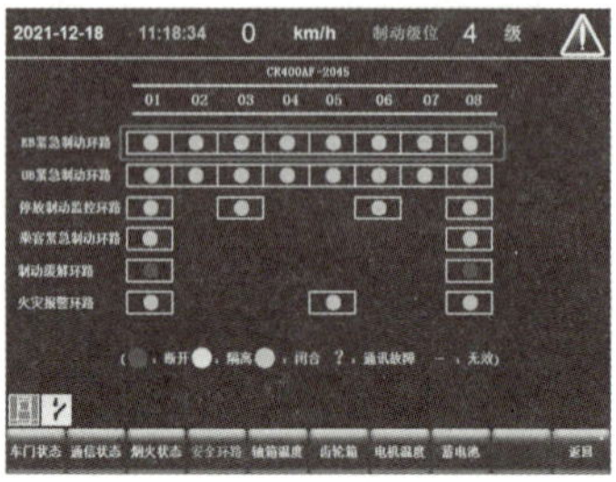
6	空气制动切除。 关闭直流柜内“制动缸隔离”塞门（红色手柄，手柄与管路平行为打开，垂直为关闭），切除本车空气制动，确认“制动缸隔离”塞门风口，将制动缸内压缩空气排空（排风声音从有到无）	
7	故障处置。 随车机械师将司机室右边柜转换开关盘 2 内【紧急制动 EB 环路旁路】开关置“旁路”位，通知司机操作紧急复位，缓解紧急制动 EB，继续运行	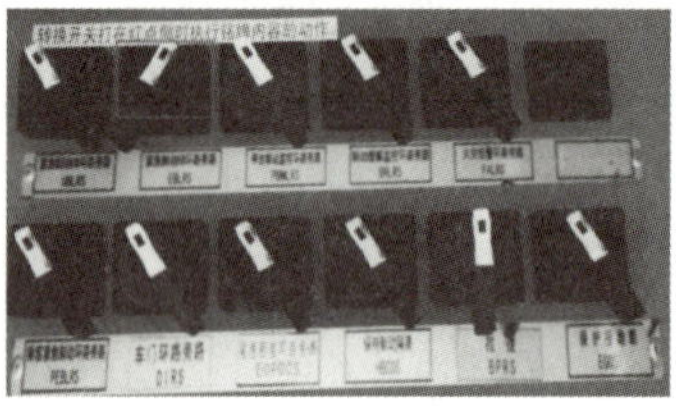
8	请求救援。 若上述处理后紧急制动 EB 仍不缓解，则请求救援	

五、实训考核标准（见表8-14-10）

表 8-14-10　实训考核标准

序号	考核项目	配分	得分
1	停车后及时报告调度员	10 分	
2	停车后及时报告随车机械师	10 分	
3	停车后施加停放制动	10 分	
4	停车后及时在 HMI 屏确认故障代码	10 分	
5	故障代码为 604E 时，将【司机警惕装置旁路】开关置“旁路”位	15 分	
6	故障代码为 500E 时，将【地震预警隔离】开关置“隔离”位	15 分	
7	单车紧急制动不缓解时，切除故障车空气制动	15 分	
8	全列紧急制动不缓解时，将【紧急制动 EB 环路旁路】开关置“旁路”位	15 分	

六、思考题

（1）CR400AF 型动车组出现紧急制动 EB 不缓解故障时如何处理？

（2）CR400AF 型动车组的基本复位操作有哪些？

任务十五　途中运行（CRH380A）

一、实训目的

（1）能正确阐述 CRH380A 型动车组牵引、制动系统的组成。

（2）能按照 CRH380A 型动车组的驾驶操作以及列车途中运行的相关操作流程进行作业。

二、专业知识

1. CRH380A 型动车组牵引系统的组成

CRH380A 型动车组（8 编组）有 3 个动力单元，T1、M1、M2 是一个动力单元，M3、M4 是一个动力单元，M5、M6、T2 是一个动力单元，如图 8-15-1 所示。每个基本动力单元的牵引系统主要包括网侧高压电气设备、1 台牵引变压器、2 台牵引变流器、8 台牵引电动机等，如图 8-15-2 所示。

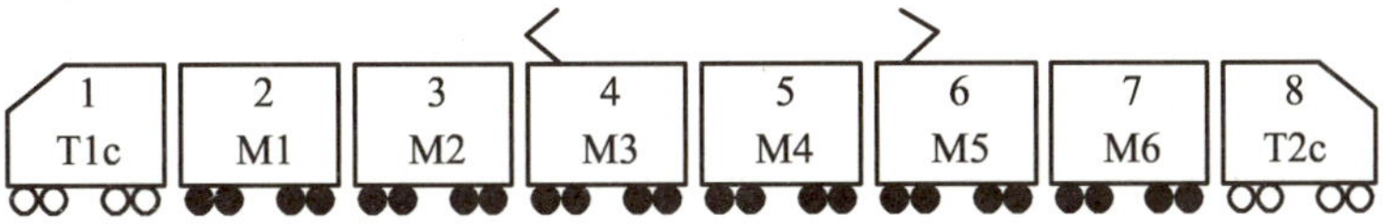

T—拖车；M—动车；C—驾驶室车。

图 8-15-1　CRH380A 型动车组结构

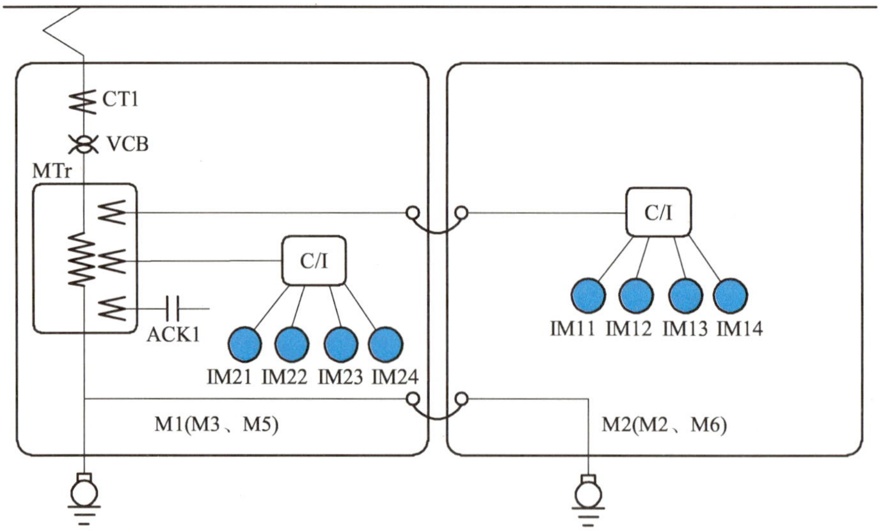

图 8-15-2　CRH380A 型动车组牵引系统

1）网侧高压电气设备

网侧高压电气设备主要包括受电弓、主断路器、避雷器、电流互感器、接地保护开关等。

受电弓（TSG19A）：每列车设两个受电弓，分设在 4 号车和 6 号车上，单臂型，额定电流 700 A，静态接触压力（80±10）N，弓头宽度 1 950 mm，具有自动降弓功能，适应接触网高度为 530～650 mm，列车运营速度为 350 km/h。单列车运行时采用单弓受流、其他备用。两列连挂运行时采用双弓受流，通过设置控制联锁，使双弓之间的工作距离大于 190 m，确保动车组正常运行。

主断路器（CB201C 型）：全列车共 3 个，真空型，额定开断容量 100 MVA，额定电流 200 A，额定断路电流 3 400 A，额定断开时间小于 0.06 s。

高压电流互感器：全列车共 3 个，变流比 200 A/5 A，用于检测牵引变压器原边电流。

避雷器（LA205 型）：全列车共 3 个，额定电压 42 kV（RMS），动作电压 57 kV 以上，DC 限制电压 107 kV。

接地保护开关（EGS 开关、SH2052C 型）：全列车共 2 个，额定瞬时电流 6 000 A。

2）牵引变压器（TBQ34-3855/25A/ATM9B 型）

一个基本动力单元 1 个牵引变压器，全列车共 3 个。牵引变压器采用壳式结构、车体下吊挂、油循环强迫风冷方式，具有 1 个原边绕组（25 kV、4 175 kVA），2 个牵引绕组（1 653 V、3 655 kVA），1 个辅助绕组（400 V、520 kVA），采用轻量耐热材料和环保型硅油，约 3 500 kg，效率大于 95%。

3）牵引变流器（TGA10A/ CⅡ-HR1420C 型）

一个基本动力单元 2 个牵引变流器，全列车共 6 个。牵引变流器采用车下吊挂，液体沸腾冷却方式，主电路由脉冲整流器、中间直流电路、中间整流电路、逆变器构成，采用 PWM 方式控制，中间直流电压为 3 100 V（随牵引电机输出功率进行调整），1 个牵引变流器采用矢量控制原理控制 4 台并联的牵引电机，效率大于 96%，功率因数大于 97%。

4）牵引电动机（YQ365/YJ92B 型）

每节动车有 4 台并联牵引电动机，一个基本动力单元 8 台，全列共 24 台。

牵引电动机为 4 极三相鼠笼式异步电动机，采用架悬、强迫风冷方式，通过挠性齿型联轴节连接传动齿轮，额定输出功率 365 kW，额定转速 4 142 r/min。

2. CRH380A 型动车组的牵引方式

CRH380A 型动车组采用动力分散交流驱动方式，在前后两端都设有司机室，在前端的司机室内进行操作。动车组（6M2T）在平直线路上，速度从 0 到 200 km/h 的过程中，平均加速不小于 0.396 m/s^2，定速范围为 30 ~ 380 km/h，电源方式为交流 25 kV，50 Hz（特高电压连接、1 个受电弓受电）。在最高电压 31 kV、最低电压 17.5 kV 的电源变动范围内可正常运行。但是，额定输出只限于电源电压在 22.5 ~ 31 kV 内。

CRH380A 型动车组牵引特性曲线如图 8-15-3 所示。

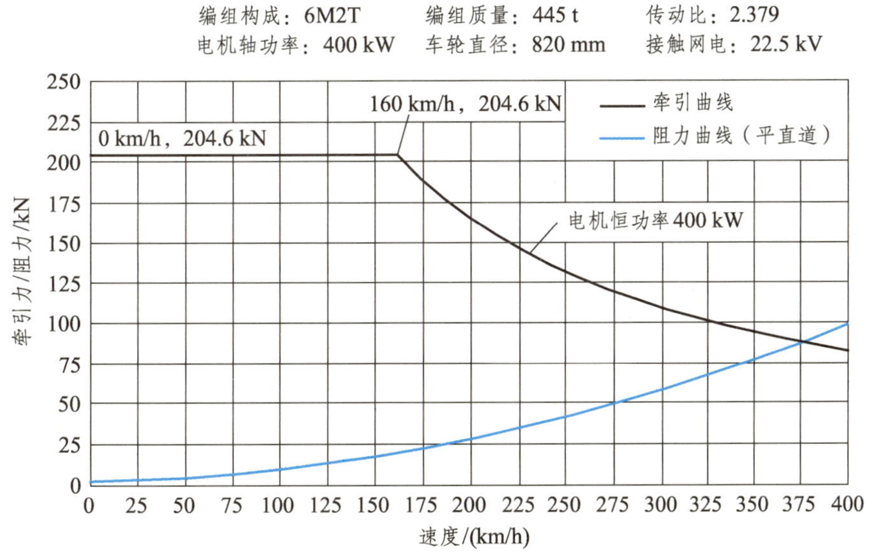

图 8-15-3　CRH380A 型动车组牵引特性曲线

3. CRH380A 型动车组牵引主电路

动车组电源由接触网通过 4 号车或 6 号车受电弓进行受电，通过车顶上的特高压导线，经由 VCB 后被送到 2 号车、4 号车或 6 号车的主变压器，如图 8-15-4 所示。车顶上安装有保护接地装置（EGS），可使接触网接地短路。牵引变压器 2 次绕组侧设有 2 个线圈，1 次侧的电压为 25 kV 时，2 次侧绕组电压则为 1 500 V。牵引变流器安装在 M1、M2、M3、M4、M5、M6 车上，每台牵引变流器控制 4 台牵引电机。在牵引时，向牵引电机提供电力，在制动时进行电力再生控制。

牵引电机采用三相鼠笼式感应电机，其轴端设置有速度传感器，用于检测牵引变流器测速以及制动控制装置的速度控制（转子频率数）。

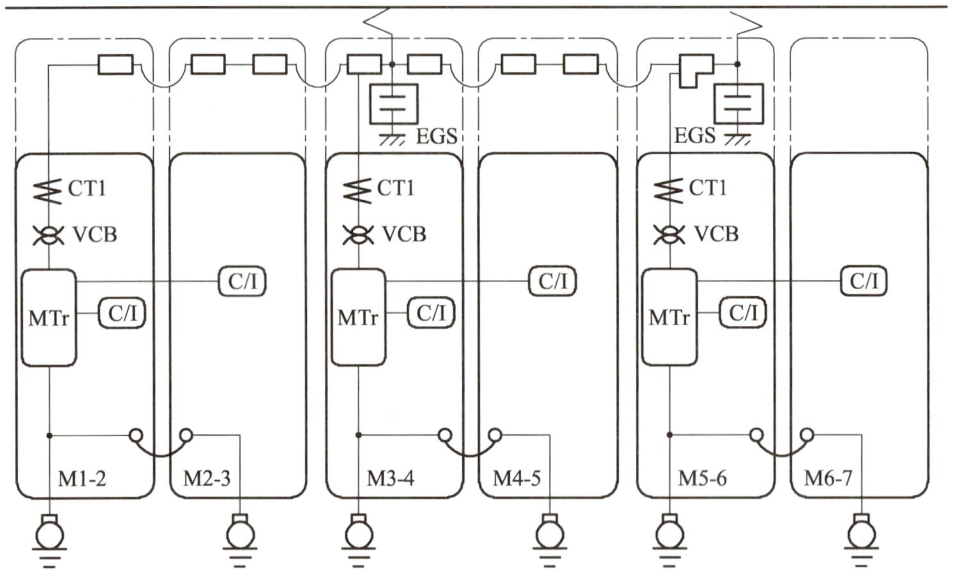

图 8-15-4　CRH380A 型动车组牵引主电路

牵引系统故障时可分别对 M1 车、M2 车切除动力，也可以通过断开 VCB 切除一个牵引单元，不影响另一个单元的牵引。

4. CRH380A 型动车组制动系统

动车组制动系统采用手动制动方式及由 ATP 控制的自动制动方式。动作方式采用电气再生制动方式与电气指令式空气制动方式并用，对应速度-黏着曲线模式进行制动力控制，同时还具有滑行检测及适应载荷机能。

1）常用制动

设有 1 ~ 7 级。各挡位的减速度均具有适应载荷机能，无论车辆的质量如何，减速度保持一致。由 ATP 控制的自动制动，相当于 B1、B4、B7、EB 作用。

2）快速制动

采用混合制动模式，具备最大常用制动 1.35 ~ 1.81 倍的制动力。

3）紧急制动

安全回路失电控制模式，发生下列情况将引起紧急制动。

（1）总风压力过低，总风压力小于 590 kPa 时。

（2）列车分离，前方车辆采用快速制动动作，后方车辆则采用快速制动与紧急制动制动力大的一方动作。

（3）检测到制动不足时，当压力开关检测到 BC 压力不足，同时主变流器也检测到电气制动力不足时。

（4）操作紧急制动按钮，使紧急电磁阀失电。

（5）制动手柄处在拔取位。

紧急制动为纯空气制动，紧急制动复位操作需将制动手柄置“快速”位，按下紧急制动复位按钮。

4）辅助制动

制动装置异常、制动指令线路断线、车辆信息控制装置故障时使用。辅助制动不经过车辆信息控制装置和制动控制装置，根据制动手柄的位置，直接使 EP 阀动作。通过操作司机室的设定开关以及各个单元（Tc 车）的配电盘开关来进行工作。使用辅助制动时，制动控制装置的电源不应断掉。辅助制动只在 1 号车和 8 号车动作，所以制动力较弱。

5）耐雪制动

为防止下雪时制动盘和闸片间存雪，影响制动力，可采取耐雪制动。可以轻轻压紧闸片，使闸片和制动盘之间的间隙关闭。速度在 110 km/h 以下，操作耐雪制动开关起作用。

三、实训要求

1. 实训时间

教学课时为 2 课时。

2. 实训形式

学生每 5 人组成一个工作小组，各小组根据实训课程任务制订实训实施方案，每个小组有一名组长，组长协助老师指导本组学生进行实训。

3. 实训注意事项

（1）未经教师或管理员允许不得擅自操作。

（2）需严格按照上电顺序上电。

4. 工器具材料准备

（1）防护用品：防滑鞋、绝缘手套、工作服等。

（2）个人用品：笔、笔记本等。

四、实训作业步骤

1. 操作流程（见图 8-15-5）

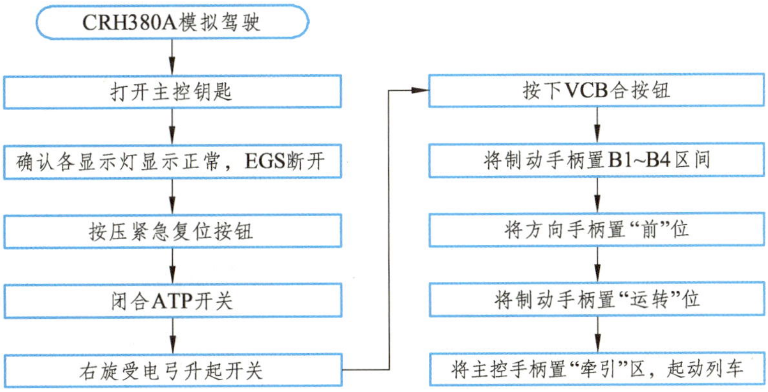

图 8-15-5　操作流程

2. 操作步骤（见表 8-15-1）

表 8-15-1　途中运行操作步骤

序号	操作步骤及说明	图示
1	主控钥匙插入制动手柄钥匙孔，向逆时针方向旋转，解锁制动控制器	
2	将制动手柄置“快速”位，主控继电器（MCR）工作。将 MON 显示器页面切换至“电源电压页面”，确认控制电压表大于 77 V	
3	确认各显示灯显示正常（VCB 及电气设备灯亮）	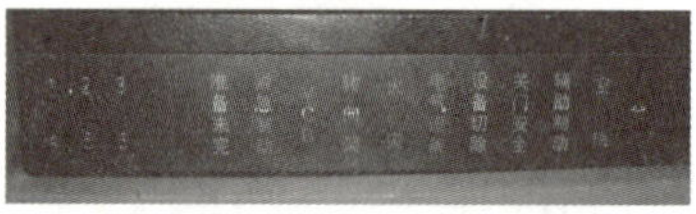
4	MON 显示器切换至“车辆信息”页面，确认 EGS 断开	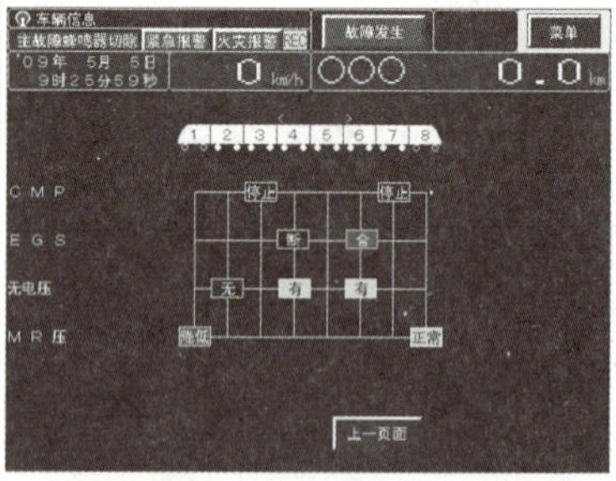
5	按压“紧急复位”按钮，并保持 4 s，确认紧急制动灯灭	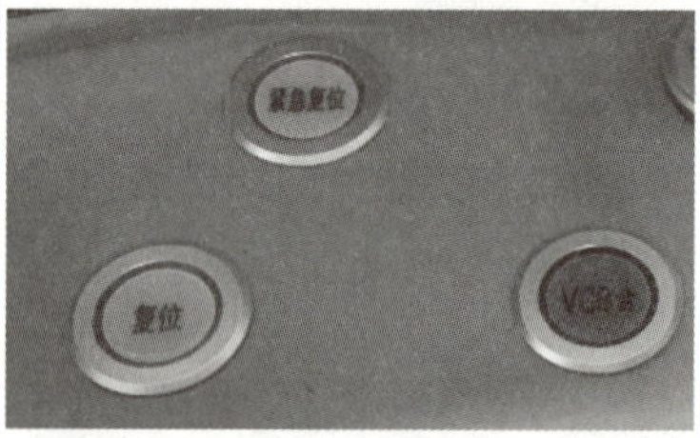
6	将司机室右侧边柜内 ATP 显示器 1 空开置“闭合”位，点亮 ATP	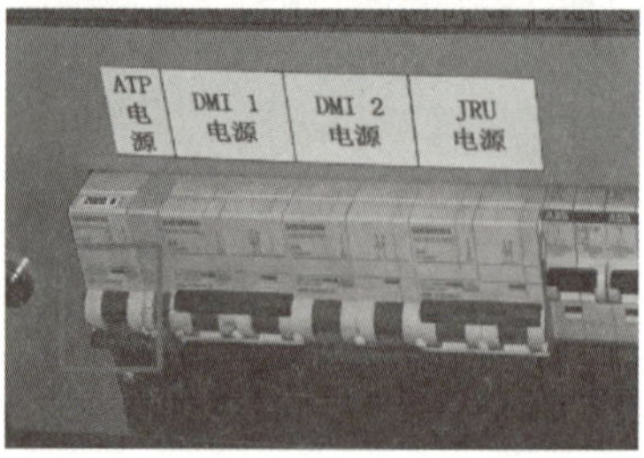

续表

序号	操作步骤及说明	图示
7	右旋受电弓升起开关(司机室转换开关盘 1 排左 5)	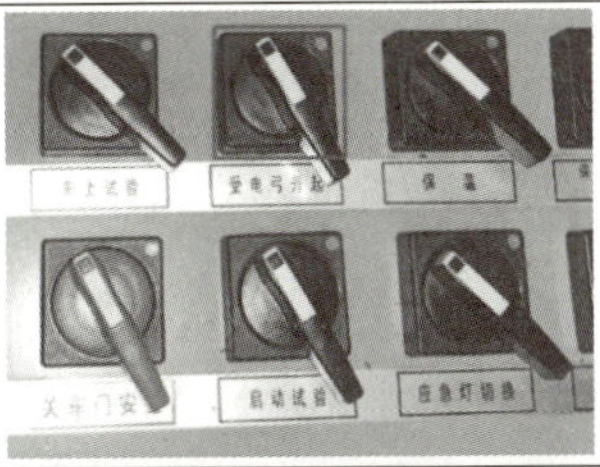
8	按下 VCB 合按钮，并保持 5 s，确认 VCB 灯熄灭，APU 自动启动，确认直流电压约 100 V	
9	进行制动系统试验[空车状态；AS 设定值：395 kPa（T 车）；390 kPa（M 车）]。 制动手柄“快速”位，确认 BC 压力。M 车：(290±20) kPa；T 车：(240±20) kPa。 制动手柄移置“B7”位，确认 BC 压力。M 车：(180±20) kPa；T 车：(170±20) kPa。 制动手柄移置“运行”位，确认 BC 压力 0 kPa	
10	确认 CIR 无线装置电源状态正常，ATP 正常启动	
11	确认 MR 压力大于 780 kPa	
12	请将方向手柄置“前”位	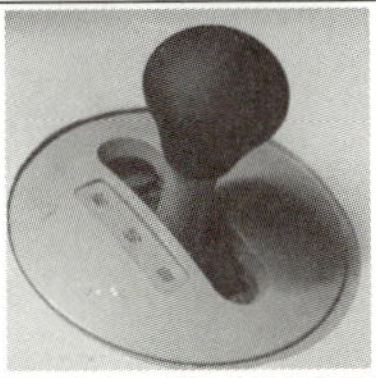
13	将制动手柄置“运行”位	
14	确认 ATP 前进信号，确认门关指示灯点亮	
15	将主手柄置“牵引”区，起动列车	

五、实训考核标准（见表8-15-2）

表 8-15-2　实训考核标准

序号	考核项目	配分	得分
1	解锁制动控制器前旋转主控钥匙	10 分	
2	确认各显示灯显示正常	10 分	
3	在 MON 显示器“车辆信息”页面确认 EGS 断开	10 分	
4	按压紧急复位按钮，确认紧急制动灯灭	10 分	
5	进行制动系统试验	15 分	
6	确认 CIR 无线装置电源状态正常，ATP 正常启动	15 分	
7	起动列车前将方向手柄置“前”位	15 分	
8	起动列车前确认 ATP 前进信号和门关指示灯点亮	15 分	

六、思考题

（1）CRH380A 型动车组的运行操作流程是什么？

（2）CRH380A 型动车组的牵引系统包括哪些？牵引方式是什么？

（3）CRH380A 型动车组制动方式有哪些？

任务十六　途中运行（CRH380B）

一、实训目的

（1）能正确阐述 CRH380B 型动车组牵引、制动系统的组成。

（2）能按照 CRH380B 型动车组的驾驶操作以及列车途中运行的相关操作流程进行作业。

二、专业知识

1. CRH380B 型动车组牵引系统

CRH380B 型动车组（8 编组）由 2 个对称的牵引单元（01～04 车和 05～08 车）组成，它们通过一根车顶线相连。每个基本动力单元的牵引系统主要包括避雷器、主断路器、互感器、高压隔离开关、牵引变压器、牵引变流器、牵引电动机等设备，如图 8-16-1 所示。

避雷器安装在受电弓后面，用来保护电气设备，不受接触电网（如闪电）过压损坏。位于避雷器下游的线电压互感器用来监测接触网的网电压。

主断路器由压缩空气启动，用来控制牵引单元工作电流的通断，以及在发生严重干扰（过流、互感器故障或线路短路）时安全断开主电路，同时断开列车的两个互感器。避雷器安装在互感器上游，用于防止在主断路器断开时出现过压损坏。

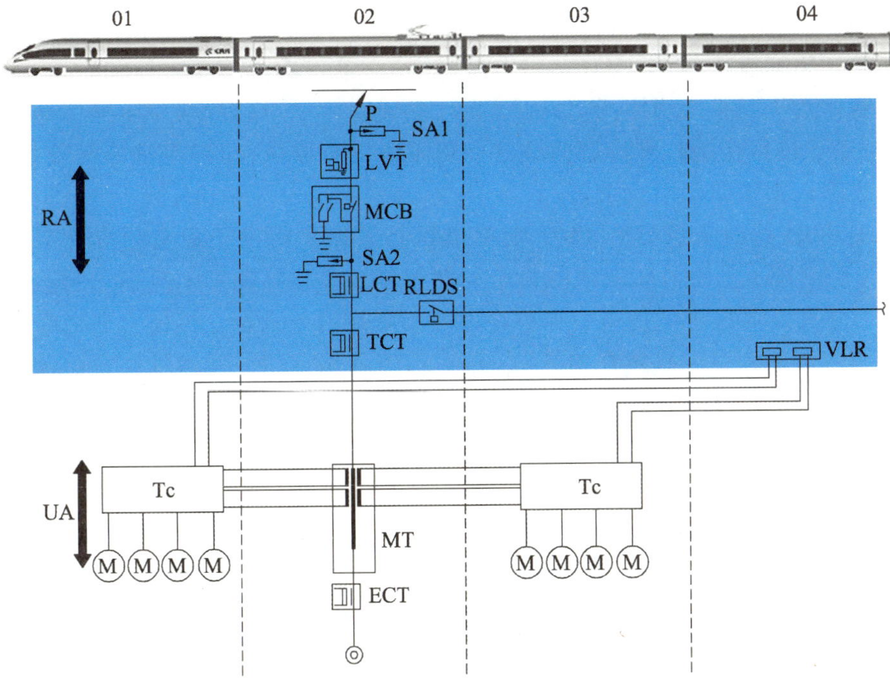

ECT—接地回流互感器；RA—车顶区域；M—牵引电机；RLDS—隔离开关；
LCT—线电流互感器；SA1，SA2—避雷器；LVT—线电压互感器；
TC—牵引变流器；MCB—主断路器/接地开关；
TCT—牵引单元电流互感器；MT—主变压器；
UA—地板下区域；P—受电弓；
VLR—过电压过压限制电阻。

图 8-16-1　CRH380B 高压系统

与线电压互感器相对应，线路电流互感器用来监测列车主电路的电流。同时还有两个电流互感器监控每个互感器的输入和输出电流。根据两个电流之间的差值，列车控制系统可以检测互感器出现的接地故障。

车顶线路可由隔离开关断开。如果一个牵引单元的主电路系统出现故障，列车控制系统可隔离车顶高压线路，从而使另一个牵引单元可操作。断开开关由压缩空气操作。

牵引变压器分别位于动车组的两节 02 和 07 非驱动车的地板下，变压器冷却装置在每个变压器的旁边。变压器为单相系统变压器，设计在 25 kV/50 Hz AC 电源电压下使用。该电源电压用于产生牵引电压。变压器为单相操作，它将一次绕组上的线电压转换为 4 个二次绕组（牵引绕组 TW1 ~ TW4）。变压器上采取多种适当的保护措施，以防变压器过载，包括冷却环路中以防热过载执行的温度监控、为检查冷却剂流量执行的流量监控及为检测一次电路接地故障执行的一次隔离监控（通过比较原边输入电流和回流电流进行差动保护）。变压器系统配有膨胀油箱，位于 02 和 07 车的车顶，从而补偿因温度变化而产生的冷却剂量的变化。

牵引变流器位于 01/08、03/06 车底架下的牵引箱中。牵引变流器冷却装置在每个牵引箱的旁边。牵引变流器的主要功能是为牵引电机的运行提供三相电压。

集成在牵引变流器中的牵引控制单元用于监控冷却环路的温度和冷却剂的流量，从而保护牵引变流器，以防出现热过载情况。牵引变流器具有防过流和过压保护。过压限制器用于减少牵引中间电路的过压，防止对牵引电路的功率半导体造成损坏；同时还可使用接地故障检测模块对牵引系统进行监控，检测系统的接地故障，若出现故障，则切除牵引变流器。

CRH380B 型动车组配有 16 个牵引电机。这些电机位于配有动车转向架的 01/08、03/06 车上。动力转向架的每个轮对都由牵引电机驱动。电机为强迫通风制冷式。温度监控用于保护牵引电机，以防出现热过载情况。机械力通过传动系统将转动力矩从牵引电机传递给轮对。该过程涉及轴向和径向弹性离合器及轮对齿轮。离合器设计为抵消驱动器相对从动轮的相对运动。相对运动由转向架轴的悬挂行程和位移引起。机械过载保护功能组合在离合器中，以防出现不容许的强冲击力矩。轴驱动器的齿轮为螺旋齿。齿轮机构由车轴上的轮轴轴承支持，并使用转向架构架上的弹性支架（扭矩反作用支柱）悬挂。一台牵引电机风扇为转向架的两个牵引电机提供所需的冷却空气。牵引电机风扇位于动车组的地板下区域（靠近转向架）。

2. CRH380B 型动车组制动系统

CRH380B 型动车组根据“故障-安全”的设计原则，采用先进的微机控制直通式电空制动系统，可以根据列车的运行速度和载重等情况实现精准和恒减速度的空电联合制动，提高了制动时的平稳性。同时装设备用自动式空气制动系统，可以确保任何情况下制动系统都可以使用，并满足动车组长距离救援和无火回送的要求。

制动系统包括：

- 由制动指令信号和动力制动性能执行混合功能的电空、微处理器控制的直通常用制动。
- 由电空、硬线控制的直通紧急制动。
- 由制动管控制的紧急制动和备用制动的间接制动。
- 由动车的牵引系统提供的电制动。
- 由电空、硬线控制的弹簧停放制动。

属于制动控制模块（B02）部分的制动控制单元执行局部制动控制功能。

1）空气制动

直接空气制动由电子制动控制系统控制。间接空气制动主要是由制动管（BP）控制，制动管在整列车范围内传送空气制动信号。

空气制动控制面板和电气制动控制单元组合成一个制动控制模块，形成整体制动控制单元。每辆车都装有一个制动控制模块。

在每个拖轴上，都安装有三个轴装制动盘；在每个动轴上，都安装有两个轮装制动盘。

空气制动装置执行以下功能：

- 常用制动。

● 紧急制动。

● 旅客紧急制动。

● 停放制动。停放制动由司机或列车控制系统通过独立的列车指令线进行激活和控制，使用 Tc02/Tc07 车各拖轴上的停放制动缸使列车停在最大坡度为 20‰ 的坡道上。

● 备用制动。通过辅助司机制动阀（C02）操作。

● 各轴都执行车轮滑动保护功能。制动控制单元检测各轴速度，如有必要，根据轮轨间的有效黏着力，通过激活防滑阀来降低制动缸压力。如果检测到车轮滑动，电空装置将通过接通/断开防滑阀磁体的电源来缓解、保持、施加制动。紧急制动时仍可操作车轮滑动保护设备。

2）电制动

CRH380B 型动车组列车装配有一个动力制动系统（ED 电制动）。该制动系统用于常用制动和紧急制动。动力制动系统（ED 电制动）由 EC01/EC08 和 FC03/IC06 车的牵引系统提供，并由 TCU 进行连续控制。电制动能量反馈到接触网上。

在分相区内，接触线无电，车辆的主断路器开关断开。因而，在分相区内，牵引和车载电源不能从接触网供电。在分相区内不能对网络进行再生制动，所以在这种情况下，只能使用空气制动。

若动力制动受限或不足时，将利用电空制动（EP 制动）进行补充，以达到所需的制动性能。常用制动时，优先使用动力制动系统（几乎无磨损）。因此，在常用制动条件下，优先的制动装置为动车的动力制动（ED 电制动）。当 ED 电制动系统故障或 ED 电制动达到极限时，EP 制动将提供补充和支持，以满足制动要求。低速时，该混合模式可使空气停车制动平稳代替动力制动。

在司机右侧的 HMI 屏“E”行的显示页面“制动状态”上显示动力制动机的状态，如图 8-16-2 所示。小框为橙色，表示“电制动可用且无故障”，空框表示“电制动故障或不可用”；大框为橙色，表示“电制动施加”，空框表示“电制动未施加”。

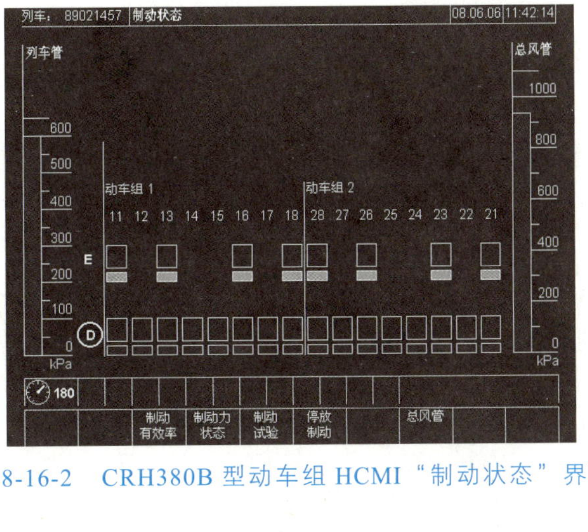

图 8-16-2　CRH380B 型动车组 HCMI“制动状态”界面

3）停放制动

弹簧负载的停放制动可安全地固定停止的列车，并设计为满足在坡度最大20‰的坡道上停车。在停放制动缸内，通过弹簧力而不是空气压力来施加制动。为了缓解停放制动，需使用压缩空气来抵消机械的弹簧力实现缓解。

在Tc02/Tc07车的转向架每个拖轴的两侧都装设钢丝绳，以便可以紧急时缓解停放制动。通过紧急缓解装置可切除有故障的停放制动。

通过每辆车内的压力传感器检测停放制动的施加状态。此状态通过MVB和WTB报告给司机。在列车运行期间，检测到任何停放制动施加时（太低的总风压力或因为软管断裂没有总风压力），BCU就会断开停放制动监控回路，以施加紧急制动，以便防止受影响的制动盘损坏。

三、实训要求

1. 实训时间

教学课时为2课时。

2. 实训形式

学生每5人组成一个工作小组，各小组根据实训课程任务制订实训实施方案，每个小组有一名组长，组长协助老师指导本组学生进行实训。

3. 实训注意事项

（1）未经教师或管理员允许不得擅自操作。

（2）需严格按照上电顺序上电。

4. 工器具材料准备

（1）防护用品：防滑鞋、绝缘手套、工作服等。

（2）个人用品：笔、笔记本等。

四、实训作业步骤

1. 操作流程（见图8-16-3）

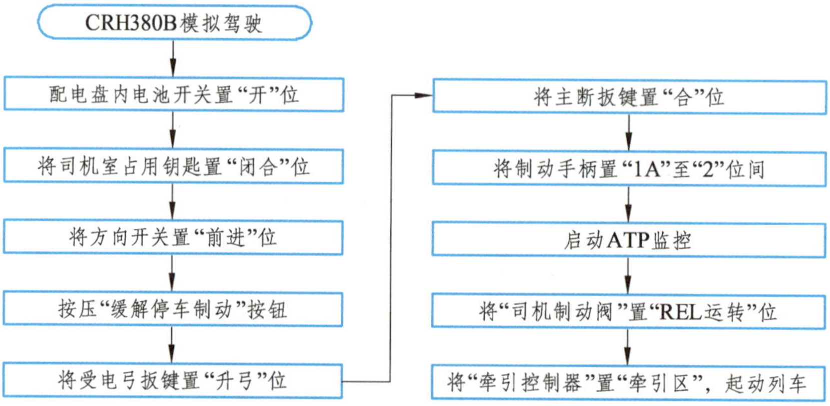

图8-16-3 操作流程

2. 操作步骤（见表 8-16-1）

表 8-16-1　途中运行操作步骤

序号	操作步骤及说明	图示
1	检查故障控制板上控制开关的设置（所有开关都处于“关”位）	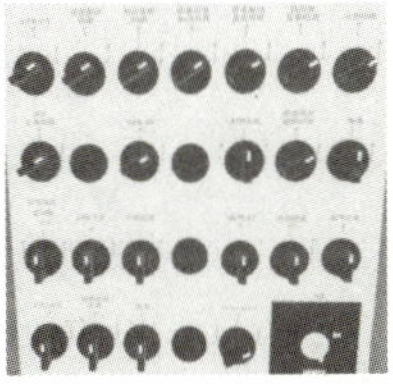
2	配电盘内电池开关置“开”位	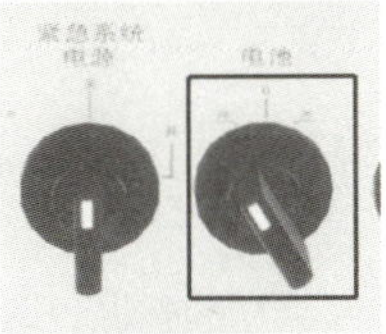
3	在辅助操作区确认“电压表”电压不低于 88 V	
4	将司机室占用钥匙置“闭合”位	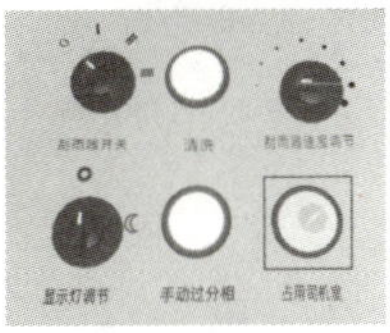
5	将方向开关置“前进”位	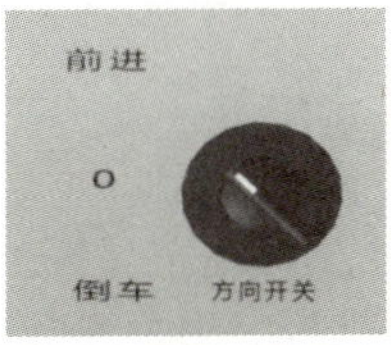
6	按压“缓解停车制动”按钮，缓解停放制动	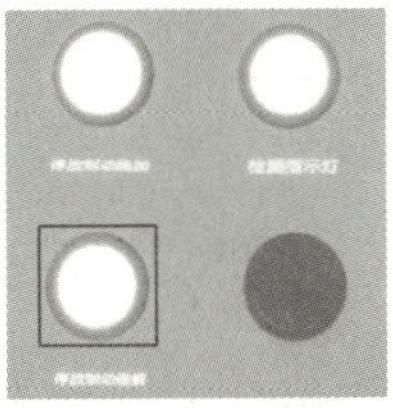
7	将受电弓扳键置“升弓”位，保持 3 s，并在 MMI 显示界面确认受电弓已升起	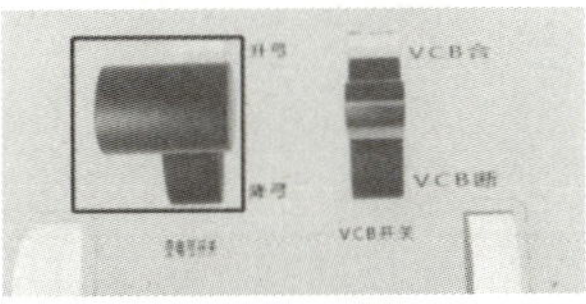
8	将主断扳键置“合”位，保持 3 s，并在 MMI 显示界面确认主断已闭合	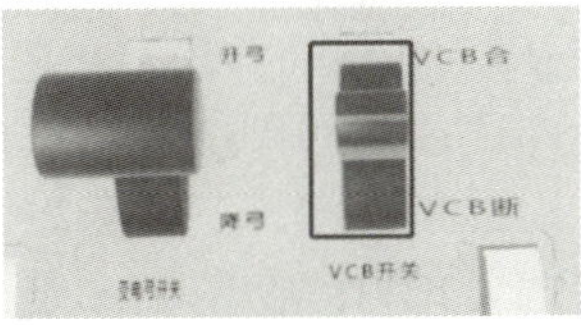

续表

序号	操作步骤及说明	图示
9	将制动手柄置“1A”至“2”位间	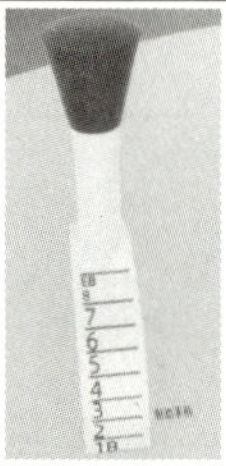
10	输入 ATP 相关数据	
11	将“司机制动阀”置“REL 运转”位	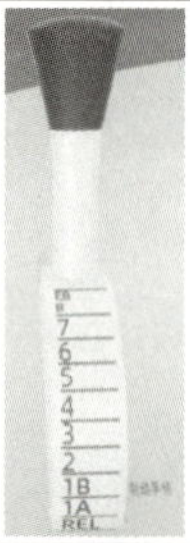
12	将“牵引控制器”置“牵引区”，起动列车	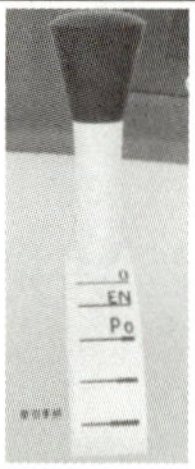

五、实训考核标准（见表8-16-2）

表 8-16-2　实训考核标准

序号	考核项目	配分	得分
1	起车前检查故障控制板上控制开关的设置	15 分	
2	打开蓄电池后在辅助操作区确认“电压表”电压不低于 88 V	10 分	
3	将受电弓扳键置升弓位后，在 MMI 显示屏确认受电弓状态	10 分	
4	将主断扳键置“合”位，在 MMI 显示屏确认主断路器状态	10 分	
5	正确输入 ATP 相关数据	15 分	
6	起动列车前缓解停放制动	15 分	
7	起动列车前将方向开关置“前进”位	10 分	
8	起动列车前将“司机制动阀”置“REL 运转”位	15 分	

六、思考题

（1）CRH380B 型动车组的运行操作流程是什么？

（2）CRH380B 型动车组的牵引系统包括哪些？牵引方式是什么？

（3）CRH380B 型动车组的制动方式有哪些？